Simply Rich
심플리 리치

암웨이 공동창업주 리치 디보스의 인생과 교훈 회고록

Rich DeVos
리치 디보스

SIMPLY RICH

Korean Language Translation copyright ⓒ 2014 by Beautiful Society
Copyright ⓒ 2014 by Richard DeVos
All Rights Reserved

Published by arrangement with the original publisher, Howard Books, a Division of
Simon & Schuster, Inc.
through EYA (Eric Yang Agency)
이 책의 한국어판 저작권은 EYA (Eric Yang Agency)를 통해
Howard Books, a Division of Simon & Schuster, Inc.와
독점계약한 '도서출판 아름다운사회'에 있습니다.
저작권법에 의하여 한국 내에서 보호를 받는 저작물이므로
무단전재와 복제를 금합니다.

사랑하는 아내 헬렌에게 이 책을 바친다.
아내의 사랑과 인내, 격려가 없었다면
이 책은 시작도 못했을 것이다.

목차

서론　　　　　　　　　　　　　　　　　7

1부　행동, 태도 그리고 환경

1장　올바른 성장 환경　　　　　　　　13
2장　평생의 동반관계　　　　　　　　　35
3장　해보거나 울거나　　　　　　　　　53
4장　스스로를 돕도록 돕는 사람들　　　75

2부　셀링 아메리카

5장　미국적 방식　　　　　　　　　　　93
6장　사람이 동력이다　　　　　　　　107

7장	비난이 쏟아지다	125
8장	미국적 방식을 세계로	141
9장	내 목소리 찾기	155
10장	마법의 순간	169

3부 삶을 풍요롭게 만드는 사람

11장	부와 명성	181
12장	리치 가족	195
13장	은혜로 구원받은 죄인	225
14장	삶을 풍요롭게 만드는 사람들이 세운 도시	233
15장	미국 국민	245
16장	내 마음속의 희망	257
17장	하나님이 지으신 세상 속으로 모험을 떠나다	269
18장	지켜야 할 약속들	281

감사의 말　　　　　　　　　　　　　　294

서론

나는 고등학교 때는 운동 경기에 참가하는 선수들의 응원단장으로, 이후에는 성공의 기회를 잡아 꿈을 성취하도록 사람들을 격려하는 응원단장으로 살아왔다. 그동안 지구촌 곳곳을 다니며 수십만 명을 만나 격려하고 용기를 북돋우는 일을 해왔으며, 이 책은 바로 그들을 위해 쓴 것이다.

암웨이를 통해 백만장자가 된 부자, 세계 각지의 암웨이 직원, 올랜도 매직팀 선수와 팬, 고향인 미시건 주 그랜드 래피즈와 현재 살고 있는 센트럴 플로리다에서 함께 일해 온 기업인 및 공직자, 지역 주민대

Introduction

표, 교회 친구, 종교·정치·교육적 공감대를 형성하는 여러 리더 그리고 우연히 만난 사람들 모두 말이다. 물론 앞으로 새로 만날 수많은 사람도 염두에 두었다.

바라건대 내 경험과 그것을 통해 배운 교훈이 독서의 즐거움과 함께 여러분의 삶에 조금이나마 실질적인 도움이 되었으면 한다.

이 책이 내 개인사 전체를 세부적으로 서술한 정식 자서전은 아니지만 이전에 발간한 책《믿음(Believe!)》,《내 마음속의 희망(Hope from My Heart)》,《긍정적인 사람을 위한 열 가지의 파워풀한 표현(Ten Powerful Phrases for Positive People)》에 비해 꽤 많은 분량의 사적인 내용을 담았다. 더불어 지금의 나를 있게 한 소중한 경험담도 많이 실려 있다.

독자 중에는 내 인생에 일어난 여러 스토리에 실제로 함께한 분도 많을 텐데 그 흥미진진한 뒷이야기를 재미있게 읽고 또 도움이 될 만한 아이디어를 건졌으면 하는 바람이다.

이전에 출간한 책에서 나는 한결같이 끈기와 신념, 가족, 자유, 더 높이 바라보기 등의 가치에 대한 내 생각을 서술했다. 이 책 역시 그러한 가치를 언급하고 있지만 동시에 내 인생 88년을 돌아보며 정말로 중요하다고 생각하는 최고의 가치관을 다루고 있다.

==사업이든 가정생활이든 그밖에 다른 어떤 인생 목표든 자기 분야에서 큰 성취를 이룬 모든 성공자의 공통점은 자신이 아니라 타인에게 관심을 집중했다는 사실이다.== 나 역시 다른 사람이 성공하도록 돕는 방법을 통해 성공했다. 내 친구이자 공동창업자인 제이 밴 앤델과 나는 우리가 함께 세우고 운영해온 암웨이의 핵심 기업 가치가 바로 여기에 있음을 깨달았다.

이 책에 소개한 내 인생 이야기에서 최고의 교훈을 꼽으라면 =='우리는 서로를 각자에게 주어진 달란트와 목적을 갖고 하나님이 창조한 세상에 존재하는 단 하나뿐인 존재로 봐야 한다'는 것이다. 이 원칙은 내게 세상의 성공뿐 아니라 충만한 삶과 넘치는 기쁨을 허락한 열쇠였다.

1부

행동, 태도
그리고 환경

1장

올바른 성장 환경

어린 내 눈에 비친 할아버지의 천부적인 판매 능력은 거의 마술사 수준이었다. 내가 세일즈맨 기질을 타고났는지는 알 수 없지만 어린 시절 나는 할아버지를 비롯해 판매에 능숙한 동네 어른들에게 깊은 인상을 받았다. 당시 어려운 경제 여건 속에서 가족의 생계는 전적으로 그분들의 장사 실력에 달려 있었다.

이른 아침 농부에게 직접 받아온 과일과 채소를 가득 실은 모델T 트럭(포드 사가 1920년대에 대중용으로 양산한 트럭 – 역주)에 나를 태운 할아버지는 요란한 엔진소리를 내며 집집마다 돌아다니면서 물건을 파셨다. 사람 좋은 우리 할아버지의 트럭이 대문 앞에서 경적을 울리면 주부들은 하던 일을 멈추고 물 묻은 손을 앞치마에 닦으며 뛰어나왔다. 알록달록한 과일과 채소만큼이나 유머러스하고 상대를 편하게 대하는 할아버지의 태도와 대화 방식에 많은 사람이 끌렸던 것 같다.

한번은 할아버지가 내게 채소를 직접 팔아보라고 하셨다. 내가 번 돈이라야 고작 동전 몇 푼에 불과했지만 그때 느낀 뿌듯함과 성취감은 이후 나를 나답게 만들어준 결정적 요인이 되었다.

대공황 시절에 유년기를 보낸 나는 미시건 주 그랜드 래피즈 중서부의 한 시골 마을에서 평범하게 자랐다. 비록 물질적으로는 어려운 환경이었으나 그 나름대로 멋진 경험도 많았고 행복, 따뜻함, 안정을 마음껏 느낀 시간이었다.

==경제적 어려움 때문에 어린 나이부터 일했고 때론 희생을 감수했지만 그것은 오히려 내 삶에서 소중한 교훈과 배움으로 남아 있다. 이런 올바른 환경 아래에서 자란 나는 그야말로 행운아였다.==

우리 집과 친구의 집, 길거리, 놀이터, 교실, 교회는 모두 내 배움터였고 부모님·조부모님·선생님·목사님에게 받은 영향력은 내 인생관의 밑바탕이 되었다. 나는 신문을 돌리면서 사업 방법을 배웠고 각 가정을 방문해 채소를 파는 할아버지를 따라다니며 장사를 해서 돈도 벌어보았다.

고등학교 3학년 때는 학생대표로 뽑혀 내가 직접 쓴 원고로 전교생 앞에서 연설하기도 했고, 온 가족이 함께한 예배와 주일학교에서 기독교 신앙을 키웠다. 무엇보다 서로를 깊이 사랑하고 아끼는 부모님 밑에서 정서적 안정을 누렸으며, 늘 칭찬하고 격려하는 아버지 덕분에 자신감 넘치고 긍정적인 인성을 길렀다. 더불어 자상하고 지혜로우며 사려 깊은 선생님의 가르침으로 나도 리더가 될 수 있다는 자신감이 생겼다.

나는 1926년 3월 4일 그랜드 래피즈에서 태어났다. 그곳은 여느 미국 도시와 다를 바 없었지만 가정용 가구 제조업체가 많다 보니 '가구의 도시'라는 자부심이 강했다. 어린 시절에 그랜드 래피즈 관광 엽서에서 '세계 최고의 가구 중심지 그랜드 래피즈에 오신 것을 환영합니다'라는 문구를 본 기억이 난다.

당시에 도시 중앙의 남북으로 흐르는 그랜드 강의 둑을 따라 굴뚝에 Widdicomb, Imperial, American Seatings, Baker 등의 회사명을 새겨 놓은 가구 제조공장들이 즐비하게 늘어서 있었다. 먼로 애비뉴나 풀튼 스트리트 같은 도심 한복판으로 요란한 소리를 내며 전차가 오가는 옆으로 포드 모델 T가 도로를 누비고, 그랜드 강 위에 매달린 구각교 위로 기차가 다니던 시절이었다.

내가 자란 동네는 풀튼 스트리트에서 동쪽으로 몇 킬로미터 떨어진 곳이다. 그곳에는 방 세 개짜리의 평범한 2층집과 소박한 잡화점이 가로수를 따라 서 있었고 근처의 아키나스 대학 캠퍼스를 비롯해 공원이 많아 뛰어놀기에 좋았다.

그랜드 래피즈의 주민 대다수가 그렇듯 우리 가족도 네덜란드 이민 가정이었다. 딱딱한 네덜란드식 영어 발음이 온 마을을 떠들썩하게 했던 기억이 생생하다. '드'를 '트'로, '지'를 '이'로, '스'를 '즈'로 발음하는 식이었다. 미시건 주의 홀랜드로 처음 이민 온 우리 선조는 더 많은 기회를 찾아 그 근방에서 비교적 큰 도시인 그랜드 래피즈에 정착했다.

그들은 근면 검소하고 실용주의적인 독실한 기독교인으로 단순히 돈을 더 벌고자 하는 욕심보다 신분과 상관없이 노력만 하면 얼마든지 꿈을 실현할 수 있는 자유를 찾아 이민을 온 것이다. 당시 네덜란드 사회는 상상도 할 수 없을 만큼 폐쇄적이라 가령 빵집 아들로 태어나면 평생 빵을 만들면서 사는 것이 사회적 관례였다. 미국에서 누리는 자유는 엄청나게 대단하다고 본국에 있는 친지에게 자랑 삼아 쓴 편지가 아직도 남아 있을 정도다.

1800년대 중반 알베르투스 반 라알트 목사가 미시건 주에 '홀랜드'라는 도시를 만들었는데, 아직도 그곳에서는 매년 네덜란드의 전통의상과 나막신을 착용하고 튤립 축제를 연다. 라알트 목사가 당시 본국으로 보낸 편지에 따르면 그랜드 래피즈에서 일자리를 구하는 네덜란드 이민자는 대개 기술도 없고 교육수준도 낮았다고 한다. 다행히 남자들은 가구공장에서 일하며 기술을 배웠고 젊은 여성은 부잣집 가사도우미로 일했다.

그러나 이민자 중에는 네덜란드인 특유의 사업가적 기질을 발휘하는 사람들도 많았다. 예를 들면 기독개혁교단(Christian Reformed Church) 본부가 그랜드 래피즈에 있고, 미국의 대형 종교서적 출판사 세 곳과 칼빈 대학을 네덜란드인이 세웠다. 유명한 제과 회사 키블러(Keebler)의 전신인 헤크만 비스킷(Hekman Biscuit)도 그랜드 래피즈에서 처음 문을 열었고, 미국 중서부 지역의 유명한 대형마트 마이어(Meijer)와 전 세계적인 직접판매 회사 암웨이도 네덜란드계 미국인이 그랜드 래피즈에서 시작했다.

나는 자유를 사랑하고 철저한 직업의식과 기업가정신 그리고 깊은 신앙심을 토대로 살아가는 네덜란드인이 내 뿌리임을 참으로 감사하게 생각한다.

나는 소위 '광란의 20년대', 그러니까 대공황 직전 미국이 급격한 경제성장을 이루던 시기에 태어났다. 그러나 호황에 대한 기억은 전혀 없고 내 어린 시절은 암울한 대공황으로 얼룩져 있다. 내가 열 살이던 해에 재선 취임 연설에 나선 루스벨트 대통령은 아직도 미국 국민 세 명 중 한 명이 못 먹고 못 입고 못산다는 점을 강조했다. 가장 혼자 온 식구를 부양하던 그 시절, 국민 네 명 중 한 명이 무직이었다. 전기기술자로 일하던 내 아버지도 갑자기 실직을 당하는 바람에 가족을 부양하기 위해 3년간 닥치는 대로 일하셨다. 그럼에도 아버지가 손수 지어 7년간 살던 집을 내놓아야 했다.

우리 가족이 처음 살던 집은 헬렌 스트리트에 있었는데 나도 여기에서 태어났다. 그때는 다들 형편이 어려워 병원에서 출산하지 못했다. 얼마 후 우리는 윌린우드 애비뉴에 집을 지어 이사했는데 널빤지가 아닌 진짜 나무로 만든 마루가 어찌나 자랑스럽던지 온 가족이 열심히 닦고 광을 내던 기억이 난다. 2층에 방 세 개, 1층에 화장실이 하나인 아주 평범한 주택이었다.

하지만 아버지 사이먼이 직장을 잃자 어머니 에델과 나, 첫째 여동생 버니스는 헬렌 스트리트의 할아버지 집으로 다시 들어가야 했다. 방이 부족해서 나는 서까래로 엮은 다락방에서 잠을 잤다.

그렇게 우리 가족은 윌린우드의 집을 월세 25달러에 내놓고 할아버지 집에 얹혀살았다. 그런 상황이 부모님에겐 무척 힘들었겠지만 어린 내게 다락방 생활은 마치 탐험놀이처럼 신나는 일이었다. 더구나 나는 할아버지와 할머니를 잘 따랐고 함께 사는 게 좋았다. 돌이켜보니 그처럼 어려운 시절이 있었기에 지금의 안락함을 안겨준 성공에 진심으로 감사할 수 있는 게 아닌가 싶다.

우리 가족은 대공황 중에서도 가장 힘들었던 5년을 할아버지 집에서 살았다. 우리뿐 아니라 모두가 가난했기에 자기 집 방에 의자 하나 놓고 이발을 해주는 아저씨에게 머리를 깎는 건 당연한 일상이었다. 이발비 10센트도 당시엔 꽤 큰돈이었다.

한번은 잡지를 팔던 내 또래가 우리 집 앞에서 마지막 잡지를 팔지 못하면 집에 들어가지 못한다고 울면서 사달라고 했다. 그때 아버지는 솔직히 우리 집에도 동전 한 푼 없노라고 했다. 그처럼 어려운 시절이었지만 <mark>어린 나는 힘들다기보다 따뜻하고 안정감을 주는 공동체 환경이 좋았고, 같은 민족이 모여 사는 데서 오는 소속감도 컸다.</mark>

내가 자란 동네는 그랜드 래피즈의 동편 끝자락에 있던 '벽돌마당'인데, 이런 이름이 붙은 이유는 그곳에 근처의 진흙 언덕을 파서 벽돌과 타일을 만드는 공장 세 개가 있었기 때문이다. 네덜란드에서 막 건너와 영어 한마디 못하지만 부지런하고 성실한 이민자들이 그 공장에서 일자리를 얻었고, 그들은 인심 좋고 푸근한 마을 공동체 분위기에 잘 적응했다. 마을 사람들이 서로 가까울 수 있었던 까닭은 같은 민족이라는 공통점뿐 아니라, 친척들이 옹기종기 모여 사는 경우가 많았고 또 집이 다닥다닥 붙어 있어 물리적으로도 가까웠기 때문이다. 천장은 높고 폭은 좁은 2층짜리 주택이 가까이 붙어 있어서 대문 밖으로 나가지 않고 창문으로 손만 뻗어도 이웃집 물건을 빌려 쓸 수 있을 정도였다.

조부모님 외에도 사촌들이 근처에 살아 친척들이 함께 저녁을 먹으며 가족회의를 하거나 뒷마당에서 사촌들과 떼 지어 재미있게 놀던 기억도 난다. 요즘엔 3대가 함께 사는 경우가 드물지만 나는 어릴 적에 할아버지, 할머니의 사랑과 삶의 지혜가 만들어준 복된 시간을 생생히 간직하고 있다. 때로 힘든 일도 있었으나 내 어릴 적 기억은 언제나 근심 걱정보다 넘치는 사랑의 순간으로 남아 있다.

사람은 결국 어떤 일회성 영향력보다 자기가 자란 가정환경의 결과물이라고 나는 믿는다. 후에 네 아이의 부모가 되면서 나는 부모님과 가정환경이 내게 준 영향력을 되새기며 엄청난 책임감을 느꼈다. 어릴 때 무심코 받아들이는 환경이 한 사람의 인생에 미치는 영향력은 매우 크므로 반드시 올바른 가정환경을 만들기 위해 노력해야 한다.

TV, 컴퓨터, 비디오 게임 같은 오락거리가 없던 그 시절 아이들은 놀이거리를 직접 만들었는데 나는 동생들과 친구들이 즐길 만한 놀이를 찾아내는 일이 무척 재미있었다. 막내 여동생 잰은 내가 그때 만든 크림사탕 맛이 아직도 생생하다고 한다. 심지어 나는 냉장고에서 꺼낸 사탕을 줄에 매달아 창문을 통해 이웃집으로 배달하는 장치도 만들었다.

나는 운동을 무척 좋아했지만 도구를 살 형편이 아니다 보니 직접 만들어 썼다. 농구 골대도 만들었고 겨울에는 공터에 물을 부어 스케이트장도 만들었다. 우리 집 지하실의 낡은 석탄난로 옆에 있는 테이블에서 여동생들에게 탁구를 가르칠 때, 그 어두운 시멘트 바닥과 벽에서 통통 구르던 탁구공 소리가 아직도 들려오는 듯하다.

사촌들과 길거리에서 야구놀이를 하던 기억도 난다. 어려운 경기 탓에 길거리에 다니는 자동차가 별로 없었기 때문이다. 하도 갖고 놀아서 야구공의 속이 터지고 너덜너덜해지면 겉은 털실로 감싸고 속에 잔 나뭇가지를 꺾어 채워서 쓰곤 했다. 길에서 공을 던지다 보니 이웃집 창문도 여러 번 깼고, 한번은 화가 난 이웃집 아주머니가 부엌칼을 들고 뛰쳐나와 소리를 지르며 우리를 쫓아내기도 했다.

하루 중 내가 가장 좋아하는 시간은 〈그린 호넷(The Green Hornet)〉(1930년대 디트로이트 라디오 방송국에서 가장 먼저 시작한 소위 원조 배트맨 격의 영웅물 - 역주) 같은 라디오 프로그램을 듣는 시간이었다. 일요일 오후가 되면 우리 가족은 빙 둘러앉아 흥미진진한 미스터리 프로그램을 틀어놓고 퍼즐 그림 맞추기를 했다. 퍼즐조각 다섯 상자를 들고 집에서 두 블록 정도 떨어진 친척집에 가 퍼즐을 바꾸자고 한 적도 있다.

할아버지 집의 카드놀이 테이블 위에는 언제나 미완성 퍼즐판과 조각이 수북이 쌓여 있었고 집 안을 왔다 갔다 하던 누군가가 한 조각씩 맞춰 완성했다. 나는 독서도 좋아했지만 새 책이 별로 없고 책을 살 돈도 없어서 책꽂이에 있는 책 중 주로 《톰소여의 모험》 같은 고전문학을 읽었다. 내가 누린 유일한 사치는 토요일마다 용돈으로 받는 1페니 동전으로 사탕을 사먹는 것이었다.

돌아보면 물질적으로 어려운 환경이 오히려 내 스스로 즐길 거리를 만들고 또 다른 사람과 함께하는 일을 가능케 한 축복이 되었던 것 같다. '부족함' 덕분에 창의적인 아이디어를 생각해내는 능력과 사회성을 기른 셈이다. 그런데 내 손자들을 봐도 그렇고 요즘의 아이들은 사람 간의 관계 형성보다 컴퓨터와 전자기기에 지나치게 빠져 있는 듯하다.

나는 TV 이전 세대로 그때는 저녁이면 부모들은 독서나 취미활동, 산책을 하고 아이들은 가로등 아래서 뛰어놀았다. 또 사람들은 지금처럼 자기 집 뒷마당에 테라스나 데크를 설치하지 않고 거리가 보이는 대문 앞에 나와 지나가는 이웃들과 담소를 나눴다. 여름이면 에어컨 소리 대신 이웃집의 이야기와 라디오 소리가 여름 바람을 타고 창문으로 넘나들었다. 거리에서는 덜커덕거리는 마차와 포드의 모델T 엔진 소리, 행상들의 고함소리, 우유와 아이스크림을 배달하는 양철통 소리, 석탄이 연료통 바닥으로 굴러 떨어지는 소리가 뒤섞여 흘렀다.

어릴 때부터 부모님은 우리에게 노동윤리를 가르쳐 몸에 배게 하셨다. 매일 아침저녁으로 난로에 석탄을 채워 넣는 일은 내 몫이었다. 배달부가 집 앞에 석탄더미를 내려놓고 가면 나는 무겁고 먼지 나는 시꺼먼 석탄더미를 지하실로 옮긴 뒤, 아직 불씨가 남아 있는 오래된 난로의 삐걱거리는 철판 문을 열어 삽으로 석탄을 퍼 넣었다. 덕분에 우리 가족은 미시건 주의 추운 겨울을 견뎌냈지만, 오늘날의 난방 시스템에 비하면 턱없이 허름한 시설이었다.

여동생 버니스는 집이 어찌나 춥던지 아침마다 난로 바로 앞에 서서 등교 준비를 하던 기억이 생생하다고 했다. 그땐 석탄이 땔감이었고 냉장고 대신 아이스박스를 썼다. 집집마다 창문에 얼음이 몇 파운드나 필요한지 배달부에게 알려주는 쪽지가 붙어 있었다. 한번은 얼음을 배달하는 친구를 따라가 50파운드(약 22킬로그램)와 100파운드짜리 얼음 두 덩어리를 어느 집 계단 위로 질질 끌고 간 다음 우유와 식료품이 든 아이스박스에 넣어주고 온 적도 있다.

우리 집 부엌에 놓인 아이스박스에는 얼음이 녹는 것을 대비해 물 받침판을 놓아두었는데, 여동생과 나는 매번 그걸 제때 비우지 못해 물이 줄줄 흐르는 부엌 바닥으로 뛰어가 걸레질을 해야 했다.

==부지런한 부모님을 본받아 나도 가족의 일원으로서 기꺼이 집안일을 도왔다.== 식탁의자 등받이에 낀 먼지를 닦는 건 여동생 버니스의 몫이었는데 솔직히 나중에는 그 일이 하기 싫어졌다고 한다. ==하지만 내 동생 역시 단 한 번도 가족을 위해 자기가 맡은 노동에 대해 불평하거나 거부한 적이 없었다.==

네덜란드계 미국인이 모여 사는 마을 공동체에서는 일요일이 되면 무조건 교회와 주일학교에 갔다. 설령 가기 싫어도 그것은 선택 사항이 아니었다. 우리 교회는 네덜란드 개혁종파에 가까운 칼빈주의 교단으로 부모 공경, 헌금, 베풂, 정직, 근면, 바른 정신자세를 추구하는 청교도적 원칙을 따랐다. 식전 기도는 필수였고 식사 후엔 늘 성경 몇 구절을 함께 읽었다. 일요일이면 거의 모든 가게와 회사가 문을 닫았고 음주는 혐오 대상이었으며 댄스클럽, 심지어 영화를 보러 극장에 가는 것도 시간낭비라고 여기는 교인이 많았다.

우리 마을엔 기독교 교단이 두 개 있었는데 하나는 식민지 때 네덜란드 이민자가 들여온 전미개혁교단(Reformed Church in America)이고, 다른 하나는 이유는 잘 모르지만 여기서 떨어져 나온 기독개혁교단(Christian Reformed Church)이다. 우리 가족이 다닌 교회는 기독개혁교단에서 분리해 나온 프로테스탄트 개혁교단(Protestant Reformed Church)에 속했다.

붉은 벽돌로 지은 우리 교회의 교인들은 주일 오전과 저녁 두 번 모두 예배를 드렸다. 아주 어릴 때부터 앉아 예배를 드리던 교인석 나무의자의 감촉을 나는 아직도 기억한다. 망아지처럼 뛰어다니기 좋아하는 개구쟁이 소년이 그 딱딱한 나무의자에 얌전히 앉아 목사님의 긴 기도와 엄숙한 설교에 집중하기란 쉬운 일이 아니었다. 좀 더 자라 친구 차를 얻어 타고 놀러 다니는 나이가 되자 나는 가끔 예배시간 전에 본당 뒤쪽에 있는 소식지를 슬쩍 빼들고 빠져나온 다음 나중에 부모님에게 보여주는 증거물로 써먹기도 했다.

어른이 되기 전까지 나는 그다지 열성 교인이 아니었지만 결국 기독교 신앙에 대한 감사함과 더불어 네덜란드계 문화 안에서 교회 공동체 일원으로서의 역할이 얼마나 중요한지 깨달았다. 교회에 열심히 가지는 않았어도 어릴 때부터 나는 신앙이 얼마나 중요한지 의심하지 않았고 한순간도 하나님을 믿지 않은 적이 없었다.

<mark>고등학생이 되자 나는 기독교인과 일반인의 차이를 실제로 느낄 수 있었다.</mark> <mark>내 주변의 기독교인은 온정이 넘쳤고 인생관과 목적의식이 분명했으며 믿음 공동체 안에서 강한 결속력을 보였다.</mark> 그 모습을 보며 나 또한 기독교 공동체의 일원이 되겠노라 다짐했다.

철없이 뛰어놀던 즐거운 어린 시절이었지만 경기가 워낙 나빴고 아버지가 실직까지 한 상황이라 경제적으로 많이 힘들었다. 아버지는 가족을 부양하기 위해 허드렛일도 마다하지 않으셨다. 평일엔 식료품점 뒷방에서 밀가루를 부대에 담는 일을 하시고 토요일엔 남자 속옷 가게에서 점원으로 일하셨다. <mark>긍정적 사고방식의 위력을 믿은 아버지는 아무리 힘들어도 절대 불평하지 않으셨고, 인생이 당신의 생각대로 풀리지 않는 순간에도 늘 긍정의 힘을 강조하셨다.</mark>

오늘날 내가 강력히 추천하는 노먼 빈센트 필이나 데일 카네기의 책을 아버지는 그때부터 늘 곁에 두고 읽으셨다. 중학교 학력이 전부였지만 긍정적 사고에 관한 책을 통한 배움을 즐기시던 아버지는 언제나 내게 "리치, 넌 위대한 일을 할 거야. 넌 아빠보다 훨씬 크게 될 거야. 그리고 아빠가 못 본 세상을 볼 거야"라고 말씀하셨다.

비록 내색하지는 않았어도 아버지는 분명 집안을 책임지느라 부담감이 매우 컸을 것이다. 그럼에도 불구하고 늘 엄청난 긍정적 마인드로 가정을 이끌어간 아버지께 내가 부디 감사함과 존경심을 표했기를 바란다. 또 아버지가 내게 그러했듯 내 아이들에게 내가 좋은 본보기가 되어왔기를 소망한다.

지금 이 순간에도 나는 아이들이 진정으로 성공적이고 의미 있는 인생을 살도록 잠재된 가능성을 깨우는 데 도움이 되고자 노력한다. 내가 내 아이들에게 주고자 하는 것을 아버지도 내게 주고 싶어 했음을 깨달은 지금, 나는 아버지께 더욱 감사를 드린다.

==느닷없이 실직을 당한 후 아버지는 내게 남 밑에서 일하지 말고 자기사업을 하라고 충고하셨다.== ==본인의 의지와 상관없이 해고당하면서 당신의 운명이 고용주의 손에 달려 있었다는 뼈아픈 경험과 자각이 있었기 때문이다.== 무엇보다 아버지는 자기사업을 하는 것이 절대 불가능한 꿈이 아니라는 것과, ==포기하지 않고 끊임없이 노력하는 사람에게는 진정 무한한 가능성이 있음을 믿어야 한다고 가르치셨다.==

내가 "못하겠어요, 아빠"라고 말할 때마다 "애야, 못한다는 말은 하지 마라. 그건 스스로를 패배자로 만드는 말이지. '할 수 있다'고 해야 자신감과 능력이 생기는 거란다"라고 하시던 말씀이 여전히 가슴 깊이 남아 있다. '넌 할 수 있어'라는 아버지의 끊임없는 격려는 지금까지 내 인생을 이끌어온 원동력이 되었다.

내가 장남에다 하나밖에 없는 아들이어서 그런지 아버지는 나와 목욕도 같이하고 자주 놀아주셨다. 또 책도 읽어주시고 취미생활도 함께해 주셨다. 아버지는 정말 내 인생의 모든 면에서 엄청난 영향을 미치신 분이다. 지하 창고에서 무엇이든 고칠 만한 기계덩어리 하나라도 발견하시면 한참을 이리저리 만지시던 아버지의 모습을 기억한다.

아버지는 이상주의자에다 모험심이 많았고 새로운 아이디어에 열광하셨다. 늘 가고픈 곳을 꿈꾼 아버지는 여비가 없어 지도 위에 그려보는 상상 속의 여행을 하셨다. 그러다가 한번은 가족 모두 한 차에 타고 우리로선 큰 모험이었던 옐로스톤 국립공원으로 여행을 다녀 온 적이 있다.

또 아버지는 보통사람들이 유기농이 무언지 알지도 못하던 그 시절에 유기농 식단을 고집하셨고, 식탁에는 늘 통밀 빵이 올라왔는데 내 동생들은 그걸 무척 싫어했다. 건강식에 대한 아버지의 시대를 앞선 관심과 생각은 훗날 내가 제이 밴 앤델과 뉴트리라이트 건강보조식품 유통업을 하기로 결정하는 데 큰 영향을 미쳤다.

좋은 어머니를 둔 것도 내겐 큰 축복이었다. 전업주부이던 어머니는 늘 우리 곁에 계셨다. 아버지와 달리 그 시절이 힘들었노라고 나중에 솔직히 고백하신 어머니는 가난해도 늘 깔끔하게 살림을 챙기고 조용히 아버지를 내조하시며 끼니마다 가족에게 따뜻한 밥상을 차려주셨다. 성품이 따뜻한 어머니는 아들인 내게 크림 사탕 만드는 법을 가르쳐줄 정도로 자상했고, 다른 한편으로 가족은 서로 도와야 한다는 의식을 자연스레 심어주셨다.

우리 집 아이들은 식탁 정리나 설거지를 도와야 했고 나는 언제나 접시에 남은 물기를 닦는 일을 맡았다. 저녁마다 우리 가족은 함께 부엌일을 하며 도란도란 이야기도 하고 즐거운 시간을 보냈는데, 지금은 이런 문화가 점점 사라지는 것 같다.

빠듯한 살림살이였지만 감각이 뛰어난 내 어머니는 낡은 가구를 이리저리 옮겨 배치함으로써 매년 새로운 분위기를 연출 하실 줄 알았다. 또 경제관념을 가르치기 위해 내게 심부름을 시킬 때마다 동전 한 닢씩 주고 양철 저금통에 모으게 하셨다. 그 통이 가득 차면 어머니는 나를 은행에 데려가 내 이름으로 된 계좌에 돈을 저금하게 하셨다.

나는 쪼들리는 집안 경제에 보탬이 되고자 신문배달을 시작했는데 생각해보면 그것이 내 첫 사업이었다. 신문을 돌리면서 나는 책임감과 신뢰, 성실 그리고 노력에 대한 대가를 받는 법을 배웠다. 매일 집 근처에 우리 동네 신문배달원에게 할당된 신문 뭉치가 놓여 있으면 나는 다른 아이들과 함께 길바닥에 앉아 내가 돌릴 부수만큼 접은 다음 헝겊 배낭에 넣어 어깨에 메고는 배달을 시작했다.

나는 서른 집에서 마흔 집을 맡았는데 처음 몇 달은 걸어 다녔지만 곧 계획을 세워 돈을 모으기 시작했다. 얼마 지나지 않아 나는 검은색 중고 자전거를 구입한 덕분에 훨씬 편리하고 효율적으로 배달을 할 수 있었다. 계획을 세워 열심히 일하고 알뜰히 모은 내 돈으로 원하는 것을 샀을 때의 그 기쁨을 나는 아직도 생생히 기억한다. 그것은 열심히 일했을 때의 보상이 어떤 것인지 깨닫게 해준 산 경험이자 가르침이었다.

자전거를 타고 배달을 하면서 나는 페달을 밟으며 대문에 정확히 떨어지게 신문을 던질 만큼 실력이 늘었다. 가끔은 잘못 던져 수풀더미 속으로 들어간 신문을 주워 와야 했지만 말이다. 성실하게 일한 나는 매년 크리스마스 때 고객에게 25센트나 50센트, 드물게 1달러씩 수고비를 받기도 했다.

토요일 아침이면 나는 집집마다 구독료를 받으러 다녔다. 돈을 받을 경우 나는 그 집 현관에 걸린 작은 영수증에 펀치로 구멍을 뚫어 확인을 해주었다. 그렇게 신문을 배달하면서 나는 사업의 기본 원칙을 배웠다. 그것은 '일거리는 내가 직접 찾아야 한다', '고객 서비스가 중요하다', '고객과의 돈 거래는 잔돈 한푼까지 정확히 해야 한다'는 것이다.

신문 배달은 내게 작으나마 돈 버는 방법은 물론 근무 시간을 자유롭고 탄력적으로 운용하는 감각을 가르쳐주었다. 우리 집보다 잘사는 집에 배달을 하면서도 나는 결코 나 자신을 초라하게 여기거나 그런 상황을 부끄러워하지 않았다. 대신 나도 열심히 일하면 언젠가는 그들처럼 부자가 될 수 있을 거라고 순수하게 믿었다. 그게 당시 내가 지닌 태도였다.

또 다른 비즈니스 경험은 외할아버지의 트럭 장사를 따라다니다가 직접 채소를 팔면서 얻은 것이다. 나는 친가와 외가가 모두 한 동네에 살았는데 할아버지는 두 분 모두 자영업을 하셨다. 친할아버지가 운영하시던 작은 식료잡화점에서는 농산물, 건조식품, 가재도구를 비롯해 카탈로그를 보고 옷을 주문하는 손님을 대신해 공장에 주문을 해주는 서비스를 했다. 가게 앞쪽에는 큰 사탕 상자를 놓고 팔았다. 하교하는 길에 학교 맞은편에 있는 친할아버지의 가게에 들른 꼬마들이 유리문 밖에 옹기종기 모여 오늘은 무슨 맛 사탕을 사 먹을지 진지하게 색깔을 고르던 광경이 아직도 눈에 선하다.

친할아버지는 가게 2층이 살림집이었고 식사 중에라도 손님이 찾으면 얼른 내려가셨다. 그러나 식전 기도 중에 손님이 오면 할아버지는 기도하다 말고 "암깐만요!"('즈'를 '으'로 발음하는 네덜란드식 영어를 구사하는 모습을 묘사함 – 역주) 하고는 기도를 마저 끝내고 내려가 손님을 맞으셨다. 또 멀리에서 주문이 들어오면 마차를 몰고 배달을 다니셨다.

성이 데커인 외할아버지는 포드 모델T 트럭을 끌고 아침마다 농산물 시장에서 과일과 채소를 싸게 떼어다 집집마다 돌아다니며 파셨다. 할아버지가 대문 앞에서 빵빵 경적을 울리며 "감자, 토마토, 양파, 당근 있어요!"라고 외치시면 주부들이 밖으로 뛰어나와 물건을 사갔다.

내가 처음 팔아본 물건은 할아버지가 팔다가 남은 양파 몇 개였지만 그건 시작에 불과했다. 그 다음부터 할아버지의 트럭에 남은 채소는 모두 내가 팔았다. 파는 건 결코 쉽지 않았지만 난 재미있었다.

신문을 배달하고 집안일을 도우면서 나는 책임감과 근면성, 섬세

한 일처리, 고객만족의 중요성을 배웠다. 열네 살 때는 동네 주유소에서 일하기도 했다. 경찰관 모자와 비슷한 것을 쓰고 나비넥타이 셔츠를 유니폼으로 입고 말이다. 주유기 두 대와 간이 정비 시설을 갖춘 그곳은 주유뿐 아니라 세차, 오일 점검, 간단한 정비 서비스까지 했기 때문에 보고 배울 것이 많았다.

나는 토요일마다 하루 종일 세차 아르바이트를 했다. 아직 자동 세차 기계나 난방 시설이 딸린 차고가 없던 시절이라 겨울이면 사람들은 주유소를 찾아와 손 세차를 맡겼다. 차 한 대당 세차비는 1달러였고 나는 수당으로 50센트를 받았다. 벌이가 좋았기에 나는 한겨울에도 토요일 아침마다 옷을 잔뜩 껴입고 나가 열심히 일했다. 당시엔 도로가 거의 비포장이라 창문과 문짝 틈새에 먼지가 끼는 경우가 많았는데, 그걸 정성껏 닦아주면 손님들이 아주 좋아했다. 기계공인 아버지에게 어깨너머로 배운 실력으로 나는 수리공들이 간단한 부품을 갈아 끼우는 일을 돕기도 했다.

그런 나를 신뢰한 사장은 출장을 갈 때면 열네 살밖에 안 된 나에게 가게를 맡겼다. 주변 사람들이 나를 믿어주자 점점 자신감이 커졌고 어린 나이에도 나는 업무상의 책임감이 어떤 것인지 깨달았다. 이 배움은 평생 많은 도움을 주었다.

나는 방과 후에 남성복 매장에서 판매 아르바이트도 했다. 어른들을 상대하는 일이었지만 전문가처럼 고객을 응대해볼 기회였기에 무척 좋았고, 덕분에 내게 판매에 재능이 있음을 알게 되었다. 학교가 끝나면 나도 다른 아이들처럼 운동도 하고 놀고 싶기도 했지만 가난한 부모님을 돕기 위해 돈을 벌어야 했다. 한번은 고등학교 야구팀 감독이 "너, 왼손잡이구나. 야구 해보지 않을래?"라고 물었다. 그때 나는

"저도 그러고 싶어요. 근데 저는 매일 방과 후에 일해야 하기 때문에 연습할 시간이 없어요."라고 대답했다.

―

1941년 12월 초, 평소와 달리 따뜻했던 어느 일요일 오후 내 인생을 송두리째 바꿔놓을 소식을 들었다. 자전거를 타고 가는데 길에서 만난 동네 친구가 물었다.

"너, 소식 들었어?"

"무슨 소식?"

"전쟁이 났대! 일본이 진주만을 공격했대!"

12월 7일, 나는 그렇게 전쟁을 만났다. 라디오와 신문은 연일 전쟁 소식을 대서특필했고 어딜 가나 온통 전쟁 이야기뿐이었다. 매일 15분씩 방송하는 라디오 저녁뉴스와 극장에서 영화를 상영하기 전에 틀어주는 토막뉴스의 아나운서이던 로웰 토머스도 그때 유명해졌다. 독특한 음성으로 전시의 긴장감과 함께 한 번도 가보지 못한 미지의 세계를 상상하게 하는 그 아나운서의 로맨틱한 목소리를 나는 절대 잊지 못할 것이다.

대공황으로 가뜩이나 어려운 상황에서 발발한 2차 세계대전은 불에다 기름을 붓는 격이었다. 자동차 업체들은 신형 모델 생산을 중단했고 종이와 고무, 금속, 식자재에 이르기까지 모든 물자가 부족해졌다. 우리 마을도 '빅토리 농장(Victory Garden, 세계대전 당시 미국 정부가 식량 부족 현상을 막고 군인을 지원하기 위해 권장한 농촌지역의 가정 농장 – 역주)'을 만들어 수확물은 우선 군용으로 보내고 장을 보거나 주유를 할 때는 배급표를 썼다.

  텃밭에서 거둔 채소는 거의 다 캔에 저장했다. 나도 어머니를 도와 토마토나 피클을 병에 담아 다른 깡통 음식과 함께 선반에 올려놓는 일을 했다. 전쟁의 여파는 우리 마을에도 덮쳐왔다. 이웃에 사는 의사 부부의 아들이 해군 포병으로 참전했다가 전사한 것이다.

  고등학생이 되면서 나는 근면과 책임감, 현명한 판단이 얼마나 중요한지 몸으로 배웠다. 열다섯 살이 되자 부모님은 나를 시내의 기독교계 사립 고등학교에 보냈다. 내 또래가 흔히 그랬듯 나도 비싼 사립학교 등록금을 대느라 고생하는 부모님에게 감사하지 않고 매일 놀러 다니거나 여학생들과 시시덕거리면서 시간을 보냈다.

  성적에는 별다른 관심을 기울이지 않았지만 다행히 낙제 과목은 없었다. 라틴어는 아슬아슬한 점수를 받아 간신히 유급을 면했다! 1학년을 마치자 아버지는 "이따위 성적을 받을 거라면 네 등록금을 낼 필요가 없다. 바보짓은 공립학교에서 돈 한 푼 내지 않고도 할 수 있으니까"라고 하더니 이듬해 정말로 나를 데이비스 공업고등학교 전기기술과로 보내버리셨다. 여기서도 나는 '대학 입학 가능성 없음'이라는 평가를 받았다. 괴로운 1년이었다. 내가 놀면서 허비한 시간에 대해 뼈아픈 대가를 치른 셈이다.

  나는 아버지에게 다시 사립학교로 가고 싶다고 했다. "학비는 누가 내는데?"라고 하시기에 나는 "제가 낼게요"라고 대답했다.

  그때부터 나는 내 손으로 학비를 벌고자 온갖 아르바이트를 했고 학교에서는 이전보다 훨씬 괜찮은 성적을 거뒀다. 그때 그냥 받아서 누리는 것보다 스스로 노력해서 보상을 받는 게 훨씬 가치 있다는 걸 깨달았다. 불성실한 생활이 낳은 뼈아픈 결과를 경험한 뒤 제대로 해

보겠다는 결정에 따른 긍정적인 결과는 내게 평생 교훈으로 남았다.

나는 점점 장차 사업가로 성공하는 데 밑거름이 될 리더십을 익히기 시작했다. 방과 후에는 일을 해야 했기 때문에 운동을 하지 못했지만 대신 응원단장을 맡기로 했다. 나는 경기장 밖에서 관중의 응원을 유도하며 목청껏 소리를 질렀다. 내가 일하던 옷가게에서 직원 유니폼으로 입던 어른용 양복에 넥타이까지 매고 난리를 치며 응원을 유도하기도 했다. 얼마나 용을 썼는지 한번은 전교생이 보는 앞에서 재주넘기를 하다가 바지의 엉덩이 솔기가 찢어진 적도 있다. 순간 너무 창피해서 도망쳤지만 그렇다고 응원단장 노릇을 그만두진 않았다.

내가 앞장서서 응원을 하면 선수들과 관중이 힘을 받아 열정을 내뿜는 모습이 정말 좋았다. 그래서 나는 평생 응원단장으로 살아왔다. 사람들이 자신감을 갖고 자신의 재능을 발견해 꿈을 추구하도록 옆에서 신나게 응원하는 일 말이다. 이것이 내가 성공하고 또 남이 성공하도록 도울 수 있었던 커다란 비결 중 하나다.

교실에 가만히 있기보다 운동을 하거나 사람들을 만나는 걸 더 즐기는 성격이라 그런지 내 교과 성적은 아쉽게도 체육 점수만큼 좋지 않았다. 이전보다는 나아졌지만 여전히 등수는 뒤에서 맴돌았고 별다른 목표가 없었다. 그저 막연하게 사업가가 되고 싶다는 바람이 있었을 뿐 구체적인 계획은 없었다.

그러다 졸업반 때 우연히 학생대표 선거에서 후보로 추천을 받았다. 2학년 때 다른 학교로 떠나는 바람에 친구들이 나를 잊었을 거라고 생각했는데, 응원단장을 해서인지 아니면 교우관계가 좋아서인지 나는 인기가 많았다. 친구들뿐 아니라 몇몇 선생님도 나를 응원했다. 하루는 담임선생이 잠시 나갔다 들어오더니 "리치, 네가 뽑혔구나! 나도 네가 선출되길 바랐는데 결과가 궁금해서 직접 보고 왔단다!"라고 말했다.

    나는 졸업식 대표로 연설도 맡았다. 당시 미국은 대공황에서 빠져나오자마자 터진 2차 세계대전의 화염 속에서 나치와 일본을 상대로 민주주의의 가치와 미국적 방식을 수호하고자 투쟁 중이었다. 수천 명이 모인 졸업식에서 나는 그 어떤 국가보다 더 많은 기회를 주는 미국의 우월성과 위대함을 강조했다. 비록 어린 나이였지만 나는 희망적이고 낙관적인 입장이었다. 그런 연유로 내 연설은 미국의 힘과 밝은 미래에 초점을 두었다.

    연설 제목은 '1944년 졸업생에게는 어떤 미래가 기다리는가?'였고 아버지는 내가 연습하는 내내 손짓과 발음, 쉬어가야 할 부분, 강조해야 할 단어 등을 가르쳐주셨다. 나는 동시대를 함께 살아갈 친구들에게 도움을 주는 연설을 하고 싶어서 정말 열심히 연습했다. 그중에는 먼 유럽과 남태평양의 전쟁터로 떠나갈 친구들도 많았다. 졸업식은 그랜드 래피즈 시내에 있는 콜드브룩 개혁교파 교회에서 열렸고 나는 연설을 하고 난 뒤 많은 박수를 받았다. 한 어머니는 내게 "얘야, 네가 목사님보다 낫구나"라며 기독교인 사이에서 들을 수 있는 최고의 칭찬을 해주었다. 당시 일반인이 들을 수 있는 제대로 된 연설은 설교 시간에 듣는 목사님 말씀이 전부였기 때문이다.

    내 인생의 소중한 배움이자 나 자신을 바라보는 시각을 완전히 바꿔놓은 사건은 또 있다. 자상하고 학구적이던 성경 선생 그린웨이 박사가 졸업연감에 나에 대해 써준 격려글이 내 마음을 울린 것이다.

    '하나님 나라에서 쓰임받을 리더십을 지닌 똑 부러지고 재능 있는 젊은이에게'

이 말로 시작하는 격려글은 이미 '대학 입학 가능성 없음' 평가를 받은 내게 놀라운 용기와 자신감을 주었다. 내가 존경하던 스승이 나를 그렇게 칭찬하니 세상을 다 얻은 듯 기뻤다. 그때까지 나는 단 한 번도 스스로를 리더감으로 생각해본 적이 없었던 것이다.

많은 세월이 흐른 후 동문회에서 그린웨이 박사를 다시 만났다. 사회를 맡은 나는 즉석에서 마이크를 넘겨주고 혹시 졸업연감에 써준 글을 기억하시는지 여쭈었다. 그 분은 자리에서 일어서시더니 한 자도 틀리지 않고 반복해주셨다. 오랜 시간이 흘렀는데도 그 글을 기억하는 스승을 보고 나는 무척 감동을 받았다.

그린웨이 박사는 당시 내가 못 본 내 안의 무언가를 당신이 본 것 같다고 하셨다. 그는 긍정의 말 한마디에 사람의 미래를 결정짓는 위력이 있음을 아는 현명한 분이었다. 나는 지금도 그린웨이 박사의 은혜를 잊지 못한다. 그래서 그분을 기리는 심정으로 다른 사람에게 긍정의 말로 용기를 주고자 늘 애쓴다.

감사하게도 나는 이렇듯 올바른 환경에서 성장했다. 화목한 가정에서 사랑과 격려를 받았고 아버지의 긍정적인 마인드와 할아버지의 사업가적 재능 그리고 네덜란드인의 장점인 믿음, 근면, 검소, 노동윤리, 자유와 성공 기회에 감사하는 마음을 물려받았다.

학생대표를 맡았을 때는 대중 연설 능력과 리더십을 키웠고 교회와 학교에서는 신앙심이 성숙했다. 또 신문 배달을 비롯해 학비를 벌기 위해 여러 가지 궂은일을 하면서 노동윤리를 배웠다. 내 주위의 많은 사람이 대공황의 침체 속에서도 불굴의 투지와 희망을 잃지 않았듯, 나도 지금까지 응원단장을 하며 배운 긍정적이고 열정적인 자세를 유지하고 있다.

그러다 보니 어느새 나는 동기부여 연설가로 불렸는데 내가 한 여러 연설 중에서도 특히 '행동, 태도 그리고 환경'이 마음에 남는다.

==많은 사람이 두려움과 의심 때문에 행동하지 못하지만 행동하지 않고는 아무 일도 일어나지 않는다. 해보겠다는 긍정적인 태도가 행동하게 만든다. 긍정적인 마인드는 올바른 환경 안에 속해 있거나 의도적으로 그 안에 들어가야 계발할 수 있다.==

나는 서로를 아끼는 가족과 공동체 안에서 사랑과 믿음으로 자랐다. 두터운 신앙심과 근면함으로 대공황을 꿋꿋이 이겨내고 행복한 미래를 꿈꾸는 사람들이 만든 올바른 환경에 속해 있었던 것이다. 나는 내 아이들이나 올랜도 매직 농구단, 전 세계 수백만의 암웨이 사업가에게 한결같이 강조한다. 부정적인 친구에게 둘러싸여 있다면 그들을 떠나 긍정적인 친구를 찾으라고 말이다. 부정적인 행동이나 사건이 일어날 만한 소지가 있는 장소 및 상황은 아예 가까이 하지 말아야 한다. 또한 주거지나 근무지의 환경이 부정적이라면 이사를 가거나 직장을 옮기는 것이 낫다. 당신의 인생 목표와 관심사를 함께 나눌 긍정적인 친구들과 사업 파트너, 멘토를 찾아야 한다.

==긍정적인 환경이 긍정적인 태도를 낳고 긍정적인 태도가 있어야 긍정적인 행동이 나온다.== 나는 긍정적인 환경 덕분에 어린 나이에도 언젠가는 꿈을 이룰 수 있다는 자신감으로 펄펄 날았다. 좋은 사람들과 어릴 적 경험은 내 인생에 많은 영향을 주고 내 미래를 설계하는 데 큰 도움을 주었다. 하지만 어떤 사람, 어떤 경험도 내가 고등학교 때 만난 한 친구만큼 내 인생을 결정적으로 상상하지 못한 세계로 이끌어 주진 않았다. 이 엄청난 스토리는 그 친구와 우연히 등굣길 카풀을 함께하면서 시작되었다.

2장

평생의 동반관계

우리 동네의 도로 끝에는 빽빽 경적을 울리며 다니는 전차 정류장이 있었다. 나는 집에서 2마일(약 3.2킬로미터 – 역주) 떨어진 고등학교에 다니고 있었는데, 내가 모직 코트의 깃을 세우고 모자를 푹 눌러쓴 채 눈에 푹푹 빠지며 걸어가고 있노라면 가끔 전차 운전기사가 공짜로 태워주었다. 눈보라치는 추운 미시건의 겨울 아침에 혼자 멀리까지 걸어서 등교하는 내가 안쓰러웠던 모양이다.

가끔은 시내버스를 타기도 했지만 그랜드 래피즈 도심을 다 돌면서 여러 군데에 정차했기 때문에 시간이 많이 걸렸다. 그래서 버스를 타고 가려면 해뜨기 한참 전에 일어나야 했다.

학교에 타고 갈 좀 더 편한 교통수단을 원한 나는 예의 사업가 기질을 발휘해 아이디어를 하나 냈다. 언제부턴가 우리 집 근처의 이스트 풀튼 스트리트로 1929년형 포드 모델A 컨버터블 한 대가 자주 지나가는 걸 봤는데 알고 보니 우리 학교 학생의 차였다. '이 차를 얻어 타면 버스보다 훨씬 편하겠구나' 싶어서 하루는 차 주인에게 말을 걸었다. 서로 방향이 같으니 함께 타고 다니면 어떻겠느냐고 물었더니 그 친구 역시 나만큼 사업가 기질이 있었는지 "그럼 기름 값으로 일주일에 25센트씩 낼래?"라고 되물었다. 당시 기름 1갤런(약 3.8리터 – 역주)에 10센트였기 때문에 나는 그러겠노라고 대답했다. 그 친구가 나 말고 다른 학생에게도 25센트씩 받고 차를 태워주고 있었다는 건 나중에 알았지만 말이다.

이것이 내 평생의 친구이자 사업 파트너가 된 제이 밴 앤델과 내가 처음 맺은 계약이다. 제이의 아버지 제임스 밴 앤델은 당시 네덜란드계인 플리케마와 동업으로 '밴 앤델 & 플리케마'라는 자동차 대리점을 운영하고 있었는데 이 회사는 지금도 건재하고 있다. 덕분에 제이는 대공황 속에서도 10대의 나이에 자기 차를 몰고 다니는 행운을 누렸다.

성실하고 조용한 제이는 외아들이었다. 늘 시끌벅적한 환경에 있던 나는 조용한 집에서 외아들로 사는 제이가 무척 신기했다. 활달하고 약간 껄렁대는 나와 달리 제이는 보수적이고 신중하며 내가 보기에 힘들여 공부하지 않아도 전 과목 A를 받을 것 같이 똑똑한 아이였다. 솔직히 처음엔 제이보다 그 아이의 자동차에 끌렸다. 제이는 그전에 살던 동네의 친구 몇 명과 교회를 같이 다녔을 뿐 새로 이사 온 우리 동네에는 친구가 별로 없었다.

제이와 나는 성격도 외모도 완전히 딴판이었고 원래 알던 사이도 아니었다. 나는 짧고 짙은 갈색 머리에 작고 다부진 체격이었지만 제이는 홀쭉하게 큰 키에 금발의 곱슬머리였다. 나는 쾌활했고 제이는 수줍음이 많았다. 내 우스갯짓에 친구들이 배꼽을 잡고 웃는다면 제이의 위트 있는 한마디는 슬며시 미소를 짓게 하는 식이었다. 더구나 제이가 나보다 한 학년 상급생이라 함께 학교에 다닌 시간은 길지 않았다. 조용한 성격의 그는 사소한 잡담도 별로 하지 않았다.

하지만 또래가 생각지 못하는 다양한 주제에 흥미를 보이는 제이에게 나는 관심이 갔다. 나 역시 비록 제이처럼 학구파는 아니었지만 경험의 영역을 넓히고 싶었기에 우리 둘은 점점 친해지면서 많은 대화를 나누기 시작했다.

하루는 등굣길 차 안에서 내가 제이에게 저녁 때 구기 경기를 보러 가자고 했다. 내가 말한 구기 경기가 고등학교 농구 경기라는 걸 그가 알고 있었는지 혹은 가본 적이 있는지도 몰랐지만 말이다. 어쨌거나 제이는 "어 그래, 재미있겠네. 갈게"라고 대답했다. 그때부터 우리는 종종 농구 경기를 보러갔고 거기에 온 다른 친구들과 몰려다니며 햄버거를 사 먹기도 했다.

나와 친해지면서 제이는 자연스레 그전에 알던 친구와 조금 다른 친구들도 알게 되었고 학교 친구도 많이 생겼다. 제이와 나는 늘 단짝처럼 붙어 다녔고 각자의 여자친구를 데려와 넷이서 더블데이트를 하기도 했다.

많은 시간이 흐른 후 〈리더스 다이제스트〉(미국의 오래된 교양지 - 역주)에 실린 어떤 글에서 나는 나와 제이를 '네덜란드 쌍둥이'라 불렀다. 사실 우리는 여러 가지 면에서 결코 쌍둥이가 아니었지만 세계관이나 인생관에 공통점이 많았다.

돌아보면 우리의 우정은 조금씩 커진 것 같다. 성급한 판단 때문에 서로를 진정으로 알지 못한 채 많은 관계가 깨진다는 것을 고려하면 제이와 내 우정은 분명 성숙하고 진실한 것이었다. 겉보기엔 다른 점이 많았다. 만약 우리가 자신과 외모나 행동이 다른 누군가와 가까이 하려 하지 않았다면, 그래서 친구가 되지 않았다면 두 사람의 생각에 얼마나 공통점이 많은지 절대 알지 못했을 것이다.

제이에게는 친구도 많이 생겼고 자신의 비즈니스 경험을 살려 더 많은 아이들에게 돈을 받고 차를 태워주었다. 그의 차 포드 모델A에는 앞뒤 좌석 모두 학교 친구들로 꽉 찼는데 심지어 문 밖에서 아슬아슬하게 발판을 딛고 매달려 가는 아이들도 있었다. 지금처럼 안전벨트나 철저한 교통법규는 없었지만 제이는 절대로 제한속도인 시속 25마일 이상 달리지 않았다. 그러면 교통경찰도 우리를 가만히 놔두었다. 그는 그것을 어려운 친구들이 최소한의 돈으로 이용할 수 있는 교통수단으로 생각했던 것 같다.

우리 집에는 농구 골대가 있었는데 나는 아직도 제이가 작은 스포츠카를 세워놓고 운전석에 앉아 친구들이 농구하는 걸 지켜보던 모습이 눈에 선하다. 제이는 우리 집에 자주 놀러 와 어머니가 차려주는 간식을 먹기도 했다. 어머니는 제이를 무척 좋아했다. 자기 아들이 부자에다 의젓하고 공부도 잘하는 제이 같은 친구와 사귀는 걸 싫어할 어머니가 어디 있겠는가? 아무튼 시간이 흐르면서 제이와 내 우정은 더욱 깊어졌다. 나는 그에게 생기와 활발함을 주고, 똑똑한 제이는 내게 많은 것을 가르쳐주었다. 그야말로 환상의 콤비였다.

제이의 아버지도 나를 알게 되면서 우리에게 책임감이 있고 앞으로 사업에서 성공할 자질이 있는지 알아보기 위해 둘이 함께 일할 기회를 주었다. 나는 열네 살, 제이는 열여섯 살이었지만 제이의 아버지는 우리가 믿을 만하고 또 능력도 있다고 본 것이다. 당시 우리는 그랜드 래피즈에서 픽업트럭 두 대를 몰고 먼 몬태나 주의 보즈만에 사는 고객에게 넘겨주고 오겠느냐는 제안을 받았다.

하고말고요!!! 그때 자동차 제조는 군수용 차량으로 제한되어 있었기 때문에 몬태나 주 같이 먼 곳에서도 농장 일에 쓸 픽업트럭 주문이 들어온 것이다. 어린아이 둘에게 그 먼 곳까지 직접 운전을 해서 고객의 손에 키를 주고 오는 일을 시키는 것은 오늘날엔 상상도 못할 일이다. 하지만 10대 소년이 전쟁터에 싸우러 가던 험한 시절이라 아이들은 일찍 어른이 되어야 했다. 열네 살밖에 안 된 나도 운전면허증을 발급받았다.

어머니는 제이의 아버지에게 "우리 리치는 아직 그렇게 멀리까지 운전하기엔 너무 어려요"라고 말했지만, 제이의 아버지는 "괜찮을 겁니다! 다 컸어요"라고 확신을 주었다. 어머니는 처음 자전거를 타는 꼬마를 보듯 다소 걱정스런 눈빛으로 잘 다녀오라고 축복해주셨다. 드디어 내가 1천 마일이 넘는 먼 곳까지 직접 차를 몰게 된 것이다.

나와 제이는 만나면 여행 준비 얘기만 했고 출발 전날 밤에는 너무 흥분해서 잠을 이루지 못했다. 우리는 광활한 서부의 황무지와 높은 산맥을 지나 넓은 평야나 목초지를 달리는 상상을 하며 뜬눈으로 밤을 새웠다.

그런데 막상 떠나 보니 여비도 충분치 않았고 중간에 쉬어 갈 여관도 거의 없었기 때문에 밤에는 화물칸에 목초더미를 깔고 잤다. 우리는 트럭 두 대를 견인봉으로 연결해서 앞차에 둘이 타고 번갈아가며 운전을 했다. 아는 사람이 있는 곳에서는 쉬어가기도 했다. 아이오와 주에는 그랜드 래피즈의 칼빈 대학에 다니는 선배와 기독개혁교단 교인이 몇 명 있었는데, 우리는 그들의 집에 차례로 들러 융숭한 대접을 받았다. 그중 한 독일계 가정에서 사워크라우트(짜고 신 독일식 배추절임 – 역주)를 식탁에 올렸는데, 그 맛을 보고 찡그리는 나를 보며 식구들이 큰소리로 웃었던 기억이 난다. 태어나서 처음 먹어본 그 음식의 맛은 정말 이상했다.

고속도로가 없던 시절이라 제한속도는 시속 40마일 이하였고 2차선의 꼬불꼬불한 시골길이 계속 이어졌다. 우리는 몇 마일 가다 좌회전 또 몇 마일 가다가 우회전 하는 식으로 계속 방향을 바꾸면서 운전을 했다. 그때는 도로가 아니라 농지가 우선이었기 때문에 찻길이 농지를 피해 구불구불했다.

아이오와 주를 지나 다다른 사우스다코타 주의 래피드 시티에서 우리는 당시 유명하던 '월 잡화점'에 들어가 구경도 했고, 배드랜드를 지날 때는 교과서에서만 보았던 '러시모어 산(미국 대통령 네 명의 얼굴 조각상이 있는 유명한 산 – 역주)'을 직접 보기도 했다.

그랜드 래피즈를 떠날 때부터 이미 타이어가 많이 닳아 있던 터라 찌는 한낮에 세 번이나 차가 퍼지기도 했다. 가지고 간 땜질 기계로 우선 구멍을 때우고 달리다가 만난 주유소에서는 타이어 공기 주입에 5센트를 내라고 했다. 하지만 단돈 5센트도 아껴야 할 정도로 경비가 빠듯했기에 우리는 땡볕에 앉아 땀을 뻘뻘 흘리며 수동펌프로 바람을 채워 넣고 다시 움직였다. 그 경험을 통해 나는 어리지만 집념과 자신감으로 위기를 극복하는 법을 온몸으로 터득 할 수 있었다.

그 자동차 여행은 우리의 사업과 인생에 모험심을 불러일으킨 계기가 되었고 내 나라 땅을 구석구석 밟아봄으로써 애국심도 깊어졌다. 미국과 미국적인 방식을 사랑하는 마음은 훗날 우리의 사업 방식과 경영 원칙에 고스란히 녹아 흘렀다. 그때 제이와 나는 팀워크와 자신감, 책임감, 신뢰 쌓기 그리고 맡은 임무를 완수했을 때의 기쁨이 무엇인지 배웠다.

우린 둘 다 여행을 좋아했다. 나중에 뉴트리라이트 유통업을 함께 할 때 미시건 주에서 본사가 있는 캘리포니아 주까지 오가는 길에 우리는 국립공원에도 들르고 겨울에는 스키를 타면서 재미있게 일했다. 제이와 나 사이의 우정은 함께 학교에 다니면서, 방과 후에 같이 놀면서 또 자동차 모험을 하면서 점점 돈독해졌다.

내가 고등학교를 졸업할 무렵, 우리는 정말 친형제처럼 서로를 잘 이해했고 누구보다 서로의 성격을 정확히 알고 있었다. 우린 분명 평생을 함께할 최고의 친구였다. 내 졸업연감에 제이는 이렇게 써 주었다.

"진짜 금은 절대 녹슬지 않는다."

어린 소년들이 그처럼 멋진 모험을 할 수 있던 시절이 그립다. 오늘날 많은 부모가 미리부터 걱정과 불안에 휩싸여 자녀를 그저 안전하게만 보호하려 한다. 이런 '헬리콥터 부모'는 아이들 주변을 24시간 맴돌며 살짝만 넘어져도 달려가 얼른 일으켜주려 한다. 하지만 아이가 걸음마를 배울 때 넘어지지 말라고 자꾸 잡아주면 그 아이는 결코 혼자 걷지 못한다.

물론 복잡하고 위험한 지금의 세상에서 나와 제이의 부모처럼 10대 아이 둘을 그토록 먼 곳까지 운전을 하며 다녀오라는 허락은 하기 어려울 것이다. 아무튼 나는 어린 나를 믿고 그런 모험을 허락한 부모님께 깊이 감사한다. 그 여행을 통해 제이와 나는 진짜 사나이가 되었다. 우리의 부모님들도 분명 동감했으리라 믿는다.

학교에 가는 길에 제이와 내가 매일 무슨 얘기를 했는지 자세히 기억나진 않지만 주로 사업을 하고 싶다는 얘기를 했던 것 같다. 물론 우리 역시 평범한 또래처럼 스포츠나 여학생, 시험에 관한 얘기도 많이 주고받았다. 하지만 당시 우리 모두의 가장 큰 화두는 뭐니 뭐니 해도 전쟁이었다.

오늘날에는 상상이 가지 않겠지만 그때는 아이들까지도 세계 전쟁이라는 심각한 주제를 놓고 수다를 떨 듯 일상적으로 이야기했다. 유럽과 태평양 연안 지역에서 일어나는 전쟁에 비하면 다른 주제는 모두 부차적인 것에 불과했다. 멀고 먼 전쟁터에서 일어나는 일이 평범한 우리의 일상을 송두리째 바꿔놓은 것이다.

신문 1면은 날마다 전투 소식으로 가득했고 유럽 대륙과 태평양 연안을 행진하는 미군들의 흑백사진이 대문짝만하게 실렸다. 모든 라디오 채널에서는 시시각각 희한한 이름의 전투지에서 벌어지는 상황을 보도했고, 극장 뉴스에서도 헬멧을 쓴 나치 군대와 탱크 부대가 유럽을 휩쓰는 장면을 보여주었다. 그랜드 래피즈에 사는 어린 소년들에게는 멀고 먼 유럽과 남태평양의 격전지 상황에 관심이 많았던 제이는 군수용 장비나 전쟁에 대한 자기 의견이 분명해서 이에 대해 토론하기를 좋아했다.

훗날 미국적 자유기업 시스템에 바탕을 둔 회사를 공동창업할 두 소년은 독일의 나치와 일본의 군국주의에 대항해 자유를 수호하고자 조국이 벌이는 전쟁에 깊은 관심이 있었다. 토요일 아침 극장 스크린에서 히틀러나 무솔리니, 도조 히데키 같은 독재자가 군중 앞에서 으

스대는 광경을 본 소년들은 누구나 연합군이 적을 물리치는 데 많은 위험이 따를 거라는 걸 알았다. 우리는 하루라도 빨리 군인이 되어 승전에 기여하고 싶은 애국의 열정으로 끓어올랐다.

1942년 봄, 제이가 고등학교를 졸업할 무렵이 되자 신문이나 방송으로만 접하던 전쟁이 우리에게도 현실로 닥쳤다. 그해 가을 공군 예비부대에 사병으로 입대한 제이는 B-17 투폭기 조종병 훈련사관으로 복무했고 나중에는 소위까지 진급했다.

입대할 때 제이는 자신의 자동차를 내게 주며 학교에 갈 때 몰고 다니라고 했다. 좋은 친구도 만났고 신나는 성취감도 있던 행복한 시절이었지만, 나는 열여덟 살이 되자 다른 아이들과 마찬가지로 어서 군인이 되어 위기에 처한 조국에 도움을 주고 싶다는 생각을 했다. 1944년 6월, 나는 졸업을 하자마자 곧바로 군에 입대했다. 불과 몇 주 만에 고등학생에서 군인으로 신분이 바뀐 것이다.

'우리는 이겨야 한다! 우리는 헌신하길 원한다!'

당시 입대한 모든 젊은이가 나와 같은 마음이었을 거라고 본다. 젊은이들은 건강에 결격 사유가 있어서 입대를 거부당하면 무척 슬퍼했다. 신병 검사에서 4F 등급을 받을 경우 그걸로 끝이었다. 다들 어떻게든 건강하다는 평가를 받아 입대하기를 소망했다.

요즘에는 그런 상황을 이해하기 어려울지도 모른다. 베트남 참전이 국가적으로 큰 논란을 불러일으킨 후 미국은 의무징병제를 철폐하고 직업군인제를 도입했기 때문이다. 나는 단 한 사람의 미국 젊은이도 전쟁터에서 고생하길 원치 않는다. 다만 미국의 젊은 세대에게서 어려움에 처한 조국을 구하기 위해 기꺼이 헌신하고자 했던 그때의 불타는 애국심과 희생정신을 찾아보기 어려워진 것이 애석할 뿐이다.

제이는 폭격 조준기 장교가 되어 병사들에게 폭격 조준기의 보수 및 정비 기술과 투폭 기법을 가르쳤다. 폭탄 투하 시에는 투폭 담당 장교가 전투기의 총책임자가 된다. 평상시 비행 때는 기장이 항로를 주관하지만 일단 폭탄 투척 지점에 이르면 모든 통제권은 투폭 장교에게 넘어가는 것이다. 제이는 투폭기 정비와 교육 전문가가 되어 예일 대학에서 장교 훈련을 맡으면서 빠른 속도로 진급했다. 워낙 똑똑한 친구라 그 분야도 빨리 배운 것 같았다.

둘 다 군대에 있을 때 제이는 나에게 편지를 자주 보냈는데, 한번은 자기 생일이자 일요일에 사우스다코타 공군기지에서 당직을 서던 중에 편지를 쓰기도 했다. 스물한 살짜리 젊은 장교에게 부대의 폭탄과 군인을 모두 맡길 수 있었던 건 전쟁이라는 비상 상황이었기에 가능한 일이었다.

나 역시 입대해서 조종사가 되고 싶었다. 그러나 1944년 여름 무렵, 전쟁의 포화가 한풀 꺾이면서 미 공군은 더 이상 항공기 조종 훈련병을 뽑지 않았다. 대신 나는 병사와 장비를 전투 현장에 투입할 때 모는 활공기 수리병 보직을 받았다.

내 군 생활은 그랜드 래피즈 기차역에서 사복차림으로 시작되었다. 주머니 안에는 나라에서 끊어준 시카고행 기차표가 있었고 나는 승강장에 서서 부모님과 함께 기차를 기다렸다. 부모님은 착잡한 심정을 감추려 무던히 애썼지만 하나뿐인 아들이 집을 떠나 멀고 험한 곳으로 간다는 생각에 표정이 어두웠다.

입대하고 얼마 지나지 않아 나는 빽빽한 군용 열차 안에서 동료 병사들과 함께 꽥꽥 소리를 지르는 터프한 군인의 모습으로 전국 방방곡곡을 누볐다. 성격이 외향적이라 그런지 나는 전의에 가득 찬 젊은 병사들이 서로 어깨를 부딪치며 함께하는 기차 행군을 재미있다고 느낄 정도였다.

하지만 그랜드 래피즈에서 출발할 때는 나 혼자밖에 없었다. 시카고처럼 멀고 큰 도시로 떠나는 것도 처음이었다. 칙칙폭폭 기차소리를 들으며 이런저런 생각에 휩싸여 물끄러미 내다본 창밖으로 내 고향 그랜드 래피즈와 미국 제2의 대도시 시카고 사이에 자리 잡은 농장, 작은 마을, 공장이 지나가고 있었다. 그 몇 시간 동안 정말 많은 생각을 했던 것 같다.

그런 상황이라면 누구나 마찬가지겠지만 나 역시 전쟁의 위험성과 죽을 수도 있다는 생각을 했다. 신문에는 날마다 부상자와 전사자 이름이 실렸는데 그중에는 내가 아는 사람들도 있었다. 나는 내 인생이 고비에 처했음을 알았고 위험한 접전 지역으로 떠나 다시는 집에 돌아갈 수 없을지도 모른다는 생각도 했다.

그때 그리고 그 이후 전쟁터에서 나는 내 믿음에 대해 보다 진지하게 생각해봤다. 무고한 사람들이 죽어 나가고 어제까지 함께한 전우가 오늘 시체가 되는 전쟁터에서 신앙은 엄청난 영향력을 미친다. 특히 눈앞에서 생사가 갈리는 무시무시한 상황에서 자신의 종교적 믿음을 확신하는 일은 무엇보다 중요하다.

전쟁을 겪으며 내 신앙은 더욱 견고해졌다. 주님이 나를 지켜주시고 내 삶을 인도해주신다는 사실이 내 마음에 평안을 주었다.

다른 한편으론 내가 자원해 입대했다는 것과 조국의 승리에 내 나름대로 보탬이 되고 있다는 사실이 자랑스러웠다. 조국이 히틀러 같은 독재자의 손에 넘어가 그의 지배를 받는다는 건 상상도 할 수 없는 일이었다. 극장 뉴스에서 본 독재자 이미지, 나치의 상징인 만자 문장 그리고 무릎을 쫙 펴고 걷는 독일군의 퍼레이드 장면은 모든 미국인에게 생각만으로도 무시무시한 공포의 대상이었다.

그랬기에 어린 나도 적으로부터 조국을 구하는 데 반드시 일조해야 한다는 굳은 결의에 차 있었다. 시간이 흐르자 나는 더 이상 죽음의 공포로 떨지 않았다. 전쟁에선 누구든 죽을 수 있지만 죽는다는 게 어떤 건지 잘 모르는 어린아이는 어른보다 오히려 담대할 수 있다. 상황은 긴박했지만 우리는 걱정하는 대신 그날그날 주어진 일에 충실했다. 어쨌든 시카고로 떠나는 기차 안에서 나는 이제 집을 떠나 오랫동안 돌아올 수 없을 거란 생각에 가슴이 먹먹해졌다.

얼마 지나지 않아 나는 머나먼 타지에서 복무하는 군인에게 '집'이라는 단어만큼 가슴 절절한 말은 없다는 것을 알게 되었다. 그들에게 집은 이전과 달리 인생의 소중한 가치로써 큰 의미를 지닌다. 내게는 군인이 되어 멀고 큰 세상을 경험하는 것도 기쁨이었지만 나중에 돌아갈 집이 있다는 건 더 큰 기쁨이었다.

가족과 친지들이 편지를 보내준 덕분에 나는 고향집 소식을 두루두루 알고 있었다. 부모님과는 적어도 일주일에 한 번씩 편지를 주고받았다. 군인들은 언제 자기 앞으로 편지가 도착할지 늘 기다렸다. 가족이 규칙적으로 편지를 보내도 수취인 주소가 불분명한 경우가 많아 제때에 받아보기란 쉬운 일이 아니었다. 이름도 모르는 전쟁터 어디엔가 있을 군인 아들이나 형제, 친구에게 보내는 편지봉투 수취인 주소란에는 그저 '태평양 전선 사서함' 또는 '대서양 전선 사서함'이라고 쓸 수밖에 없었다.

제이와도 꾸준히 소식을 주고받았다. 특히 집에서 수천 마일 떨어진 남태평양의 어느 작은 섬에 있었을 때 받은 제이의 편지는 정말 소중했다. 내 편지가 시시콜콜한 일상으로 채워진 반면 제이는 보다 깊고 철학적인 내용의 편지를 많이 보냈다. 생각이 많은 친구인 만큼 주제도 참 다양했다. 제이의 편지를 읽노라면 나는 집에 온 듯 편안했고 나날이 깊어지는 우리의 우정을 느낄 수 있었다.

제이도 나만큼 집을 그리워했다. 한번은 "리치, 오늘밤은 정말 외롭다. 여름이 끝나가면서 서늘해진 날씨 때문인지도 모르지. 그랜드 래피즈의 가을날 같구나. 너와 나 그리고 친구들 모두 이번 가을에 고향에서 만날 수 있다면 얼마나 좋을까!"라는 편지를 보냈다. 또 다른 편지에서는 "우리 둘은 떼려야 뗄 수 없는 관계인 것 같아. 이토록 변함없고 깊은 우정으로 뭉친 친구 사이는 전쟁도 갈라놓지 못할 거야. 앞으로도 처음처럼 함께해서 꿈을 이루자. 환상의 콤비 둘이 이뤄낼 수 많은 스토리와 함께 말이야"라는 깊은 우정이 담긴 글을 썼다. 우리가 얼마나 소중하고 특별한 친구인지 평생 확인해줄 소중한 편지들이다.

사람들은 종종 '친구'라는 단어를 함부로 쓴다. 요즘에는 조금 아는 사이도 친구라고 부른다. 그래서 더 친한 관계를 표현할 때는 '특별히 친한 친구' 또는 '영원한 베스트 프렌드' 같은 단어를 써야 한다. 심지어 수천 명의 페이스북 친구를 둔 사람도 있다. 하지만 그 시절의 '친구'는 정말 친구, 그러니까 소수의 특별한 친분 관계만 의미했다.

다시 군에 입대하던 시절의 이야기로 돌아가 보자.

나는 시카고행 기차표와 함께 도착 즉시 발령지를 통보한다는 명령서를 받았다. 내가 도착한 시카고 기차역은 군복 차림의 병사와 군악대의 팡파르 소리로 시끌벅적했다. 거기서 나는 텍사스와 오클라호마의 경계선에 있는 신병훈련소 셰퍼드 필드로 이송돼 7,700명의 항공정비 훈련병과 함께 교육을 받았다. 내가 맡은 임무는 전투 현장에 병력과 물자를 재빠르게 투입하는 데 쓰이는 활공기를 보수하는 일이었다.

1년 반 동안 공식 훈련을 거친 후 1945년 봄 나는 일본 남동쪽 태평양의 작은 섬 티니안으로 발령을 받았다. 독일은 이미 항복했고 일본과의 전투도 막을 내리던 참이었다. 1945년 8월 15일 솔트레이크로 이동하던 차 안에서 나는 일본이 마침내 항복하면서 전쟁이 끝났다는 라디오 방송을 들었다. 고지대를 달리던 터라 전파가 끊기는 바람에 처음엔 제대로 알아듣지 못하다가 계곡으로 내려가면서 전파가 잡혀 다시 들어보니 종전이 되었다는 소식이 맞았다. 우리는 솔트레이크에서 전 국민과 함께 함성을 지르며 기뻐했다. 특히 우리 부대 장병들은 다시는 해외로 나가지 않아도 된다는 생각에 더욱 기쁨을 감추지 못했다.

전쟁이 공식적으로 끝났음에도 불구하고 나는 티니안 기지에서 6개월간 복무하도록 명령을 받았다. 티니안 기지는 히로시마에 첫 번째 원폭을 투하한 폭격기 이놀라 게이를 발사한 곳이다. 나는 전쟁 중 우리 군이 섬을 함락한 후 건설한 군용비행장을 철거하는 작업에 참여했다. 어려운 기술이 필요하진 않았지만 그 일에 내가 작게나마 도움을 준다는 사실이 퍽 자랑스러웠다.

제이는 해외기지에 나가지 못한 걸 굉장히 섭섭해 했다. 나중에 듣기로 제이의 부대가 뉴욕에서 유럽으로 출정하는 군함을 타려고 성의 알파벳 순서대로 줄을 서서 기다리는데 그의 바로 앞에서 승선을 제지하더니 "배의 좌석이 다 찼으니 이 줄 뒤쪽의 모든 장병은 즉시 부대로 귀환하라"고 명령했단다. 나중에 그가 내게 말했다.

"하필 내 성 밴 앤델의 'V' 앞에서 자리가 다 차다니. 내 이름이 디보스의 'D'로 시작하지 않은 게 죄지 뭐."

전쟁을 통해 나는 종교와 살아온 배경이 다른 사람들을 많이 만났다. 미국인부터 일본인에 이르기까지 다른 부류의 사람들과 많이 접한 것이다. 수많은 사람을 움직여야 하는 군대에서는 무조건적이고 엄격한 규칙 속에서 철저히 상관의 명령에 복종하는 훈련과 체력 단련이 필수다. 그곳에서 나는 명령과 규율에 복종하는 법을 단련했다. 훗날 제이와 나는 전 세계 수천 명의 직원을 비롯해 수백만 명의 독립 사업자와 함께하는 다국적기업을 경영하는 데도 군대식 원칙이 어느 정도 필요하다는 것을 깨닫고 깜짝 놀랐다.

1946년 8월에 제대한 나는 일본에서 배를 타고 샌프란시스코로 와서 기차를 타고 시카고로 갔다. 스물한 살의 젊은이이자 군 생활로 많이 성숙한 나는 자랑스러운 승전 조국 미국의 경제발전에 참여하고 세상을 향해 자유의 등을 밝히는 사람이 되고픈 열정으로 마음이 끓어올랐다. 힘을 합치면 난관을 극복하고 위대한 승리를 이룰 수 있음을 몸으로 증명한 우리는 희망과 자신감으로 넘쳐났다.

어서 돌아가 열심히 일해 새 차와 새 집을 사고 전쟁으로 부족했던 것을 다시 나누고 싶었다. 내 마음은 이전보다 나은 삶을 살고 더 나은 사람이 될 수 있다는 긍정으로 가득했다. 고향으로 돌아간 참전용사들은 대개 주유소나 소매점 등 자영업에 뛰어들거나 직장에 취직해 열심히 일했다. 우리는 우리를 죽이고 미국을 집어삼키려던 악당 히틀러와 군국주의 확산을 위해 다른 나라를 넘보던 일본이 무릎을 꿇게 한 승전 스토리의 주역이었다.

이제 미국은 더 큰 꿈을 꿀 수 있는 자유를 찾았다.

집으로 돌아온 제이와 나는 다른 청년들과 마찬가지로 무한한 기회를 줄 준비가 된 새로운 미국에서 기회를 잡고 싶은 열망으로 가득했다. 전쟁 중에 우리는 이미 사업의 씨앗을 뿌리기 시작했다. 내가 입대하기 전, 제이는 잠시 휴가를 나왔고 우리는 더블데이트를 마친 뒤 함께 얘기를 나눴다. 내가 먼저 물었다.

"전쟁이 끝나면 뭘 할 거니? 복학할 거니?"

그렇게 묻긴 했지만 둘 다 자영업을 하고 싶어 했고 학교가 대안이 아니라는 걸 알고 있었다. 우리는 결국 동업을 하자는 결론을 내렸다.

평생 동업을 하는 사람은 극히 드물다. 제이와 내 우정 그리고 사업상의 파트너십은 순전하고도 심오한 것이라서 이런 관계를 경험하지 못한 사람들은 이해하기 어려울 것이다. 우리의 동업은 등굣길 카풀비 25센트로 미약하게 출발했지만, 전쟁 중에 주고받은 편지에서 제이는 늘 나를 '영원한 벗'이라고 불렀다.

그날 저녁 이제 겨우 소년티를 벗은 두 젊은 친구는 우리 집 차고에서 평생 사업의 동반자가 되자고 약속했다.

나는 수많은 연설에서 파트너십의 중요성을 피력했다. 혼자만의 지혜와 노하우로 사업에서 성공하기란 매우 어렵다. 제이와 나는 이 사실을 처음부터 알고 있었다. 그는 내게 사람들과 어울리는 법, 친구를 사귀고 지키는 법, 응원단장의 열정으로 삶의 기쁨을 찾고 누리는 법을 배웠고 나는 그의 지혜를 배웠다. 제이는 이미 고교 시절에 세계관이 뚜렷했고 한 번 읽은 책 내용을 모두 기억할 정도로 똑똑했으며 정말로 아는 게 많았다. 평범한 대화에서도 나는 제이에게 많은 걸 배웠다.

아버지가 사업을 해서 그런지 제이는 어느 정도 비즈니스 개념을 갖췄고, 토요일이면 아버지가 운영하는 자동차 중개업소에서 일하며 직업윤리와 약간의 정비기술도 배웠다. 그때 우리는 그의 모델A를 엉

성하게나마 손보면서 함께 일했다. 나는 제이가 똑똑해서 맘에 들었고 제이는 내가 책벌레인 자기에게 노는 재미를 가르쳐주어 좋아했다.

내가 "제이, 오늘 나랑 시합 보러 갈래?"라고 물으면 책을 읽던 제이는 나를 빠끔히 쳐다보며 "어, 아직 생각해보지 않았는데"라고 했다. 내가 "그러지 말고 같이 가자"고 조르면 제이는 결국 책을 덮고 "그래, 네가 가면 나도 가야지"라고 했다.

'반대는 서로 끌린다' 또는 '백짓장도 맞들면 낫다'는 말처럼 제이와 나는 각기 다른 점을 지닌 일부지만 합치면 큰 힘을 내 전체를 만들어냈다. 내겐 학교에 갈 차가 필요했고 마침 차가 있는 제이가 우리 동네로 이사를 왔다. 하나님이 주신 그 기회의 문을 열지 않았다면 내 인생은 많이 달라졌을 것이다. '제이가 없었어도 성공했을 것 같은가?'라는 질문을 받으면 내 대답은 간단하다.

"아니오!"

제이도 나와 같은 대답을 했으리라고 믿는다. 2004년 세상을 떠나기 얼마 전, 제이는 작은아들 데이비드에게 "세상에서 가장 소중하게 지켜야 할 건 바로 파트너십이란다"라고 일렀다.

친구가 된 지 25년이 지난 제이의 생일날 내가 써준 카드를 그는 평생 소중히 간직했다. 우리의 우정과 동반자적 관계는 내가 백 마디 말로 설명하는 것보다 그 카드의 내용을 소개하는 게 더 나을 것 같다.

"생일 축하하네! 자네가 내게 얼마나 소중한 존재인지 말해주고 싶었네. 우린 서로 다른 점이 많지만 그럼에도 불구하고 지난 25년간 분명한 무언가가 우리 사이에서 빛나고 있었지. 그게 뭔지 잘 설명할 수는 없어도 서로를 존중하는 것, 그러니까 더 나은 표현을 하자면 '사랑'이 아니었을까? 우리가 함께한 그 세월이 참으로 좋았던 건 정말로 신나고 흥분되는 많은 경험을 혼자가 아니라 같이했기 때문일 거라 믿네. 주당 25센트짜리 거래로 시작한 자네와 내 카풀은 이후에도 계속된 셈이지. 사랑한다, 친구야! 리치로부터."

2차 세계대전이 끝나면서 우리의 우정은 더욱 깊어졌고 사업에서도 최고의 파트너가 될 거라는 확신이 섰다. 우리는 상대방의 재능을 진심으로 인정했으며 서로 상대의 부족한 점을 채워줄 수 있음을 알았다. 그리고 무엇보다 서로를 깊이 신뢰했다. 실제로 나는 군복무 중에 받은 돈을 몽땅 제이에게 주어 사업 자금에 보탤 만큼 그를 믿었다.

우리가 구상한 사업은 리스크가 큰 일이었지만 우리는 분명 잘해내리라는 굳은 믿음이 있었다.

3장

해보거나 울거나

잣 스무 살, 자동차도 없는 군인이 덜컥 비행기를 샀다. 몇 달 후 제대하면 뭘 하며 돈을 벌지 분명한 계획도 없으면서 나는 그동안 모아둔 군인 월급을 모두 제이에게 투자해 비행기를 사버렸다. 그게 젊음 때문인지, 경험 부족에서 나온 미숙함 때문인지, 아니면 승전의 기쁨에 취해 인생이 마냥 장밋빛으로 보여서 그랬는지 모르지만 말이다. 그 시절에는 자가용 비행기는커녕 공항 한 번 못 가본 사람도 많았다.

비행기가 나온 지 얼마 되지 않았을 무렵 젊은이들이 찰스 린드버그

(1927년 롱아일랜드에서 파리까지 최초로 비행 횡단한 조종사 - 역주)나 전쟁터를 누비는 전투기 조종사에게 열광한 것처럼 제이와 나도 비행기에 푹 빠져 있었다. 또 1차 세계대전 이후 자가용 시대가 열렸듯 언젠가는 비행기도 자동차만큼 대중화할 거라는 확신이 있었다.

군항기가 끊임없이 이착륙하는 공군기지에서 복무하는 동안 우리는 계속 비행기와 활공기를 접했다. 수백만 대의 1인용 소형 전투기와 대형 폭격기를 만든 미국은 독일과 일본을 무찌르기 위해 유럽과 태평양 하늘에 비행기를 띄웠다. 그래도 대다수는 가정집 근처에 활주로가 들어서고 가정용 비행기 전용 차고가 생길 거라는 생각은 꿈에도 하지 못했다.

비행기 여행이 서서히 대중화하는 걸 보고 제이와 나는 앞으로 항공 관련 사업의 전망이 밝을 거라고 예측했다. 적금을 깨서라도 한 대 사놓는 게 뭐 나쁘겠는가? 나는 아직 군복무 중이라 아버지께 내가 모은 돈 700달러를 제이에게 주어 비행기를 사는 데 투자해달라고 부탁했다. 제이의 판단을 믿었기 때문이다. 그간 부모님은 내가 보내는 군인 월급 60달러를 꼬박꼬박 모아두셨다. 내 부탁대로 제이에게 돈을 건네준 아버지는 내 결정에 대해 한 번도 되묻지 않으셨다.

제이는 디트로이트에서 파이퍼 항공사가 제작한 2인용 경비행기를 할부로 구매했다. 비행기 조종법을 몰랐던 그는 조종사를 불러 돈을 지불하고 그곳에서 그랜드 래피즈까지 비행기를 몰고 왔다. 비행기 할부 값을 벌기 위해 우리는 회사를 차렸고 '울버린 에어서비스 사'라고 이름을 지었다.

처음에는 동업자가 한 명 더 있었다. 고등학교 동창이자 비행기 정비병으로 참전한 짐 보서가 우리와 함께 사업을 시작했으나 얼마 지나지 않아 다른 길을 찾아 떠났다. 그는 칼빈 대학에 입학해 공부하다가 인디애나에 있는 퍼듀 대학에서 항공엔지니어링 박사학위를 딴 후 칼빈 대학의 교수가 되었다. 짐의 인생을 보면 사람은 각자 다른 재능을 발휘해 자기 분야에서 성공한다는 것을 알 수 있다. 그 친구는 사업가로 성공하진 않았지만 자기가 원하던 분야에서 전문가가 되어 여러 모로 만족스러운 삶을 살았다.

전쟁이 끝난 후 수백만 명의 군인이 원대한 꿈과 포부를 가지고 새 직업을 찾거나 자영업에 뛰어들었다. 혹은 복학해서 공부를 마쳤다. 연방정부는 'GI 지원금'을 만들어 참전용사의 직업훈련이나 학교교육에 드는 경비를 부분적으로 보조했다. 항공기 조종 훈련도 지원 대상 항목이라 제이와 나도 그 보조금을 받았다. 대다수의 제대 군인이 열정과 달리 실질적인 계획을 세우기 힘든 여건에서 그나마 내가 700달러를 투자해 사업을 시작한다는 사실이 정말 기뻤다.

열성적인 사전 홍보 덕분에 우리 회사는 곧 그랜드 래피즈에서 유명해졌다. 제이는 시내 번화가 한복판에 전시 공간을 빌려 우리 비행기를 전시했다. 믿기지 않겠지만 그때는 일반인이 비행기를 직접 볼 기회가 많지 않아 지나가던 많은 시민이 멈춰 서서 그 날개 달린 기계를 신기한 눈으로 이리저리 훑어보았다. 우리는 둘 다 비행기 모는 법을 몰랐기 때문에 2차 세계대전에 참전한 P – 38 라이트닝기와 B – 29 폭격기 조종사 두 명 그리고 공군 출신 기술자 한 명을 고용해 조종 강습과 정비를 맡겼다. 홍보와 수강생 모집에 집중해 업무의 효율성을 높이는 것은 우리의 몫이었다.

우리는 "비행기 조종법을 배우세요. 자동차 운전보다 쉬워요"라는 홍보 글이 담긴 전단지를 인쇄해 나눠주기도 하고 잠재고객에게 앞으로 비행기 시대가 올 거라는 것, 참전 군인은 비행기 조종 수강료를 정부에서 지원받을 수 있다는 것을 홍보했다. 또한 우리는 지금 배워두면 나중에 파일럿이 되거나 항공기 관련 사업을 할 때 큰 도움이 될 거라며 무료 시승을 통해 하늘을 나는 기분을 실제로 맛보게 하면서 수강생을 모았다. 말로만 설명하는 게 아니라 조종사가 꿈인 사람들을 직접 비행기에 태워 관심을 갖게 하고 친밀감을 형성해 '원한다면 당신도 직접 비행기 조종석에 앉아 하늘을 날면서 자기 마을을 내려다볼 수 있다는 상상력'을 끌어내는 것이 우리의 사업전략이었다.

우리 비행기는 고급형이 아니었고 처음에는 보관할 곳도 마땅치 않았다. 그나마도 우리 비행기를 세워놓은 그랜드 래피즈의 컴스턱 파크 '비행장용 부지'는 공사 중이었다. 여기서 '부지'라고 말한 건 그야말로 공터 수준이었기 때문이다. 자금 부족으로 공사를 하다가 멈춘 그곳에는 격납고도 없고 활주로도 짓다 만 상태였기에 제이와 나는 궁리 끝에 묘안을 찾아냈다. 비행기 바닥에 수상 비행기용 플로트를 설치해 근방에 있는 그랜드 강을 활주로로 삼아 이착륙하는 것이다. 제이는 허름한 공구 창고가 우리의 첫 사무실이었다고 회고했다. 낡은 닭장 하나를 그랜드 강의 둑으로 끌고 가 윤이 나게 박박 닦은 다음 닭장 문에 회사 간판을 달았던 기억이 내게도 생생히 남아 있다.

비행장이 완성되기를 기다리는 동안 제이와 나는 공터에 사업체 하나를 더 차렸다. 이것은 항공 사업과 전혀 관계가 없는 아이템이었다. 일단 우리는 가로세로 24피트(약 731센티미터)짜리 합판을 이어 만든 조립 주택을 세웠다. 추가 조립에 필요한 부품도 사서 설명서를 보며 못질부터 전기 공사까지 모두 직접 했다. 그렇게 해서 마침내 우리의 새로운 사업 아이템인 '리버사이드 드라이브 인(차에서 내리지 않고 음식을 사 먹을 수 있는 식당 – 역주)'이 간판을 내걸었다.

민간 비행기는 일몰 전에 귀환해야 했기 때문에 해가 지면 우리는 할 일이 없었다. 그래서 비행장 공사장 인부나 비행기 주인, 비행기 구경꾼이 들를 수 있는 음식점을 차리면 좋겠다는 생각을 했다. 예전에 캘리포니아를 여행할 때 많이 본 드라이브 인 레스토랑을 우리의 고향 미시건 주에도 차려보는 것이 좋겠다는 생각을 실행에 옮긴 것이다.

풋내기 청년 둘이 어떻게 그 많은 일을 해냈을까 믿기지 않을지도 모른다. 오늘날의 젊은이들은 사업을 해도 일단 대학부터 마치고 직장 경험을 쌓는 걸 당연시한다. 당시엔 달랐다. 어쩌면 어려운 경제 환경 속에서 어릴 때부터 일하고 책임을 져야 했기 때문인지도 모른다.

분명한 사실은 젊은 제이와 내가 열정과 에너지를 의심하는 것이 아니라 시도하는 데 썼다는 점이다. 우리 때만 해도 미국인은 소위 '재주 많은 양키'라 불릴 정도로 기계 조립이나 DIY(Do It Yourself)에 강했다. 특화와 전문성을 강조하는 요즘과 달리 그때는 무엇이든 손에 잡히는 대로 만져보고 이것저것 응용해서 완성품을 만들어내던 '시도'의 시대였다. 요즘에도 가끔 들려오는 20대 초반 젊은이의 성공 스토리에 나는 진심 어린 응원의 박수를 보내며 미국적 정신문화가 여전히 이어지고 있다는 사실에 뿌듯함을 느낀다.

나도 요즘의 젊은이들에게 대학에 가라고 조언하지만, 특별한 재능과 확실한 꿈 그리고 정확한 성공 수단이 있다고 확신하는 사람이 대학 진학 대신 자기사업을 하겠다고 하면 굳이 말리지 않는다.

우리는 항공서비스 업체를 운영해본 경험이 없었지만 그래도 음식점 경영보다 비행기를 더 많이 알고 있었다. 주방 경험이라곤 어머니가 만든 음식을 먹어본 것과 설거지를 도운 게 전부였던 터라 우리 식당이 작고 소박한 게 오히려 다행이었다.

우린 모든 것을 간단하게 운영했다. '리버사이드 드라이브 인'이라고 쓴 작은 간판을 나무지붕 위에 매단 우리의 흰색 판잣집 식당은 구식 가스오븐 한 대와 계산대, 음료수 냉장고 하나, 냉동고 하나로 꽉 찰 정도로 작았다. 테이블도, 의자도 없었다. 음식은 쟁반에 받쳐 들고 나가 차 안에서 기다리는 손님에게 가져다주었다.

비행기 공사장은 마을에서 멀고 개발이 되지도 않아서 처음에는 전기도 수도도 없었다. 한 대밖에 없는 휘발유 발전기는 계속해서 시끄러운 소음과 함께 매캐한 기름 연기를 뿜어냈고, 그나마 전등불을 밝힐 정도의 전력밖에 만들어내지 못해 요리용 오븐에는 통에 담긴 프로판 가스를 사용해야 했다. 식수는 몇 킬로미터 떨어진 우물에서 길어다 썼다. 메뉴는 무쇠 프라이팬에 구워내는 햄버거와 핫도그, 청량음료, 우유가 전부였다.

제이와 나는 번갈아가며 고기를 뒤집거나 음식을 날랐다. 고기를 까맣게 태워 팔지 못하고 버리는 실수를 둘 다 적어도 일주일에 한 번은 했던 것 같다. 주차장에는 가로세로 4인치(약 10센티미터)짜리 말뚝 두 개를 세워놓고 그 위에 못을 박아 메뉴가 적힌 보드판을 걸어놓았다. 여기에 버튼을 달아 불이 들어오도록 말뚝에 전선을 연결했다. 손님이 원하는 메뉴를 고르고 버튼을 누르면 불빛을 보고 둘 중 한 명이 뛰어나가 주문을 받는 식이었다.

우리는 그렇게 낮에는 항공사 사장, 저녁에는 식당주인으로 변신했다. 항공기조종사 업체 사장으로서 홍보용 사진에 에어재킷 차림으로 멋지게 브리핑하는 젊은 사업가의 모습이, 저녁이 되면 앞치마를 두르고 땀을 뻘뻘 흘리며 햄버거를 뒤집는 주방장과 음식을 나르는 웨이터의 모습으로 변한 것이다.

　선하신 하나님은 우리에게 엄청난 에너지와 야망을 허락하셨다. 새벽부터 밤늦게까지 두 개의 풀타임 비즈니스를 하는 중에도 우리는 또 뭔가가 없는지 찾았다. 비행장과 가까운 그랜드 강에서 카누 대여도 하고, 손수레로 된 아이스크림 판매 기계를 하나 사서 여름이면 아르바이트 학생을 고용해 동네를 다니며 초콜릿 맛과 과일 맛의 형형색색 아이스 바를 파는 장사도 했다. 슈피리어 호(북미 동부에 있는 오대호의 하나 – 역주)에서 영업하는 선박 임대업자들과 계약해 보트 낚시 관광코스도 만들었다.

　그처럼 바쁘고 긴 일과를 마치고 나서도 제이와 나는 피곤한 줄 모르고 시내로 나가 밤늦게까지 문을 여는 햄버거 집에 앉아 기름이 줄줄 흐르는 햄버거를 먹으며, 아니면 하루는 제이의 집에서 또 하루는 우리 집에서 야식을 먹으며 못 다한 사업 이야기를 했다. 우린 둘 다 게으름을 피우는 것과는 거리가 먼 타입이었다. 구름이 끼거나 비가 와서 비행을 못하는 날에도 우리는 날씨 탓을 하며 놀기보다 생산적인 일을 찾아서 했다. 어느 날인가 우리는 앞으로 사업을 할 때는 날씨나 일몰 시간 또는 식사 시간에 구애받지 않는 아이템을 찾자고 약속했다.

　울버린 에어서비스 사는 점점 성장해 비행기 열두 대, 조종사 열다섯 명을 거느린 미시건 주 최대의 항공서비스 업체로 거듭났다. 사업을 하면서 제이와 나는 둘 다 독학으로 경비행기 조종사 면허증을 취득했다. 당시에는 2인용 단발 소형 경비행기 조종법을 배우고 연습해서 자격증을 따기까지 별로 많은 시간이 걸리지 않았다. 몇 년 후 나는 쌍발 항공기 조종사 자격증도 취득했다. 내가 사는 동네의 눈에 익은

풍경이 내려다보이는 하늘에서, 또한 아름다운 미시건 주 호수를 따라 요란한 엔진소리를 내며 비행기를 몰 때의 짜릿함을 나는 결코 잊지 못할 것이다.

비행기를 소유하는 것과 그걸 타고 비행하는 것은 내가 지금도 좋아하는 일이다. 암웨이 사업이 성장하면서 우리는 파이퍼 항공사가 제작한 쌍발식 4~6인용 아즈텍 경비행기를 구입했다. 그러다가 우리 사업이 미국 서부 해안 지역으로 확장되면서 아즈텍으로 다니기엔 비효율적이라고 판단해 제트기를 사면 어떨까 하는 생각을 했다. 다행히 우리의 비즈니스 컨설턴트는 "사장님들이 돈을 어디다 쓰는지는 제 소관이 아니지만, 어느 곳에 있는 암웨이 사업자든 쉽게 만나고 또 사방에서 열리는 미팅과 연설하는 일에 도움이 된다면 사시지요"라고 동의해주었다. 그래서 제트기를 한 대, 두 대 사다 보니 어느새 전용기 격납고를 따로 만들 정도가 되었다.

컴퓨터와 비행기가 없었다면 우리 사업이 이렇게까지 발전하지는 못했을 것이다. 사람과 만나고 교류하는 일이 우리 비즈니스의 핵심인데 비행기가 없었다면 그 많은 사람을 어떻게 만났겠는가.

울버린 에어서비스 사를 운영하면서 제이와 나는 많은 것을 배우고 익혔다. 우리가 평생 추구해온 자세, 즉 기회를 잡고 시도하고 자신감을 갖고 전진하는 과정에서 때론 잠시 멈춰 생각도 하면서 우리는 소중한 경험을 쌓을 수 있었다.

면허를 취득한 지 얼마 되지 않았을 때 한번은 비행 중에 연료가 바닥나 미시건 주 북부의 어느 작은 호수 위에 착륙한 적이 있다. 그 호수에 비행기가 내려앉는 걸 본 적 없는 마을 주민이 우르르 배를 타고 비행기 곁으로 다가왔다. 유명 스타라도 된 듯 의기양양해진 우리는 연료를 구해 멋지게 날아오를 준비를 마쳤는데 아뿔싸, 호수가 너무 작아 이륙할 때 필요한 최소한의 거리를 확보하지 못했다. 결국 밧줄로 비행기 꼬리를 나무에 묶고 조종사 한 명이 엄청난 속도로 공회전을 했을 때 제이가 밧줄을 끊는 극약 처방을 내렸다. 다행히 고무줄처럼 튕기면서 수면을 치고 오른 비행기는 호수 맞은편 나무 꼭대기를 스칠 듯하면서 아슬아슬하게 활공에 성공했다. 정말 큰일 날 뻔했다.

경험이 최고의 교사란 말은 정말 맞다. 나는 현장에서 몸으로 부딪치며 경험한 첫 번째 비즈니스를 통해 홍보와 판매, 고객관리, 장부정리에 이르기까지 많은 걸 배웠다. 한 예로 정부의 GI 지원금을 신청하는 데 필요한 경비지출 내역을 제대로 정리해놓지 않아 제이가 부랴부랴 디트로이트까지 가서 온갖 영수증과 지출증빙서, 항공조종 수업 시간 확인서, 조종시간 확인서 등 필요한 서류를 떼어오느라 고생한 적이 있다.

우리는 자금 관리를 위해 그랜드 래피즈 유니언 뱅크에 법인 계좌를 만들어 은행 거래를 했다. 하지만 GI 지원금이 끊기면서 수입도 끊기고 회사 문도 닫아야 했다. 항공서비스업을 하는 4년 동안 약 10만 달러를 벌었던 것 같다. 식당 사업은 간신히 손해를 면하는 정도였다.

당시 항공서비스업은 수익성 있는 시장이 아니라서 노력에 비해 들어오는 돈이 많지 않았다. 그렇지만 우린 젊었고 이제 막 비즈니스에 뛰어든 초보자라 그 정도의 성과만으로도 만족스러웠다. 아무런 경험도 없는 신출내기 두 젊은이가 항공서비스라는 쉽지 않은 업계에서 적으나마 흑자를 냈으니 그만하면 성공한 셈이다. 그러나 처음부터 자신감에 차 있던 우리는 그 정도 성취는 당연하다고 생각했다. 전쟁 중에 제이가 나에게 보낸 편지를 보면 당시 우리의 투자가 얼마나 컸는지 알 수 있다.

"이게 끝이 아니야. 그냥 지나가는 과정일 뿐이야. 언젠가 전쟁은 끝날 거고 그럼 우린 일상으로 돌아가겠지. 이후 우린 무얼 하며 살지, 어떤 성취를 할지 결정해야 해."

편지 내용대로라면 우린 돌아가서 일할까 말까가 아니라 어떤 일을 해야 성공할지 미리 계획해야 했다.

동업 초기에 제이와 나는 그랜드 래피즈에서 북쪽으로 10마일(약 16킬로미터) 정도 떨어진 브라워 호수 옆 작은 오두막 별장에서 같이 살았다. 주소지는 '10Mile Road'였고 우리는 제이의 아버지 회사에서 1940년형 크라이슬러 플리머스 자동차 한 대를 사서 함께 탔다. 집은 500평방피트(약 14평) 넓이로 오늘날 평범한 가정집의 4분의 1에 불과했지만 우리 둘이 쓰기엔 충분했다. 주방과 작은 식탁이 딸린 공간을 지나면 욕실로 통하는 문이 있었고 욕실 양쪽으로 침실이 한 개씩 있는 구조였다. 우리는 한쪽 방에 2층 침대를 놓고 거기서 잤다. 내가 제이보다 키가 작아서 그랬는지 모르지만 아무튼 내가 1층에서 잤다. 시간이 흐르면서 우리의 숙소는 막 제대한 친구들이 여자친구나 아내를 데리고 자주 놀러오는 아지트가 되었다.

우리는 마을 최초로 TV도 구입했다. 가로세로 2피트짜리 수상기에 8인치 화면, V자 안테나가 달린 작은 TV였다. 친구와 군대 동료들은 우리 집에 자주 놀러 와 TV도 보고 파티도 열었다. 더러는 브라워 호수에서 수영을 하거나 나와 제이가 번 돈으로 구입한 소형 모터보트를 탔다. 어쩌다 휴식을 취할 때면 제이는 주로 집에서 조용히 책을 읽고 싶어 했지만, 내가 나가자고 조르면 나를 따라 극장도 가고 친구들도 만났다. 제이는 원래 떠들고 노는 걸 좋아하는 성격이 아니지만 일단 친구들을 만나면 함께 어울릴 줄은 알았다. 가끔은 나 혼자 내보내고 조용히 집에 남아 있기도 했지만 말이다. 활동적인 나와 달리 제이는 조용히 책을 읽으며 상상하는 걸 좋아했다. 그러던 어느 날 우연히 함께 읽은 책 한 권에 둘이 동시에 마음이 꽂히면서 새로운 모험을 꿈꾸게 되었다.

1948년 겨울, 우리는 리처드 버트램의 항해일지를 엮어 펴낸 《캐리비언 크루즈》를 함께 읽었다. 배를 만드는 한 남자가 아내와 함께 40피트(약 12미터) 길이의 배를 타고 카리브 해를 누비며 경험한 탐험 이야기와 백사장, 야자수, 눈부신 바다에 우리 둘은 완전히 빠져들었다. 쉬지 않고 미친 듯이 일하던 우리는 배를 타고 멀리 나가면 한적하게 쉴 수도 있고, 또 10대 시절 몬태나까지 트럭을 가져다주던 때보다 훨씬 더 신나는 모험을 할 수 있을 거라고 생각했다. 그래서 하던 사업을 정리해 시간과 돈을 확보하는 즉시 항해를 떠나기로 결정했다.

우리는 요트 전문 잡지를 샅샅이 훑고 뉴욕에 사는 항해용 보트 중개인을 찾아낸 후 비행기로 날아가 중개인과 함께 배를 고르기 시작했다. 여러 조선소를 돌아다닌 끝에 마침내 우리는 원하는 배를 원하는 가격에 구입했다. 우리의 배, 엘리자베스 호는 코네티컷 주 노웍의 한 조선소 선박 받침대에 앉아 우리를 기다리고 있었다. 그 배는 길이 38피트(약 11미터)에 쌍돛대를 단 홀쭉한 범선으로 앞턱이 길고 세 개의 창문이 난 객실이 있어서 둘이 지내기에 충분했다.

사람들이 예쁘고 아담한 배라고 부를 정도로 말쑥해 보이는 엘리자베스 호는 전쟁 내내 마른 땅 위에 갇혀 있었다. 선체 중앙부는 약간 처져 있었지만 안정적인 외관 덕분에 고미를 따로 받쳐놓지 않아도 배는 잘 서 있었다. 몇 년 동안 물을 먹지 못한 나무 선체가 바짝 말라 표면의 널빤지가 일어나 있었음에도 선박 검수자들은 '이 정도면 괜찮은 편에 속한다'고 말했다. 전쟁 직후라 다른 배를 구하기가 쉽지 않았기 때문에 결국 우리는 갖고 있던 비행기 한 대를 팔아 그 배를 샀다.

그렇지만 당장 항해를 떠나기엔 배의 상태가 좀 걱정스러웠다. 무엇보다 제이도 나도 브라워 호수에 띄운 작은 모터보트 외엔 전혀 키를 잡아본 경험이 없었다. 38피트짜리 진짜 배로 바다에서 항해하려면 아마추어 실력으론 안 된다. 그래서 나는 제이가 항공 사업체를 완전히 정리하러 미시건 주로 간 사이에 전문 선장과 선원을 고용해 노스캐롤라이나 주 윌밍턴으로 같이 가면서 항해술을 배웠다.

어느 날 밤엔가 선장이 자는 사이에 내가 지도를 잘못 보는 바람에 배가 뉴저지 늪지대까지 가고 말았다. 해안경비대원은 그처럼 육지 가까이 들어온 배는 처음 본다며 황당해했다.

아무튼 크리스마스를 맞아 고향집에 간 제이와 나는 다시 노스캐롤라이나에 정박해 있는 엘리자베스 호로 돌아왔고, 이듬해인 1949년 1월 17일 마이애미로 첫 항해를 떠났다. 우리는 그곳에서 배를 카리브 해 항해에 맞도록 업그레이드한 다음 적어도 푸에르토리코까지는 가볼 계획을 세웠다.

선착장을 떠나며 나는 제이에게 "돛을 펴, 제이!"라고 소리쳤고 그는 밧줄을 당겨 돛을 팽팽히 폈다. 이때 동시에 고물의 밧줄을 풀어야 했는데 선미 쪽으로 가는 게 좀 늦어졌다. 밧줄을 풀다 보니 조류가 이미 바뀌어 있었다. 선착장에 있을 때만 해도 바람의 방향이 괜찮았는데 막상 다음 날 출항하려 하니 바람이 어제와 완전히 다른 방향으로 불고 있었다.

오랫동안 타지 않던 배를 바다에 띄울 때는 하루 정도 끈으로 바짝 묶어놓았다가 풀어서 물을 먹게 해주어야 충분히 젖으면서 전에 벌어진 틈새가 잘 메워진다. 그걸 몰랐던 우리는 노스캐롤라이나에서 플로리다까지 항해하면서도 엘리자베스 호를 묶어 놓지 않았다. 또 선체 바닥에 물이 고이는 수위가 일정량이 넘으면 펌프가 돌아가도록 자동으로 스위치를 켜는 부표 장치가 없어서 물이 얼마나 찼는지 계속 눈으로 확인하며 수동으로 펌프 스위치를 조작했다. 새벽 세 시에 정확히 일어나 펌프 스위치를 켜지 않으면 두세 시간 후엔 이미 배 바닥에 물이 흥건했다. 우리는 겸손하게 이 일과를 '생활계획표의 일부'로 받아들였다.

엘리자베스 호는 정식 보트치고 규모가 작았지만 우리는 말라서 벌어진 틈새가 조여지기를 기다리고 또 기다렸다. 플로리다 앞바다로 나아가니 다행히 세찬 파도의 압력 덕에 선체가 완전히 조여지면서 틈새가 메워졌다. 엘리자베스 호의 속도를 올리기 위해 우리는 배 바닥에 들러붙은 게, 조개, 굴, 미역 따위의 불청객을 일일이 손으로 떼어내야 했다.

이 몇 가지 사건만 빼면 정말 신나고 멋진 모험이었다고 자랑할 수 있으면 좋으련만 아쉽게도 현실은 버트램의 책에서 본 것처럼 멋지지도 로맨틱하지도 않았다. 우린 정말 뼈 빠지게 고생했고 높은 파도에 죽을 것처럼 시달리기도 했다. 그 정도의 배로 카리브 해를 항해한다는 건 결코 쉬운 일이 아니었다. 맞바람을 피해 가느라 일직선으로 전진하지 못한 엘리자베스 호는 지그재그로 춤을 추었다. 가령 50마일을 전진하기 위해 150마일을 옆으로 왔다 갔다 했다. 시시각각 변하는 조류에다 항구 상황도 모두 달라서 매번 입출항하는 것도 큰일이었다.

경험이 없으니 불안감에 낮에는 입항 걱정, 밤에는 다음 날 출항 걱정으로 가득했다. ==원래 걱정이나 불안은 내 사전에 없는 말이다. 나는 지금도 사람들에게 실패를 두려워하거나 경험이 부족하다고 불안해하지 말고 용감하게 꿈을 좇아 전진하라고 격려하기로 유명한 사람이다.== 하지만 우리의 첫 항해는 준비가 너무 부족했다.

다행히 위험한 돌발 상황을 겪으며 고생길을 자처하던 우리를 구해준 노련한 뱃사람이 있었다. 하루는 연료를 넣기 위해 입항을 시도하는데 배들이 줄줄이 부두에 바짝 붙어 서 있었다. 부두가 가까워지자 나는 배를 거꾸로 돌리고 엔진을 껐다. 그러자 배는 유연하게 흘러 정박 중인 다른 배 옆으로 나란히 붙었다. 앞서 말했듯 엘리자베스 호는 앞턱이 길었다. 제이가 부두에 있는 한 남자 쪽으로 줄을 풀어 던지자 그 남자는 줄을 받아 말뚝에 솜씨 좋게 둘러쳤다. 배의 양 옆에 충격 완화 범프가 달려 있긴 했지만 줄이 조금만 더 늘어났거나 덜 늘어났어도 우리 배는 옆 배에 부딪히거나 부두 벽에 처박혔을 것이다. 경험자의 절묘한 줄 감기 실력 덕분에 큰 사고를 면한 것이다.

마이애미에서 키웨스트로 가는 중에도 문제가 생겼다. 갑자기 선체를 받치는 후미 돛대 장치의 부품들이 마른 나무판을 뚫고 나오면서 배가 기우뚱거리기 시작했다. 설상가상으로 전쟁 전부터 연료통에 들러붙어 있던 폐유 찌꺼기로 인해 새로 넣은 휘발유가 오염되는 바람에 엔진 점화장치가 고장 났다. 결국 새벽녘 키웨스트 항구에 접근하는 도중 갑자기 엔진이 꺼져버렸다. 배는 철썩대는 파도가 이끄는 대로 마구 흔들리기 시작했다.

돛대가 망가지고 엔진이 꺼져버려 달리 손쓸 방도가 없는 터라 무작정 닻을 내리려고 하는데, 갑자기 요란한 호루라기 소리와 함께 키웨스트 해군기지에서 출발한 잠수함 한 대가 우리 쪽으로 다가왔다.

다행히 사고는 없었지만 우리는 진로방해죄로 불려가야 했다. 일부러 그런 건 아니었는데 말이다.

뭐니 뭐니 해도 최악의 사태는 누수였다. 선체 외부뿐 아니라 선실 안쪽 나무천장까지 물이 새기 시작하면서 차가운 바닷물이 뚝뚝 떨어졌다. 우리는 물이 떨어지는 자리에 양동이를 갖다 놓았고, 머리에는 무언가를 뒤집어쓰고 있었다. 춥고 구름이 낀 겨울밤, 난방도 제대로 되지 않는 배 안으로 떨어지는 대서양의 바닷물은 정말 차가웠다.

키웨스트에서 우리는 당시에도 관광지로 유명하던 쿠바의 하바나로 향했다. 카지노와 럼주로 유명한 술집, 호텔이 즐비한 항구도시의 밤거리는 휘황찬란한 불빛으로 대낮같이 환했다. 거리는 마이애미에서 출발한 크루즈에서 내린 미국 관광객으로 더욱 붐볐다. 낮에는 쇼핑, 밤에는 카지노와 술집에서 즐기는 게 관광코스였다. 그랜드 래피즈 중서부의 작은 도시에서 온 꼬마 둘은 그 모든 광경에 눈이 휘둥그레질 수밖에 없었다.

하바나를 떠나 우리는 목적지인 푸에르토리코까지 남은 거리 600마일을 따라 동으로 키를 잡았다. 때는 1949년 3월 27일로 거기까지 300마일(약 482킬로미터) 정도를 간 셈이었다. 해가 지자 나는 갑판 바닥에 1피트(30.48센티미터)쯤 고인 물을 빼려고 전기펌프를 돌렸다. 그런데 한 시간 후에 보니 물이 두 배로 불어나 있었다. 나는 제이에게 소리쳤다.

"물이 더 많이 찼어. 빠지지 않나 봐."

우리는 대형 수동펌프를 꺼내 고인 물을 퍼냈지만 효과가 없었다. 물은 계속 차올랐다. 전기펌프와 수동펌프를 다 돌려도 물이 차오르는 속도를 따라잡을 수가 없었다. 물이 무릎까지 차오르고 심한 펌프질로 탈진한 우리는 붉은색 구조 요청 신호등을 켤 수밖에 없었다. 만약 근처에 지나가는 배가 없으면 작은 휴대용 모터를 단 찌그러진 알루미늄 딩기(소형 보트)를 타고 해안으로 탈출할 생각이었다.

지금 생각해보면 물이 새는 배를 타고 어떻게 그 먼 곳까지 갈 수 있었는지 모르겠다. 아무튼 우리는 젊은 혈기에 경험도 없으면서 포기를 몰랐다. 해안에서 10마일이나 떨어진 수심 1,500피트 바닷물에 빠져죽을지도 모르는 상황에서도 우리는 놀랍도록 침착했다. 그 침착함이 어디에서 나왔는지, 내 인생 내내 어떻게 그런 침착함을 계속 유지할 수 있었는지는 나도 모른다. <mark>아마 나는 '극복할 수 없는 시련은 없다'는 믿음을 선물로 받은 것 같다. 이러한 믿음으로 나는 어떤 어려운 상황이나 도전이 내 앞을 가로막아도 전진할 수 있었다.</mark>

천만다행으로 그곳은 배가 자주 다니는 주요 항로였고 마침 근방을 지나던 푸에르토리코행 화물선 에이다벨 라익스 호가 정확히 새벽 2시 30분에 우리의 조난신호를 보고 응답했다. 1분만 늦었어도 우리는 침몰했을 것이다. 응답 바로 직전에 배 앞턱이 부러지면서 바닷물이 배 안으로 쏟아져 들어오기 시작했다. 잠시 후 우리 배 옆으로 온 라익스호의 선장이 우리를 내려다보며 소리쳤다.

"도대체 누군데 여기서 뭐하는 거요?"

어쩌면 그들은 우리를 쿠바의 해적으로 생각했는지도 모른다. 나도 재빨리 소리를 질렀다.

"여긴 코네티컷 항만청에 정식으로 등록한 엘리자베스 호입니다! 지금 익사하고 있다고요!"

우리가 평범한 미국 청년들이란 걸 안 선장은 밧줄 사다리를 타고 내려와 우리를 구해주었다. 이어 크레인으로 우리 배를 끌어올리려 했지만 물이 너무 차서 무거워진 엘리자베스 호는 꿈쩍하지 않았다. 우리 배 때문에 항로 위의 다른 배들도 위험해질 수 있는 상황이었다. 어쩔 수 없이 선원들은 우리 배 옆구리에 구멍을 내고는 육중한 자신들의 배로 속력을 내 부딪쳐서 엘리자베스 호를 침몰시켰다. 아직 깜깜한 새벽, 우리는 남의 배 갑판에 서서 우리와 탐험을 함께한 엘리자베스 호가 부서지면서 천천히 물속으로 사라지는 걸 지켜보았다.

라익스 가족은 우리를 푸에르토리코까지 자동차로 데려다주겠다고 하면서 VIP 전용 객실을 우리에게 내주었다. 익사로 끝날 뻔한 대탐험의 주인공들과 그들을 구출한 흥미진진한 스토리를 기념하는 의미로 말이다.

부모님께 상황을 알리는 편지를 써야겠다고 생각했을 때는 이미 해안경비대의 보고로 우리 마을 신문에 기사가 대문짝만하게 실린 다음이었다. 〈그랜드 래피즈 일보〉에서 우리 집에 연락해 더 들은 소식이 있는지 물어보았지만 해안경비대의 보고 내용과 우리가 극적으로 구조되었다는 것 외에는 부모님도 우리의 소식을 모른 채 왜 연락이 없는지 걱정하는 중이었다. 우리가 쓴 편지는 신문에 기사가 실린 지 한참이나 지난 뒤에 도착했다.

세월이 흘러 내가 아버지가 되고 보니 그때 부모님이 얼마나 걱정을 했을지 이해가 갔다. 실제로 내 아이가 차를 몰고 나가 내가 정해준 통금시간이 지나도 귀가하지 않았을 때 얼마나 걱정을 했는지 모른다. 자동차도 아니고 오래된 배를 타고 경험도 없이 먼 바다로 나가 조난까지 당한 우리를 부모님은 어떤 심정으로 기다리셨을까? 우리가 모험심 많고 책임감 넘치는 씩씩한 어른이라는 것은 어디까지나 우리의 생각일 뿐이고 어찌됐든 부모님에게는 마냥 어린아이에 불과하다는 걸 그땐 몰랐다.

비록 배는 사라졌지만 제이와 나는 남아메리카에 가보겠다는 꿈을 접지 않았다. 자동차로 푸에르토리코까지 간 우리는 거기에서 베네수엘라의 카르카스 항까지 가는 부정기 유조선 '티크우드 호'에 올라탔다. 선장은 여객용 배가 아닌데도 특별히 태워주는 거니까 한 사람당 1실링씩 내라고 했고 우리는 그 제안을 받아들였다. 하지만 쿠라사우 섬에 닿았을 때, 우리는 거기서부터 베네수엘라까지 비행기로 가기로 하고 배에서 내렸다. 안타깝게도 우리는 현지 출입국 관리소가 밀입국을 막기 위해 선원의 선박 이탈을 금지하고 있다는 걸 알지 못했다.

쿠라사우 섬은 카리브 해에 있지만 네덜란드령이라 제이는 네덜란드어로 상황을 설명하려 했다. 그런데 그것 때문에 오히려 더 오해를 사고 말았다. 네덜란드어를 하는 미국인을 본 적 없는 그들은 우리를 공산당의 스파이라고 의심했고, 20대 청년 둘이 배를 타고 전 세계를 돌아다니며 여행 중이라는 사실을 믿어주지 않았다.

출입국 사무소 직원이 우리에게 "여기서 어떻게 나갈 예정이오? 당신들을 여기에 가뒀다가 나라에서 보석금을 내주고 나가게 하기는 좀 그런데"라고 묻자마자 나는 "우리 돈 많아요!"라며 허리에 찬 지갑에 들어 있는 몇 천 달러를 보여주었다. 우리는 일단 여권을 압수당하고 며칠 동안 미국 정부와 몇 가지 사항을 확인한 다음에야 풀려났다.

우리는 우선 베네수엘라행 비행기 표를 샀는데 그곳은 환율 때문에 물가가 굉장히 비쌌다. 그다음 목적지는 물가가 좀 낮은 콜롬비아 북부의 바랑키야였다. 구체적인 여정이 없던 우리는 그냥 지도를 보고 한곳을 찍은 후 그곳으로 향했다.

바랑키야는 카리브 해 연안에서 콜롬비아 내륙으로 깊이 흘러들어 가는 막달레나 강 하구의 항구도시다. 거기서 우리는 마크 트웨인의 소설에 등장할 법한 구식 보트를 탔다. 배의 꼬리 부분에 큰 바퀴가 하나 달려 있는 그 선미외륜선의 갑판은 짐을 나르는 바지선의 갑판과 비슷했고 객실은 2층에 있었다.

1949년의 콜롬비아는 내전으로 피폐한데다 반미 감정이 무척 심했다. '양키 고 홈'이라 쓴 팻말이 여기저기 붙어 있었고 사람들은 겉보기에도 우리를 싫어하고 경계하는 기색이 역력했다. 아무도 영어로 대답하는 사람이 없으니 우리가 스페인어를 배울 수밖에 없었다. 식당에서 주문을 하거나 길을 물을 때는 물론 어디 가서 한마디를 해도 스페인어를 써야 했기 때문에 우리는 늘 사전을 갖고 다녔다.

제이와 나는 따뜻한 햇살을 받으며 갑판 위 의자에 누워 울창한 열대 정글이 만들어내는 아름다운 경치를 감상했다. 하지만 밤에는 정글에서 갑자기 강도떼가 나타나 보트 승객의 돈을 빼앗는 일도 있어서 군인들이 늘 강둑에서 보초를 섰다.

날이 더워지면서 막달레나 강의 수심이 낮아져 배를 띄울 수 없게 되자 이번에는 기차를 타고 메델린으로 가서 비행기를 타고 칼리로 갔다. 그리고 다시 그곳에서 협궤열차를 타고 부에나벤추라로 떠났다. 장난감처럼 앙증맞은 이 열차의 객석 양편은 뚫려 있어서 밖이 바로 내다보였다. 터널을 지날 때는 연료통의 그을음이 못 빠져나가고 객실 안으로 들어와 고이는 바람에 온몸에 숯검정을 뒤집어쓰기도 했다.

그다음에는 여객화물복합선을 타고 에콰도르, 페루, 칠레를 차례로 여행했는데 화물선은 도중에 바나나를 내리고 사탕수수와 면화를 실었다. 칠레의 산티아고는 따뜻한 지중해성 기후에다 사람들이 무척 친절해서 좋았다. 우리는 그곳에 몇 주 머물면서 그동안의 여행에서 쌓인 피로를 풀며 오랜만에 푹 쉬었다.

재충전을 끝낸 제이와 나는 계속해서 아르헨티나, 우루과이, 브라질, 프랑스령 기아나까지 갔다가 비행기를 타고 다시 카리브 연안을 지나며 트리니다드·안티구아·아이티·도미니카공화국에 이르는 노선을 차례대로 여행했다. 이국적인 매력을 물씬 풍기는 그곳은 매우 아름다웠지만 동시에 미국과 너무 차이가 큰 빈곤함과 가난함에 나는 미국인이 자신의 부유함과 안락함에 좀 더 감사해야 하지 않을까 하는 생각을 했다. 이 생각은 지금도 변함이 없다. 못사는 나라를 무시해서가 아니라 미국인의 애국심이 다소 부족하지 않나 하는 마음에서 말이다.

엘리자베스 호가 우리 눈앞에서 산산이 조각나며 물속으로 가라앉는 걸 보는 순간에도 나는 속으로 '자, 이제 뭘 하지?'라며 다음 계획을 세웠다. 죽을지도 모르는 상황이었지만 죽을 수도 있다는 생각은 아예 하지도 않았다. 어려움이 닥칠 때 포기하지 않고 다시 도전한 경험을 통해 나는 놀라운 자신감을 얻었고, 문제가 생기면 문제를 볼 게 아니라 어떻게 빠져나갈지 방법을 찾는 데 집중해야 한다는 것을 배웠다. 또 하나, 이미 끝난 상황은 돌아보지 말자는 결심도 했다.

배가 침몰했다고 여행이 끝나는 건 아니었다. 그 문제는 타고 갈 교통편만 바꾸면 해결할 수 있었다. 할 수 있는 걸 하면서 계속 전진하면 그만이다. 활주로도 없이 '무늬만' 비행장인 곳을 보고도 우리는 당황하지 않았다. 대신 플로트를 비행기에 매달아 물 위에서 이착륙할 수 있는 방법을 찾아냈다. 식당에 전기가 들어오지 않는 것도 문제가 되지 않았다. 발전기를 구해 사용하면 되지 않는가. 항해 경험이 없었어도 우린 카리브 해를 항해했다. 뭐든 하면서 배우면 된다.

훗날 나는 '해보거나 울거나'라는 제목의 연설에서 그런 내 경험을 인용한 적이 있다. 주제는 간단하다. 학벌, 경험, 배경 등을 핑계 삼아 익숙하지 않거나 힘들어 보이는 일은 시도조차 하지 않는 경우가 꽤 많다. 그때 미리 포기하고 주저앉아 신세한탄을 하며 울겠는가 아니면 한번 해보겠는가.

한번 해보라. 실패하면 다시 시도하라.

내 경험상 우는 것보다는 해보는 게 항상 나았다. 제이와 나는 못할 핑계를 찾는 대신 해보는 쪽을 선택했기에 다른 친구들에게는 그저 상상으로 그쳤을 카리브 해 항해라는 모험을 정말로 떠났고 계속 시도했다.

우리의 다음 모험은 평범하지 않은 또 하나의 시도였다. 그것은 시대적으로 너무 앞선 개념이었고 다른 사람들에게는 좀 이상하게 보일 수도 있는 일이었다. 하지만 우리는 서로를 보며 말했다.

"뭐 어때? 한번 해보자"

4장

스스로를 돕도록
돕는 사람들

기차, 비행기, 자동차, 배를 타고 남미 대륙의 거의 모든 나라를 종횡무진 돌아다닌 우리는 몸은 지쳤지만 기분은 좋은 상태로 열대풍이 불어오는 리우데자네이루의 코파카바나 해변에 앉아 있었다. 그렇다고 우리의 처지가 좋은 건 아니었다. 타고 온 배는 가라앉았고 돈은 바닥난 상태에다 수입원도 없었다. 대학도 나오지 않았고 특별한 직업교육도 받지 못했으며 사업 자금으로 쓸 재산이 있는 것도 아니었다. 그래도 작으나마 사업으로 성공 경험을 쌓은 우리는 직장에 다니며 남 밑에서 일하고 싶은 마음은 추호도 없었다.

어디까지나 우리 힘으로 사업을 하고 싶었다. 어떤 사업을 할지 구체적인 계획은 없었지만 우리는 무엇을 하든 동업을 하기로 했다. 그때 우리는 제이의 J, 리치의 R을 딴 '자-리(Ja-Ri)'를 차리기로 결정했다. 연장자인 제이의 이름을 앞에 놓는 것은 당연했다(나중에 알고 보니 그처럼 이름의 첫 자를 따서 만든 회사 이름이 또 있었다). 우린 둘 다 뭔가를 다시 시작하고 싶은 마음으로 가득했다. 남은 것은 아이템을 찾는 일뿐이었다.

여행을 하면서 우리는 사업 얘기도 많이 나눴고 여기저기 돌아보며 어떤 일이 수익성이 있을지 감도 잡았다. 무엇보다 외국에 관심이 많아 무역업을 하면 성공할 것 같았다. 처음에는 아이티에서 마호가니로 만든 가정용 소품 몇 개를 사와서 그랜드 래피즈에 있는 상점에 도매가로 팔았다. 그렇게 몇 군데 가게에 팔긴 했지만 가격 경쟁이 워낙 심하고 경험도 없어서 큰 재미를 못 봤다. 그래도 그때 들여온 아이티산 마호가니 소품들은 '자-리'에 첫 수익을 안겨준 아이템이었다.

제대로 돈을 벌려면 새로운 무언가를 찾아야 했다. 목재 완구도 만들어 팔았는데 결과는 비참했다. 나무 인형을 만들어 어떻게 성공을 하겠다는 것이었는지 지금 돌이켜보면 이해가 가지 않는다. 어쨌든 우리는 '그랜드 래피즈 완구사'를 차렸고 손으로 만든 흔들이 말 인형의 특허도 냈다. 근사한 고급 목재 말 인형을 좋아하지 않을 아이가 어디 있을까라는 예상을 하고 말이다. 아이들은 좋아했을지 모르지만 돈을 내는 사람은 부모라는 걸 생각지 못한 우리의 첫 작품은 완전한 실패로 끝났다. 우리가 높은 비용을 들여 고가의 나무 인형을 만드는 동안 다른 회사들은 훨씬 저렴한 원가를 들여 쉽게 팔 수 있는 플라스틱 인형을 만들었기 때문이다. 그때 망한 뒤 재고로 남은 흔들이용 스프링과 나무바퀴 같은 부품이 창고에 몇 년 동안 쌓여 있었다.

그렇다고 실패만 한 것은 아니고 재미있게 돈을 번 적도 있다. 우리의 항해 스토리에 사람들이 많은 관심을 보인다는 걸 알고 우리는 그 이야기를 직접 비디오로 제작했다. 그것은 일종의 관광영화를 만들어 그랜드 래피즈 시민단체 여러 곳과 계약해 관객에게 영화를 보여주면서 강연도 하는 사업이었다. 우리의 지분은 좌석당 1달러였는데 어떤 경우에는 500명이 모이기도 했다. 그 일 덕분에 돈도 벌었고 많은 사람들 앞에서 프레젠테이션을 하는 방법도 늘었다.

젊은 탐험가 제이와 리치가 멋지게 배를 타고 바다를 탐험하는 그 모습을 영화로 다시 볼 수 있다면 얼마나 좋을까? 그러나 아쉽게도 그 필름은 사라져버렸다. 어디서 실수로 잃었는지 아니면 잘 둔다고 금고에 뒀다가 잃었는지 아무도 기억하지 못한다.

이런저런 사업을 벌이면서 분투하던 우리는 장차 우리를 성공자로 만들어줄 커다란 아이템이 제이의 부모님 식탁 위에 있었다는 사실을 알지 못했다. 요즘과 달리 건강보조식품 개념이 희박하던 1940년대 후반 제이의 부모님은 이미 캘리포니아의 뉴트리라이트 사가 만든 비타민·미네랄 건강기능식품을 드시면서 효과가 정말 좋다고 우리에게 입이 마르게 칭찬하셨다. 그 제품의 유통 사업자는 제이의 육촌형제 닐 마스칸트였다.

제이의 부모님은 제이에게 얼른 닐을 불러서 뉴트리라이트 제품 설명을 들어보고 사업적으로도 알아보라고 재촉하셨다. 비타민을 팔아보라는 부모님의 제안에 우리는 그저 웃을 수밖에 없었다. 하지만 제이는 친척 간의 예의를 챙기는 마음으로 시카고에 살던 닐을 그랜드 래피즈로 불러 사업설명을 할 기회를 주었다. 그날은 1949년 8월 29

일이었다.

나는 제이에게 잘라 말했다.

"제이, 네 친척이잖아. 그러니까 너만 들어. 난 데이트하러 가야 해."

데이트를 마치고 돌아온 나에게 제이는 완전히 들뜬 목소리로 "있잖아, 이거 꽤 괜찮아!" 하며 뉴트리라이트 제품에 대해 열변을 토하더니 "나, 벌써 등록했다"라고 했다. 그날 밤이 거의 새도록 제이의 설명을 들은 나도 다른 일 다 접고 그 일을 해보기로 했다. 우리는 49달러를 내고 비타민 두 통과 어려운 용어가 몇 개 섞인 사업안내 책자를 구매했다.

우리가 괜찮은 사업이라고 판단한 이유는 우선 초기사업 비용이 매우 낮았기 때문이다. '더블엑스'라는 건강보조식품 두 통과 그 제품을 판매하며 사업을 펼치는 방법을 자세히 안내하는 책자를 구입하는 비용 49달러가 투자비의 전부였다. 또 다른 이유는 매출액에 비례해 수당을 받을 수 있을 뿐만 아니라 다른 사람을 후원해 함께 사업을 진행하면 그가 올린 매출에 대해 일정비율의 커미션을 추가로 받는 보상플랜이 마음에 들었기 때문이다.

나는 사람 만나는 것을 좋아했고 비행기 조종 수강생을 모집하면서 영업 능력도 인정받은 실력이라 나한테 꼭 맞는 비즈니스라는 확신이 들었다. 그렇게 우리가 뉴트리라이트에 초기 구매 비용 49달러를 내면서 '자-리'는 뉴트리라이트의 소위 '공식 대리점'이 되었다.

우리는 친구, 가족, 이웃, 아는 사람 모두에게 우리가 매일 더블엑스를 먹으면서 느낀 효능과 제품에 대한 감동을 이야기하기 시작했다. 포부는 거창했지만 시작은 초라했다. 그리고 더욱더 초라해졌다. 처음에 우리는 아는 친구를 모두 우리가 사는 곳으로 불러 제품 동영상을 보여준 뒤 이것이 얼마나 대단한 사업 기회인지 침을 튀기며 열정적으로 설명했다. 그랬더니 한 명씩 나가버렸다. 그 모습을 보고는 원래 등록하려고 남아 있던 친구마저 가버렸다. 한 명도 후원하지 못한 채 몇 주가 흘러갔다. 주변 사람 몇 명이 우리를 도와주려는 마음으로 더블엑스를 한 통씩 사준 게 전부였다.

오랜 세월이 흐른 지금 돌아보니 그때가 참으로 고비였다. 우리에게 낯선 아이템, 낯선 마케팅, 낯선 비즈니스인 뉴트리라이트 사업은 그동안 익숙했던 모든 것을 시험대에 올려놓았고 우리의 의지를 시험했으며 더불어 우리의 성품을 드러냈다.

왜 우리는 그렇게 평범하지도 입증되지도 않은 모험에 뛰어든 것일까? 아무도 모르는 제품을 들고 그토록 당당하게 사람들에게 다가갈 수 있던 용기와 자신감은 어디에서 온 것일까? 왜 우리는 사람들의 비웃음과 거절에도 주눅 들지 않았을까?

나는 질문밖에 할 수 없다. 정답을 모르니까.

사람들은 거절에 대한 두려움 때문에 자기는 세일즈를 못한다고 말한다. 남들의 비웃는 한마디에 큰 상처를 받는 사람도 많다. 우리라고 상처를 아예 받지 않았던 것은 아니다. 그러나 왜 그랬는지 모르지만 우리는 상대의 거절이나 부정적 반응은 그냥 뒤로 넘기고 앞만 보며 계속 전진했다. 어쩌면 지난날 겪은 힘든 경험이 그런 긍정적 마인드를 심어준 것인지도 모른다. 이유가 무엇이든 제이와 내게는 그 정도 거절에는 꿈쩍도 하지 않고 계속 나아갈 에너지와 인성이 있었고 힘들 때는 서로 격려하며 사업을 지속했다.

우리에겐 극복해야 할 장애물이 많았다. 대부분의 부모들은 밥을 남기지 마라, 채소를 많이 먹어라, 편식하지 마라 등의 잔소리는 했지만 그렇다고 건강보조식품을 따로 챙겨먹거나 영양의 중요성을 진지하게 이야기하는 사람은 거의 없었다. 뉴트리라이트 사업의 보상플랜도 사람들이 이전에 알지 못하던 거라 의심을 받았다. 판매한 사람이 이윤을 가져가는 것은 이상할 게 없었지만 다른 사람이 일으킨 매출에 대해 일정비율의 수수료를 가져간다는 개념을 이해시키는 것은 쉽지 않았다.

또 다른 문제는 우리가 그때까지만 해도 뉴트리라이트 사업에만 전념하지 않고 이것저것 뭐 다른 것은 없나 기웃거리며 신경을 분산시켰다는 것이다. 그러다가 닐의 초대로 시카고에서 열린 행사에 참석하게 되면서 제이와 나는 다시 집중하기 시작했다.

네 시간 동안 운전하며 가는 동안 우리는 만약 시카고에 번개가 치지 않으면? 번개가 칠 확률은 없으니까 — 우리도 이 사업을 그만두자고 했다. 모임에는 약 150명의 뉴트리라이트 사업자가 와 있었는데 하나같이 말쑥한 양복차림에 전문가다운 모습이었다. 좋은 직장을 그만두고 뉴트리라이트 사업을 본업으로 하는 경력자도 있었다. 무엇보다 이제 막 사업을 시작해 뜨거운 열정에 찬 사람들의 모습을 보니 많은 동기부여가 되었다. 스피치를 맡은 사람들은 하나같이 본인의 성공 스토리와 노하우를 목이 터져라 열정적으로 쏟아냈다. 나는 점점 어릴 적 아버지에게 "넌 할 수 있어!"라는 긍정의 메시지를 들었을 때 느꼈던 감정을 다시 느끼기 시작했다.

몇 주 후면 1949년이 끝나던 날, 모임을 끝내고 그랜드 래피즈로 돌아오면서 우리는 이제부터 다른 일은 모두 접고 뉴트리라이트 사업에만 전념하기로 결단했다. 닐이 한 달에 천 달러를 번다면 우리도 벌 수 있을 거라고 믿었다. 주급 100달러도 많이 버는 편에 속하던 당시의 경제 환경에 비하면 엄청나게 큰 목표였지만 우린 자신이 있었고 꼭 해내리라 다짐했다. 엄청난 열정을 받은 우리는 돌아오는 길에 기름을 넣으러 들른 주유소 직원에게 더블엑스 한 통을 팔기도 했다.

하지만 아직도 해결하지 못한 장애물은 있었다. 종합비타민을 꼭 먹어야 하는 이유와 다단계 판매방식이라는 유통의 신개념을 사람들에게 이해시키는 일이었다. 그건 햄버거를 먹으러 온 사람에게 고기를 먹지 말라고 설득하는 열혈 채식주의자나 마찬가지였다.

뉴트리라이트의 창시자는 칼 렌보그 박사다. 그는 카네이션 사(20세기 초에 설립된 미국의 유제품 제조회사 - 역주)와 콜게이트 사(20세기 초에 설립된 미국의 개인위생·일상용품 제조회사 - 역주)의 중국 지사에서 중국인의 영양 상태를 연구하던 연구원이었다. 흥미롭게도 그는 시골에서 채소를 먹고사는 농민이 도시인보다 건강하다는 것과 많은 중국인이 우유를 먹지 않아 골다공증에 잘 걸린다는 걸 발견했다. 중국인의 지혜가 담긴 전통 한방의학도 그에게는 아주 인상적이었다.

1926년 상해혁명이 일어났을 때 렌보그 박사는 시민을 돕다가 투옥되었다. 제대로 먹지 못한 채 1년간 옥살이를 하는 동안 렌보그 박사는 영양실조에 걸리지 않기 위해 감옥 마당에 자라는 풀을 직접 뜯거나 간수에게 달라고 부탁해서 죽을 만들었고, 철분을 보충하기 위해 녹슨 못을 함께 넣어 끓였다. 영양학 지식이 있었기 때문이다. 덕분에 렌보그 박사는 다른 수감자들보다 건강하게 지낼 수 있었다.

석방 후 미국으로 돌아온 그는 캘리포니아 주의 샌페드로에 정착해 낮에는 직장에 다니며 돈을 벌고 밤에는 직접 키운 식물로 건강식품을 개발했다. 1935년 그는 다니던 직장을 그만두고 본격적으로 건강식품을 직접 제조 및 유통하는 일을 시작했다. 제품의 성분과 효능을 소비자에게 정확히 알리기 위해 그는 시중 약국을 통하지 않고 자신이 직접 판매하기로 결정했다.

처음에는 혼자 고객을 상대했지만 판매원을 모집하면서 그 수가 점점 늘어났고, 4년 후에는 드디어 '뉴트리라이트'라는 이름으로 회사를 세워 연매출 2만 4,000달러를 기록했다. 그는 여러모로 시대를 앞서간 인물이었다.

직접 가꾸던 유기농 농장에서 큰 낫을 들고 더블엑스(뉴트리라이트 사가 최초로 만든 건강식품 이름 – 역주)의 주원료인 알팔파를 베던 그의 모습이 아직도 기억에 남아 있다. 비타민을 매일 먹는 사람들이 많은 오늘날에는 '유기농'이나 '항산화성분', '파이토케미컬(식물내재영양소 – 역주)' 같은 용어가 낯설지 않지만 당시에 그런 단어는 렌보그 박사처럼 시대를 훌쩍 앞선 과학자나 쓰는 단어였다.

그러나 제품의 뛰어난 효능만으로 사업을 크게 키울 수는 없었다. 뉴트리라이트의 성공에는 당시로선 아주 낯선 개념이자 오늘날 다단계 마케팅이라 불리는 특이한 마케팅플랜이 있었다. 암웨이도 자사 제품 유통에 이 플랜을 채택했고 뒤를 이어 많은 직접판매회사들이 다단계 마케팅 방식을 통해 전 세계적으로 매년 수십억 달러의 매출을 올리고 있다.

렌보그 박사는 연구실이나 농장에 있는 것을 더 좋아했지만, 그래도 때로 사업자 미팅에 나가 강연을 해야 했기에 카네기 코스(미국의 저명한 자기계발 연구가이자 동기부여 저술가인 데일 카네기가 만든 대중 화법과 커뮤니케이션, 리더십 트레이닝 프로그램 – 역주)에 등록해 화법을 배웠다. 거기서 그는 윌리엄 캐슬베리라는 심리학자를 알게 되었다. 캐슬베리와 세일즈맨이던 그의 친구 리 마이팅거는 뉴트리라이트 제품의 고객으로 있다가 새로운 판매방식인 다단계 마케팅플랜을 고안했다. 이렇게 해서 그들이 세운 '마이팅거 & 캐슬베리 사'는 뉴트리라이트의 제품 판매 대행사가 되었다.

뉴트리라이트 사업을 제대로 해보겠다고 결심한 제이와 나는 카리브 해 항해 후 관광영화를 만들어 대중 앞에서 강연과 프레젠테이션을 한 경험을 살려 신문광고를 내고 호텔 및 회관을 빌려 우리 제품과 사업에 관심이 있는 사람들을 초대했다. 그리고 짤막한 제품 동영상을 틀어주며 설명회를 했다. 제이는 주로 환영인사와 영사기 돌리는 일, 제품 설명, 질문에 대답하는 역할을 맡았고 사업플랜 설명은 내가 했다. 점점 모이는 사람들이 늘어났다.

사업 초기에는 설명회가 엉망으로 끝난 경우도 종종 있었다. 한번은 미시건 주 랜싱에서 크게 사업설명회를 할 요량으로 라디오와 신문에 떠들썩하게 광고를 내고 유인물도 돌리면서 200석짜리 호텔 연회장을 빌렸는데 정작 온 사람은 두 명뿐이었다. 그 상황에서 정식 사업설명회를 진행하자니 정말 어색하고 힘들었다. 태어나서 처음 느껴보는 황당한 상황이었다. 끝나고 그랜드 래피즈로 돌아오면서 제이는 "광고를 거창하게 했는데도 이 정도 결과라면 차라리 그만두는 게 낫지 않을까?"라고 말했다.

나 또한 실망스럽긴 마찬가지였지만 제이까지 힘 빠지게 만들고 싶지 않았다. 그래서 어릴 적 할아버지랑 채소를 팔며 배운 포기하지 않는 마인드를 끌어올려 "한 번 망쳤다고 그만둘 순 없어. 우린 분명 해낼 수 있어"라고 격려했다.

우리는 계속 진행했다. 공식 사업설명회도 이용하고 개인적으로도 더 열심히 사람들을 만나 더블엑스와 뉴트리라이트 사업에 대해 쉬지 않고 이야기했다. 내용은 아주 단순했다.

"한번 드셔보세요. 먹어본 분은 다들 좋다고 하네요. 1년 동안 꾸준히 드신 후 결과를 직접 느껴 보세요."

스무 명을 만나서 이야기하면 그중 네 명이 관심을 보이고 한 명이 실제로 제품을 구매했던 것 같다. 우리는 누구든 만나면 '1년'을 더블엑스를 먹어보는 시험기간으로 생각하고 회원가입을 하도록 설득했다. 그리고 일단 고객이 되면 사업적 비전을 보여주며 함께 사업을 하자고 제안했다. 우리가 직접 후원한 사업자 역시 다른 누군가를 후원해 사업자가 되도록 했다.

사업이 신나게 성장하기 시작하자 초기에 겪은 아픈 기억이 언제 그랬냐는 듯 우리의 기억에서 사라졌다. 우리는 임대료가 싼 동네에 월세 25달러짜리 사무실을 장만해 '자-리'사의 사업본부를 차렸다. 창문에는 "당신이 먹는 것이 곧 당신이 됩니다"라고 써 붙였다. 그걸 본 어떤 사람이 "그럼 내가 바나나를 먹으면 바나나가 된단 말이오?"라고 말해 배꼽을 잡기도 했다. 햄버거나 감자튀김, 초콜릿 셰이크 같은 패스트푸드가 일반적이던 당시의 평범한 식습관에서 영양 및 건강식품 개념은 이해하기 어려웠기에 생긴 당연한 반응이었다.

제이와 나는 즐겁게 사업을 진행했다. 모든 일은 우리 손으로 직접 했다. 빌린 사업설명회장에 놓을 의자가 부족해 장례식장에서 빌려다가 미팅장에 깔고, 미팅이 끝난 후 차로 실어다 돌려준 기억도 난다.

뉴트리라이트 제품 설명에는 한 시간 정도가 소요되었다. 쉬지 않고 땅을 쓰는 바람에 농작물의 영양소가 많이 감소했다는 것과 수확 후 유통, 보관, 조리 과정에서 영양소를 또 잃는다는 점을 지적하고 별도의 건강보조식품을 섭취해야 한다는 사실을 납득시키는 게 관건이었다. 이런 배경 설명 없이 무작정 더블엑스를 들고 나가 20달러에 판다고 팔리는 게 아니었다. 충분한 지식으로 무장해 자기가 파는 상품의 가치를 정확히 아는 전문가가 되어야 했다.

고객 중에는 거절하는 사람도 있었고 사는 사람도 있었다. 그중에는 제이에게 인생 최고의 수익을 올려준 고객도 있었다. 이스트 그랜드 래피즈 지역의 가정집을 돌아다니며 판매하던 제이는 어느 날 호익스트라 부인의 집을 찾아갔다. 이윽고 그 집에서 나온 제이는 "세상에, 이 집 딸 진짜 예쁘다"라고 말했다. 이름이 베티인 금발의 예쁜 처녀는 나중에 제이의 아내가 된다.

―――

이 일이 일대일 대인관계로 이뤄지는 비즈니스임을 알고 나서 우리는 모르는 사람의 집을 방문해 초인종을 누르는 방식을 그만두었다. 대신 지인의 명단을 작성하고 그들에게 소개를 받아 알게 된 사람들과 약속해서 만나는 방법을 채택했다.

우리는 제품을 구매한 고객이 재구매를 하도록 한 달 후에 다시 찾아갔다. 더블엑스 한 통이 한 달 분량이었기 때문에 매달 찾아가 또 한 통을 전달했지만, 우리의 최종 목표는 한 사람의 평생고객을 만드는 데 있었다. 따라서 우리는 고객을 만날 때마다 더블엑스를 매일 섭취하면 어떤 점이 좋은지 꾸준히 설명하고 그 장점을 각인하려 노력했다. 우리 스스로도 더블엑스를 매일 먹었고 나는 지금도 꾸준히 섭취하고 있다.

우리는 파트너 사업자가 자신의 집 주변으로 사람들을 초대하면 사업설명회를 열어주겠다고 제안했다. 사람을 모은 다음에 할 일은 신뢰감 가는 외모와 성격, 말솜씨가 있는 누군가가 와서 프레젠테이션을 해주는 것이었다. 다른 파트너 사업자가 자기 친구들을 데려와 함께 제품 이야기를 나누기도 했다.

더블엑스는 20달러로 당시 물가에 비해 비싼 편이라 팔기가 쉽지 않았다. 그래서 ==우리는 가격이 아니라 품질, 즉 유기농 농장에서 직접 재배한 원료로 만든 천연비타민이라는 특장점에 초점을 두었다. 아무리 고가라도 최고급 승용차의 가치를 알면 사는 사람이 분명 있으리란 걸== 믿었다. 무언가를 판다는 것이 결코 쉽지는 않지만 정직하고 납득이 가는 답변을 해줄 수 있다면 가격 자체는 장애물이 아니다.

그런데 온갖 사람들이 뉴트리라이트의 판매 방식에 반기를 들었다. 그들은 그런 방식은 지속될 수 없다고 부정적으로 말했다. 이는 새로운 뭔가가 나오면 일단 되지 않는 쪽으로 보는 전형적인 시각이었다. 특히 의사들이 우리를 아주 싫어했다. 심지어 "그런 거 먹지 마세요. 다 사기예요!"라고 말하는 의사도 있었다. 지금은 의학계에서도 비타민과 미네랄을 권장한다. 그러나 당시에는 건강보조식품은 필요 없다는 인식이 지배적이었다. 꼭 의사들이 반대해서가 아니라 익숙하지 않은 낯선 개념이었기 때문이다. 그럼에도 불구하고 본인이 효과를 본 고객들은 의사가 무어라 하든 계속 먹었다. 우리 부모님도 제이의 부모님처럼 뉴트리라이트 제품을 먹기 시작했다. 네 분 모두 우리 편이 되어주셨다.

점차 돈벌이가 되기 시작했고 좋은 파트너 사업자와 그룹도 만들었다. 차를 한 대 더 살 수 있을 정도로 수입도 올렸다. 60년 전에는 휘발유 값이 1갤런당 20센트였고 차 한 대가 1천 달러였다. 그 정도면 지금의 개념과 달리 아주 큰돈이었다.

　파트너 사업자나 예비 사업자에게 우리는 우리만큼의 네트워크를 구축하려면 몇 명의 소비자가 있어야 하는지 그림으로 나타내 보여주었다. 또한 그들도 우리처럼 할 수 있다는 자신감을 심어주기 위해 동기부여를 해주었다. 가장 효과적인 방법은 성공한 사람들의 스토리를 들려주는 것이었다. 그런데 언변이 좋고 자신감 넘치는 사람이 아니라 오히려 긴장해서 말을 더듬고 부끄럼도 타는 연사에게서 더 동기부여를 받는 경우가 많았다. '저 사람이 해냈다면 나도 할 수 있겠네'라는 자신감을 주었기 때문이다.

　불과 몇 년 지나지 않아 우리의 네트워크는 천 명으로 늘어났고 계속 성장했다. 매년 봄 우리는 그랜드 래피즈 시민회관에서 컨벤션을 개최했다. 전문 연설가의 동기부여 강연, 성공한 동료 사업가의 성공 스토리 스피치, 성공자가 얻는 다양한 보상 형태를 보여줌으로써 확실한 동기부여가 되도록 하기 위해서였다. 이 자리에서는 물질적인 보상뿐 아니라 양질의 자녀교육이나 남 밑에서 일하지 않아도 된다는 개념 혹은 가계에 도움을 주는 추가수입이라는 비전을 보여주었다. 어느덧 컨벤션 참가 인원은 5,000명까지 늘어났다.

　성공의 크기가 클수록 장애물도 큰 법이다. 뉴트리라이트 회사와 사업에도 마찬가지로 시련이 왔다. 최적의 건강을 유지하기 위한 건강보조식품의 필요성을 다룬《건강을 찾고 건강하게 사는 법》이라는 캐슬베리의 소책자가 우리의 중요한 사업도구였는데 FDA(미국 연방 식품의약청)에서 이 책의 많은 내용이 '과장'이라며 1948년 뉴트리라이트사를 제소한 것이다. 식약청은 미국인의 기업가정신이나 왜 그걸 팔고자 하는지 이해하지 못한 채 건강보조식품에 의약품 규정을 적용해야 한다고 주장했다.

결국 1951년 비타민과 미네랄을 언급할 때 사용할 수 있는 표현을 정해놓은 문서에 동의함으로써 제소 사건은 마무리되었다. 그전까지는 건강보조식품을 광고하는 표현에 대해 정부 차원의 공식 규정이나 입장이 전혀 없었다. 1990년대 들어 법이 바뀌면서 건강보조식품 업계는 법의 테두리 안에서 보다 분명하고 합법적으로 자사 제품의 효능을 광고할 제도적 안전장치를 갖게 되었다. 어쨌든 1948년 FDA의 제소로 뉴트리라이트 사업은 심한 타격을 받았다.

그걸 극복하기 위해 캘리포니아의 뉴트리라이트 본사는 비타민 판매 외에 다른 수입원을 모색해야 했다. 그때 화장품을 만들어 기존의 공식 유통채널인 마이팅거 & 캐슬베리를 통하지 않고 직접 소비자에게 유통했다. 그러자 뉴트리라이트와 마이팅거 & 캐슬베리 회사 간에 유통망 소유권을 놓고 논쟁이 벌어졌다. FDA 소송 건 때문에 사업하기가 힘든 마당에 집안싸움까지 난 셈이다. 마이팅거와 캐슬베리는 칼 렌보그와 사이가 좋지 않았고 심지어 두 사람 사이도 별로였다. 화장품 판매에 반대한 그 둘은 사업자들의 신뢰를 잃었다.

1958년 마이팅거 & 캐슬베리는 문제해결을 위한 사례연구팀을 만들고 제이를 의장으로 지명했고 칼 렌보그는 제이에게 제이의 수입보다 더 높은 연봉을 받는 뉴트리라이트 사장 자리를 제안했다. 나는 제이에게 "제이, 하고 싶은 대로 해. 내가 방해하긴 싫어"라고 말했다. 제이가 물었다.

"무슨 소리야?"

"네가 정말 그걸 원하고 중요한 것이라면 네가 원하는 대로 하라는 얘기야. 나 때문에 네가 원하는 걸 못하게 되는 것은 싫어."

제이는 강한 어조로 못 박았다.

"리치, 우리는 동업자야! 하나라고! 너 없이 나 혼자서는 아무것도 하지 않을 거야!"

제이는 렌보그의 제안을 사양했다. 그는 안정적인 수입을 보장받는 사장 자리나 문제 많은 회사의 경영권보다 나와 함께하는 독립 사업자의 길이 자기한테 더 중요하다고 했다.

이제 제이와 나는 선택의 기로에 놓였다. 철퇴를 맞은 우리의 사업은 실적이 계속 저조했고 내부 문제에 휘말린 뉴트리라이트가 제품을 제대로 공급해줄지도 불분명한 상황에서 우리는 그 제품에 본인과 가족의 미래를 걸고 함께해온 파트너 사업자들을 생각해야 했다.

설령 외부적인 문제가 생겼을지라도 우리는 사업방식 자체는 분명 옳다고 확신했다. 우리 자신과 우리가 제안한 제품 및 플랜을 믿고 함께하는 파트너들의 미래가 곧 우리의 미래라는 상생 마인드가 옳다는 믿음도 있었다. 우리는 우리의 미래뿐 아니라 파트너가 또 다른 누군가를 도움으로써 그들의 미래도 준비할 기회를 부여하는 것이 이 사업의 본질임을 알고 있었다.

이 대단한 기회를 붙잡는 조건은 단 하나다. 거액을 투자해 공장이나 회사를 세워야 하는 것도, 직원을 고용해 관리해야 하는 것도 아니다. 단지 자신이 원하는 크기만큼 자유롭게 스몰 혹은 빅 비즈니스로 해보려는 마음자세 하나만 있으면 된다. 성공하고 싶은 간절함, 열심히 일하는 자세 그리고 남이 성공하도록 돕고 싶은 열망, 이 세 가지만 있으면 성공할 수 있는 사업이다.

다른 사람을 돕는 것이 중요하다는 내 믿음은 어릴 때부터 자연스레 생긴 것 같다. 그랜드 래피즈의 마을 사람들 간에는 끈끈한 연대감과 공동체적 소속감이 있었다. 그들은 서로 어울리고 나누며 살아갔고 담장을 친 뒷마당보다 대문 앞 벤치에서 이웃과 이야기하는 걸 좋아했다. 그처럼 서로 친하게 지내며 감사하는 공동체 문화 속에서 자라며 나도 사람을 좋아하는 사람이 된 것 같다.

내겐 소중한 옛 친구가 많다. 하지만 나는 아직도 새로운 사람을 만나고 사귀는 걸 좋아한다. 재능과 야망을 겸비한 것으로 그치지 않고 다른 사람의 성공을 돕고 싶은 마음까지 있는 사람들과 함께하는 것만큼 튼튼한 비즈니스가 또 있을까?

제이와 나는 뉴트리라이트 사가 향후 어떻게 되든 다른 사람을 도와 성공한다는 개념은 우리가 계속 지향해야 할 사업 성공의 기본 원칙임을 굳게 믿었다. 회사와 제품이 믿을 만하다는 조건만 성립하면 진정한 성공의 원동력이 마케팅플랜과 성공 기회를 찾는 사람들에게서 나온다는 걸 우리는 알았다. 더 큰 보상을 약속하는 성공 기회를 제공할 수 있다면 말이다.

우리의 다음 계획은 음식 싸는 두루마리 포장지를 우리 집 부엌 바닥에 주르륵 깔고 그 위에 그린 도표 위에서 모습을 드러냈다. 포장지 안에 숨어 있던 내용물이 풀려나오듯 말이다.

2부

셀링 아메리카

5장

미국적 방식

불안과 염려로 가득한 시간이었다. 수천 명의 뉴트리라이트 독립 사업자는 물론 제이와 내 상황도 좋지 않았기 때문이다. 뉴트리라이트의 마케팅플랜 및 사업자 보상플랜을 독점으로 운영하고 있던 캘리포니아의 마이팅거&캐슬베리 사와 제조업체인 뉴트리라이트 사 간의 분열은 점점 심해졌고, 사업자들의 운명이 그들 손에 달려 있는 듯했다.

FDA 조치 이후 판매 실적이 급격히 추락하자 뉴트리라이트는 사태를 수습하기 위해 종합 화장품 브랜드를 새로 만들어 칼 렌보그의 아내 이름을 딴 에디스 렌보그로 불렀다. 그런데 마이팅거&캐슬베리는 화장품 중에서도 기초 스킨케어 라인만 취급하길 원했다. 그래야 사업자가 보다 쉽게 유통시킬 수 있을 거라고 판단한 것이다.

어찌 보면 당시에는 그 판단이 맞을지도 모른다. 그러나 장기적인 안목에서는 그렇지 않았다. 앞으로는 과거처럼 지정한 제품 픽업 장소에서 제품을 받아가는 게 아니라 제조사의 중앙물류센터에서 제품을 직접 인도받는 시스템으로 발전할 가능성을 고려할 필요가 있었다.

뉴트리라이트는 에디스 렌보그 라인을 마이팅거&캐슬베리를 통하지 않고 팔기로 했다. 우리가 독립 사업자라 마이팅거&캐슬베리와 상관없이 뉴트리라이트와 직접 계약을 맺으면 될 거라고 생각한 것 같다.

제조사와 유통사 사이의 갈등에 낀 우리의 파트너 사업자들을 보호하기 위해 제이와 나는 보다 안전한 회사를 만들어야겠다는 결론을 내렸다. 사업 성공에 도움을 준 뉴트리라이트의 기존 마케팅플랜과 보상플랜은 그대로 유지하고 뉴트리라이트 제품도 계속 판매하되, 우리가 직접 공급할 수 있는 제품을 추가해야 안전할 것이었다. 늘 우리의 사업체를 직접 차리고 싶다는 생각을 해왔는데 드디어 그 시기가 온 것이다.

우리는 더 이상 풋내기 총각들이 아니었다. 이미 결혼해서 아이들까지 있었다. 제이가 우연히 본 '금발의 예쁜 처녀'를 기억하는가? 제이는 곧 그녀의 이름이 베티 진 호익스트라라는 걸 알아냈고, 내가 결혼식 들러리를 서는 가운데 두 사람은 1952년 결혼에 골인했다. 이듬해 2월, 나도 헬렌 밴 비셉과 결혼했다. 제이와 내가 새로 회사를 차렸을 때 우린 둘 다 아이들까지 있는 가장이었다. 우리는 미시건 주의 작은 시골 마을 에이다에 나란히 집을 지어 살았고, 후에 그 집은 글로벌 암웨이 사의 본사가 되었다.

여하튼 우리 둘만 생각해서 해결될 일이 아니라 많은 사람의 미래가 달린 일이었다. 예전처럼 무작정 사업체를 처분하고 훌쩍 바다로 모험을 떠날 수 있는 상황이 아니었다. 그런데 지나고 보니 우리가 결정한 일은 무작정 배를 타고 바다로 나간 모험보다 결코 덜하지 않은 모험이었다.

과연 사람들이 잘 알지 못하는 다단계 마케팅 방식의 사업을 받아들일까? 뉴트리라이트 시절에 우리가 후원한 파트너 사업자가 우리와 다시 함께해줄까? 경쟁력 있는 제품을 찾을 수 있을까? 이런 의문 앞에서도 담대하게 결단할 수 있었던 것은 우리가 이미 위험을 무릅쓰고 여러 모험을 해보았기 때문이었다. 제대 후 벌인 여러 사업부터 카리브 해 항해에 이르는 도전과 모험의 경험이 없었다면 제이와 나는 또다시, 아니 이전보다 훨씬 위험이 클 수도 있는 새로운 사업을 시작할 엄두를 내지 못했을 것이다.

아무것도 확실하게 보장받을 수 없는 상황임에도 불구하고 우리는 성공할 거라는 신념의 힘을 다시 끌어올리기로 했다. 그해 여름에는 파트너 사업자들과 함께 휴가를 보내기로 했었는데, 우린 그 모임에서 사업계획을 공식 발표하기로 했다. 많이 놀라겠지만 일부러 회의를 소집하는 번거로움 대신 어차피 함께하기로 한 휴가지에서 자연스럽게 알리는 편이 더 나을 것 같아서였다.

1958년 여름, 로어 미시건(남쪽과 북쪽 두 개의 반도로 나뉜 미시건 주의 남쪽 반도를 이르는 명칭 – 역주)의 아름다운 호수와 숲, 낮은 언덕으로 둘러싸인 작은 관광지 샤를르부아에서 우리는 파트너 사업자들에게 그 결정을 발표했다. 더불어 우리와 함께하는 사람에게는 기존 뉴트리라이트 사업을 할 때 갖고 있던 스폰서링 체계(Line of Sponsorship, 누가 누구를 후원했는지 알 수 있는 일종의 서열 – 역주)를 그대로 지켜주겠다고 약속했다. 이어 참석한 사업자 중 톱 리더들을 따로 모아 향후 사업안을 논의하는 이사회를 구성했다.

이사회 명칭은 American Way Association으로 하기로 합의했다. 당시 우리는 미국인의 기업가정신을 믿었고 지금도 믿는다. 우리는 그 창업정신을 한마디로 표현하는 단어가 바로 '미국적 방식(American Way)'이라고 생각했다. 여론조사 결과도 대다수 미국인이 자기사업을 원하지만 실제로 그 꿈을 이룬 사람은 극히 드물다는 사실이 분명했다. 우리가 그때 추구한 사업 형태가 자기사업, 그것도 외롭게 홀로 하는 것이 아니라 함께하는 자기사업이었다.

우리는 본사 경영진의 지원과 동시에 각자의 스폰서라인 안에서 도움을 받으며 사업할 수 있는 기회를 제공하고 싶었다. 각자가 모여 커다란 하나를 이루도록 말이다. 미국 경제의 근간이 된 자유경제 시스템의 테두리 안에서 마음껏 자기사업을 펼치는 것만큼 미국적인 방식이 또 있을까? American way Association이라는 이름이 너무 긴 것 같아 약자로 Amway라고 이름 붙인 우리의 회사가 드디어 출범했다.

앞서 말했듯 암웨이는 휴가지 샤를르부아에서 우리가 직접 후원한 파트너 몇 명과 함께 출발했다. 우리는 함께 모여 사업계획안을 도표로 그리고 바닥에 펼친 다음 의견을 나누었다. 그들은 독립 사업가지 우리의 피고용인이 아니었으므로 남든 떠나든 자유였다. 아무것도 확실하게 보장된 것이 없었음에도 불구하고 고맙게도 그들은 우리와 함께하겠다고 결정했다. 뉴트리라이트 사업 초기에 하도 거절을 많이 받아 적응이 된 제이와 나는 그들이 거절해도 어쩔 수 없다고 생각했지만, 놀랍게도 거기 모인 파트너 중 한 명도 그 자리를 나가지 않았다. 참으로 감사했다. 그곳에 모인 사람들 중 다수가 이후 수십 년간 암웨이 사업으로 큰 성공을 거두었고 이제는 그들의 자녀가 대를 이어 성공적으로 사업을 해나가고 있다.

그 일을 통해 우리는 진정한 리더십이 무엇인지 배웠다. 무엇보다 우리는 앞장서서 리드하겠다는 결단과 용기를 냈고 사람들은 모두 우리를 따라주었다. 그들이 그렇게 한 이유는 제이와 나를 존중하는 것은 물론 우리가 함께하자고 제안한 것에서 자신이 존중받는다고 느꼈기 때문이라고 믿는다. 오늘날까지도 나는 진정한 리더는 남을 존중함으로써 남의 존중을 받는 사람이라는 사실을 믿어 의심치 않는다.

샤를르부와 미팅에서 논의한 큰 이슈는 당연히 무엇을 팔 것인가 하는 점이었다. 우리는 모인 사람들에게 새로운 제품 라인업에 대한 의견을 물었고 같은 장소에서 결론을 내렸다. 그중 한 사업자가 디트로이트의 한 중소업체가 만드는 FRISK라는 주택용 다목적 세정제를 소개했다. 그 제조업체를 잘 아는 그가 직접 공장에 가서 샘플 몇 개를 갖고 와 사업자들에게 나눠주고 고객이 써보게 했다. 다행히 반응이 아주 좋았다. 결국 우리는 디트로이트 공장에 제품을 주문해 에이다에 있는 우리 집까지 운송해왔다. 우리 집 지하실이 암웨이 최초의 사옥이자 물류창고가 된 셈이다.

오늘날 에이다 언덕배기 위 1마일 길이의 암웨이 글로벌 본사와 커다란 공장 주변을 차로 지나는 사람들은 도대체 이런 시골에서 어떻게 암웨이 사를 시작할 수 있었는지 의아해한다. 미혼일 때부터 결혼하면 옆집에 살자고 약속한 제이와 나는 함께 집을 지을 부지를 찾았다. 그러다가 강이 보이는 경치 좋은 그 언덕에 땅을 조금 샀다. 그렇게 집터를 마련하고 나서 얼마 후 우리는 차례로 결혼을 했다. 두 사람의 아내는 살고 싶은 곳을 고르지도 못한 채 고맙게도 우리의 결정을 받아주었다. 두 가정이 그곳에 살았기 때문에 암웨이도 자연스럽게 거기에서 출발한 것이다.

그랜드 래피즈에서 동쪽으로 5마일 떨어진 에이다는 여전히 시골 마을이다. 지붕이 있는 다리, 가로수를 따라 서 있는 한적한 주택들, 교차로에 상점이 있는 전형적인 그 소도시는 암웨이 초기 무렵에는 더더욱 아무것도 없는 시골이었다.

어릴 때 나는 그런 곳에서 살고 싶다는 생각을 했다. 중학교 때 학교에서 도시생활과 시골생활의 장단점을 토론했는데, 시골생활의 장점을 발표한 나는 신기하게도 에이다를 예로 들었다. 마을 한가운데에 강이 흐르고 아이들을 키우며 살기에 좋은 전원이면서도 근방의 대도시 그랜드 래피즈와 멀지 않다는 지리적 요건까지 갖춘 최적의 모델 말이다. 물론 언젠가 내가 진짜로 그곳에 집도 짓고 회사까지 차리게 될 줄은 꿈에도 몰랐다.

암웨이를 시작하면서 우리 집 지하실은 물류창고로, 제이의 집 지하실은 사무실로 썼다. 전화기는 한 대만 놓고 상대방에게 걸려온 전화면 벨을 눌러 받으라고 알렸다. 헬렌은 타자를 칠 줄 알았기 때문에 우리가 최초의 정식직원을 채용할 때까지 서류업무를 도왔다. 제이는 제품 안내서와 월간 사보를 직접 구식 타자기로 치고 등사판에 복사한 다음 탁구대에 올려놓고 붙여서 책자를 제작했다. 찍을 분량이 점점 많아지자 제이는 잔디를 깎던 젊은이를 채용해 제본을 맡겼다. 그렇게 그는 암웨이 인쇄소의 최초 책임자가 되었다. 이후 직원 두 명을 더 뽑아 주문서 작성과 실적 관리, 수당지급 등의 사무를 맡겼다.

아내 헬렌은 마무리가 덜되어 골조가 훤히 드러난 지하 벽에 걸스카우트 시절에 핑크색으로 염색한 커튼 천을 둘러 내 사무실을 '예쁘게' 꾸며주었다. 아내의 정성스런 장식에도 불구하고 우리 회사의 본사 사무실은 여전히 중고 철제 책상과 마룻바닥에 쌓인 세제 상자밖에 없는 가정집 지하실이라는 사실을 감출 수 없었다. 하지만 희망이 있었기에 우리는 행복했다.

솔직히 암웨이가 우리 집 지하실을 벗어나 더 성장할 거라고 장담할 수 있었던 것은 아니다. 단지 내 집에서 내 사업을 시작할 수 있다는 사실에 감사했고 앞으로 잘될 거라는 막연한 희망을 품고 있었을 뿐이다. 그래도 행복했다. 특히 아내 헬렌의 수고와 노력에 감사한다. 남편이란 사람이 집 지하실에서 도대체 무슨 사업을 하겠다는 건지 헷갈렸을지도 모르지만 아무튼 아내는 씩씩하게 그 모험에 동참했다.

사업자들은 우리 집 지하창고에서 자신이 판매할 FRISK를 가져갔다. 나는 거기에 베란다에서 쓰는 그네의자를 접어서 갖다 놓고 오하이오 주에서 물건을 가지러 오거나 미시건 주에서 사업설명을 할 계획이 있는 사업자들이 하룻밤 잘 수 있게 했다. 우리는 미시건과 오하이오에 사는 고객에 한해 배달도 해주었다.

우리 집 세탁기와 건조기는 제품 포장대 역할을 했다. 판매 물량이 점점 늘어나자 제이와 나는 앞으로 남의 제품을 판매대행만 할 게 아니라 우리가 직접 제조도 해야겠다고 생각했다. 물론 우리는 남이 만든 제품도 원료나 품질을 철저히 관리했다.

우리 집에서 1마일만 가면 고속도로가 나오는데 거기에 주차장이 아주 지저분한 흰색 벽돌 주유소가 있었다. 우리는 주유기 두 대를 놓고 마을 농부들이 모는 트럭에 주유를 해주거나 농기계를 수리해주던

2에이커(약 2,400평)짜리 주유소 건물과 주차장을 구입해 우리의 공장을 만들었다. 앞으로 주차공간도 더 필요할 것 같아서 의논 끝에 주변 부지 2에이커를 더 샀다. 우리는 그 건물을 창고와 사무실로 썼다. 사무실 뒤쪽에는 욕실과 침대를 마련해 창고관리직으로 채용한 우리의 첫 직원 청년에게 숙소로 내주었다. 이어 동네 청년 한 명을 더 채용해 우리 회사의 사옥 간판을 그리게 했다. 간판에 'AMWAY – 가정 및 산업용 제품'이라 쓰고 American Way Association도 붙이고 나니 어엿한 사옥과 간판을 갖춘 진짜 회사의 모습이 되었다. 그곳에서 첫 제품을 생산한 우리는 물류창고까지 갖춘 덕분에 사업자에게 직접 제품을 건네줄 수 있었다. 또 지나가는 사람들도 그곳에 회사가 생겼다는 걸 한눈에 알아보았다.

기존의 FRISK에서 이름을 바꾼 우리의 첫 작품 L.O.C.(Liquid Organic Cleaner, 유기농 액체세제 – 역주)가 대성공을 거두면서 우리는 보다 다양한 제품라인업을 구성할 발판을 마련했다. 그 제품이 성공한 첫 번째 요인은 값싼 석유 찌꺼기가 아닌 코코넛오일에서 추출한 원료로 만든 천연제품이라는 데 있었다. 초기의 제품 안내서에는 L.O.C.를 채소세정제로 표기했다. 이 제품은 천연이라는 장점뿐 아니라 다른 제품에서 볼 수 없는 탁월한 세정력과 얼룩제거 능력이 있어서 날개 돋친 듯 팔려나갔다. 마침 사회적으로도 유기농 천연제품에 대한 관심이 막 생기기 시작한 때라 타이밍도 좋았다.

석유 찌꺼기를 원료로 만든 세제류는 환경과 수질을 오염시키는 주범이다. 그런 세제로 설거지나 세탁을 하면 찌꺼기가 하수도로 흘러 들어가 하천에 거품을 만들고 오염시켜 환경과 생태계를 파괴한다. 그러나 L.O.C.는 생분해성이라 일정 시간이 지나면 물에서 자연 분해되고 고농축이기 때문에 포장이나 운송비를 절감해 환경보호에도 일조했다(이건 수십 년이 지나서야 인정을 받았다).

두 번째로 만든 제품은 SA8이라는 세탁세제다. 이 제품 역시 생분해성 계면활성제를 썼고 고농축이었다. 뉴트리라이트 시절부터 시대를 앞선 제품을 취급한 우리는 암웨이 제품으로도 환경보호에서 시대를 앞선 주자였다.

우리가 미국적 방식, 즉 American Way를 강조하기 위해 제품 용기에 적, 백, 청색으로 로고를 그려 넣자 성조기로 포장을 한다고 비난하는 사람들도 있었다. 우리 회사의 로고는 아주 심플했다. 방금 타자기에서 찍은 듯한 느낌의 대문자 AMWAY가 그것이다. 포장에도 우리의 변치 않는 슬로건인 '집까지 배달해주는 집안 관리 노하우(Home Care Knowhow at Your Doorsteps)'란 문구를 넣었다.

세제류 몇 가지를 추가로 라인업하자 우리 회사는 곧 '비누회사'(어떤 이는 비꼬는 의미로 썼겠지만)로 유명해졌다. 우리 회사의 전략을 묻는 사람과 사업자들에게 나는 간단명료하게 대답했다.

"비누죠! 암웨이가 왜 비누를 파느냐고요? 간단해요. 비누를 쓰지 않는 사람은 없으니까요. 다 쓰고 나면 반드시 또 사야 하죠. 비누를 써보는 데 샘플이 필요한 것도 아니고 마음에 들지 않으면 환불이 되니까 안심하고 사서 써볼 수 있지요."

하지만 아무리 누구나 쉽게 쓰는 세제라 해도 우리는 사업자들에게 L.O.C.를 본인이 먼저 써보고 그 장점과 효과적인 사용법을 숙지해 고객에게 시연해주도록 권했다. 제이는 '놀라운 FRISK 이야기'라는 제목으로 제품에 대한 글을 써서 사보에 싣기도 했다.

우리는 사업자들에게 그저 말로만 제품을 홍보하지 말고 고객에게 반드시 그 효과를 보여주라고 일렀다. 우리는 친구로부터 물건을 사는 것, 제품의 효과를 직접 보여주고 집까지 배달해주는 것 그리고 고객을 위한 부가가치 창출이 암웨이 사업의 특징이라고 생각했다.

L.O.C., SA8을 비롯해 구두약, 시멘트 바닥 청소 세제, 가구왁스, 자동차 세정제 등의 인기가 높아지면서 제품 생산을 하느라 바빠졌지만 제이와 나는 여전히 차를 몰고 멀리까지 새로운 사업자를 후원하러 다녔다. 1960년대 초에 나는 이미 뉴욕 주, 워싱턴 주, 텍사스 주, 캐나다 중부의 매니토바 주에 이르는 거리를 달려 후원활동을 했다. 우리는 일회성 판매 목적보다 장차 파트너 사업자가 될 가능성이 큰 고객을 만나는 데 목표를 두고 후원 활동을 한 것이다. 새로운 사람이 등록하거나 누군가가 제품을 사면, 혹은 사업파트너에게 새로운 고객이 생기면 굉장히 신나고 즐거웠다.

뉴트리라이트 유통 사업의 경험을 바탕으로 제이와 나는 마이팅거&캐슬베리가 고안한 보상플랜을 개선할 필요를 느꼈다. 성취 정도에 근거해 보다 공정하고 높은 수입을 보장하는 보상플랜을 만들고 싶었기 때문이다.

많이 고심하고 많은 사업자들의 피드백을 검토한 끝에 1959년의 어느 날 제이와 나는 우리 집 부엌 바닥에 긴 두루마리 포장지를 펼쳐놓고 노력순으로 정확히 보상이 돌아가는 독특한 수익구조를 그렸다. 각자의 매출 실적뿐 아니라 본인이 후원한 각 파트너의 매출 실적, 나아가 그 파트너의 파트너의 실적까지도 본인의 수입에 영향을 미치는 공정한 보상플랜이었다.

누군가를 후원하고 그 사람이 또 누군가를 후원하는 스폰서링이 계속 반복된다고 가정할 때 얼마나 많은 사람이 한 라인에 들어올 수 있는지 상상이 간다면 우리가 두루마리 포장지를 쓸 수밖에 없었던 이유를 이해할 수 있을 것이다. 그리고 또 그리다 보니 두루마리는 부엌 바닥을 지나 계단 아래까지 내려갔다. 바닥에 꿇어 앉아 그 긴 종이에 엄청난 사람의 수와 금액을 계산하는 복잡한 도표를 그리던 제이와 내 모습이 상상이 가는지 모르겠다. 그 도표를 그릴 당시 우리는 암웨이가 언젠가 수백만 명의 사업자에게 보너스를 지불하기 위해 첨단 컴퓨터를 사용할 거라는 사실을 몰랐다. 그땐 컴퓨터가 없었으니까. 어쨌거나 우리의 꿈은 두루마리 포장지를 다 쓸 만큼 원대했다.

우리는 사업자의 한 후원 라인에서 밑으로 200단계 혹은 그 이상 가는 다운 파트너들의 실적까지도 본인의 수입에 영향을 미치는 보상 플랜을 만들었다. 또 한 라인의 다운 파트너만 해도 1,000명 이상 나오는 네트워크가 언젠가 생기리라고 예상했다. 도대체 돈이 어디서 멈출 수 있는 걸까? 그걸 알기 위해 우리가 그토록 많은 동그라미를 그리며 계산을 해본 것이다.

우리는 그 보상플랜을 '패스 – 스루' 방식이라고 명명했다. 패스 – 스루 방식은 자신의 실적과 다운 파트너들의 실적이 비례하면 할수록 암웨이 사업자가 더 많은 보상을 받도록 함으로써 수입의 공평성과 확장성을 보장한다. 이런 후원수당과 함께 우리는 몇 개의 그룹을 후원했는지와 그룹의 총매출 실적이 어느 정도인지에 따라 성취 정도를 구분해 보너스 금액을 정했다. 그때 만든 핀 레벨 시스템, 즉 에메랄드, 다이아몬드 등은 현재까지도 유지되고 있다. 성취 정도에 따라 구별해서 인정해줄 필요가 있다고 판단해 만든 것이 핀 레벨인데 심플하면서도 강렬하게 축하할 때 쓰는 인정의 상징으로 보석 이름이 어울리겠다고 생각했다. 빛나는 보석의 이미지가 빛나는 성취와 궁합도 맞고 말이다.

암웨이 사업의 매력은 처음이나 지금이나 변함이 없다. 회원가입비 몇 달러(전 세계에서 한국만 회원가입비가 없다 – 역주)가 초기자본금의 전부지만 엄청난 성장 잠재력이 있는 자기사업을 꿈꾸는 사람들은 암웨이가 제공하는 실질적인 기회에 큰 매력을 느낀다. 제조나 물류에 신경 쓸 필요 없이 회사가 제공하는 수백 가지 제품을 유통시킬 권리를 갖는 동시에 이 사업을 함께하도록 후원한 파트너의 실적에 대해 일정한 권리를 보장받기 때문이다. 다시 말해 본인의 판매 실적뿐 아니라 본인이 후원한 파트너, 그 파트너의 파트너, 계속 그런 식으로 끝없이 이어지는 다운라인 파트너의 그룹 실적에 대한 보상도 약속받는다. 나아가 본인의 네트워크를 자녀에게 상속해주거나 제3자에게 팔 수도 있다(한국은 아직 상속만 가능하다 – 역주).

암웨이 성공 신화의 비결은 사람을 믿고 꿈을 향한 그들의 열망과 노력, 능력을 믿은 데 있다. 우리와 함께 시작한 창단멤버 격 사업자들에게 얼마나 감사하는지 말로 다 표현할 수 없다. 돌이켜보면 아직 사실로 입증되지 않은 모험에 동참해주고 제이와 나를 믿어준, 그리고 수많은 거절에도 포기하지 않은 그들의 집념이 경이롭기까지 하다. 그런 훌륭한 사람들과 함께할 수 있었던 나는 정말 축복받은 사람이다.

우리는 개인의 자유를 존중하는 미국 사회에서 누릴 수 있는 축복의 결정판인 자유기업 시스템을 철저히 우리 사업의 근간으로 삼았고, 절대 그 개념에서 벗어나지 않았다. 그래서 회사 이름도 자랑스러운 American Way로 지은 것이다.

암웨이 사는 피델 카스트로가 쿠바에서 공산 정권을 장악한 해에 출발했다. 그보다 2년 앞서 소련이 스푸트니크 군사위성을 쏘아 올렸고 1961년에는 달 착륙에 성공했다. 지금은 이해하기가 어렵겠지만 미국의 자유와 삶의 방식을 수호하기 위해 목숨을 걸고 2차 세계대전을 승리로 이끈 미국인은 당시 공산주의의 움직임에 초미의 관심을 기울이며 만약 공산주의가 또다시 득세하면 어쩌나 하는 우려로 가득했다. 심지어 이제는 공산주의가 대세이며 미국도 공산화할 수 있다는 생각을 하는 사람도 있었다.

그런 상황에서 암웨이 사를 세운 우리는 "돈을 벌기 위해 회사를 차리는 건 옳다. 그렇다면 회사를 운영하는 목적은 무엇인가? 우리 사업에 돈을 버는 목적 말고 또 다른 어떤 상징적 의미가 있어야 하는가?"를 진지하게 고민한 결과 '자유기업 시스템을 수호하자'는 결론을 내렸다.

독립적인 사업을 꿈꾼 우리는 개인의 자유로운 사업 기회를 보장해주는 것이 미국의 건국이념과 일치한다고 믿었다. 이 땅에서 누구든 독립적인 사업을 원하는 사람은 그 기회를 부여받아야 한다! 나는 내 첫 번째 책《믿음!》에서 내가 얼마나 자유기업 시스템의 신봉자인지 밝혔고, '셀링 아메리카' 연설에서도 미국 경제 제도를 강력히 지지했다.

나는 말로만 하는 이론은 믿지 않았다. 미국의 경제발전을 가능하게 한 자유기업 시스템을 지지하는 내 믿음과 그걸 지키고자 하는 열망은 우리 사업이 성장하면서 함께 커져갔다. 그리고 비만 오면 잠기던 시골 촌구석의 허허벌판에는 공장과 창고, 사무실이 속속 들어섰다. 그곳이 오늘날 글로벌 암웨이의 본사다. 그 확실한 증거를 통해 내가 수많은 연설과 저술에서 그토록 외쳤어도 늘 부족하던 자유기업 시스템에 대한 믿음이 옳았음을 보여줄 수 있어서 감동스러울 따름이다.

6장

사람이 동력이다

잘 알려진 농담 중에 '플로리다에 땅을 사라는 중개인의 말을 믿지 말라'는 것이 있다. 자칫하면 속아서 늪지대를 살 수 있기 때문이다. 제이와 내가 보지도 않고 땅을 살 정도로 어리석은 풋내기는 아니었지만, 플로리다의 늪지대 정도는 아니라도 비가 오면 물이 들어차는 저지대인 줄 알면서도 우리는 그곳을 샀다. 여러 차례에 걸쳐 조금씩 매입한 1마일 길이의 그 부지는 오늘날 암웨이 본사가 되었다.

에이다의 우리 집에서 멀지 않은 풀튼 스트리트 맞은편으로 난 고속도로 주위에 수백 에이커의 나대지가 있었다. 낡은 주유소 건물과 함께 그곳 땅 몇 에이커를 사서 첫 사옥으로 사용했는데 지금은 그 지역 전체에 암웨이 본사 건물과 공장이 들어서 있다. 처음 몇 에이커를 살 때만 해도 암웨이가 이토록 성장해 300에이커(약 36만 평)를 다 쓰게 될 줄은 상상조차 하지 못했다. 다행히 그 땅은 개발 대상에서 제외된 채 우리가 필요로 하게 되기 전까지 수십 년간 허허벌판으로 남아 있었다. 부지 주변으로 그랜드 강이 흐르고 비가 오면 대부분의 땅에 물이 넘쳐났기 때문에 건물을 짓기에는 부적합했다.

사옥을 확장하려면 먼저 땅을 판 흙을 공사 현장에 매립해 건물이 안전하게 서도록 기초공사를 해야 했다. 그때 땅을 파면서 생긴 엄청나게 큰 구멍에 물이 차올랐고 암웨이 직원들은 그 웅덩이를 '암웨이 호수'라 부르기 시작했다.

1960년에 주유소 건물로 자리를 옮기고 1년이 채 지나지 않아 우리는 주차 시설을 미리 확보하기 위해 주차장을 짓기 시작했다. 그때 주유소를 낀 2에이커 부지 위에 슬레이트와 판유리로 된 암웨이의 제1호 사옥과 함께 제품 전시실을 지었다. 더불어 그달 소식지에 '멋진 유리와 화강암으로 만든 신사옥으로 이전하다'라고 당당히 세상에 알렸다.

우리는 적, 백, 청색으로 암웨이 로고와 슬로건을 선명히 새긴 간판도 세웠다. 새 철제 책상과 사무용 가구도 직접 구입했다. 우리의 제1호 사옥은 아직도 에이다의 풀튼 스트리트를 따라 1마일로 펼쳐진 암웨이 본사에 그대로 남아 있다. 웅장한 현재의 사옥 내부 어디엔가는 그 옛날 주유소 건물의 한 쪽 벽이 숨어 있을 것이다.

많은 의논과 고심 끝에 마침내 우리의 첫 사옥을 완성했다. 30대 중반이던 제이와 나는 그 첫 사옥이 우리의 마지막 사옥이 되어도 좋을 만큼 모든 시설과 필요를 충족시키는 멋진 작품이며, 더 이상의 공간이나 시설은 앞으로 영원히 필요 없을 거라는 뿌듯함으로 가득했다. 또한 그 빌딩은 암웨이사의 실체이자 성장의 징표였다.

그런데 회사가 성장가도를 달리면서 제조 시설을 계속 늘려야 했다. 풀튼 스트리트 바로 앞의 본사 사옥과 그 뒤의 제품 창고 및 공장은 그대로 유지하기로 했다(에어로졸, 분말, 원액, 화장품 원료, 플라스틱 통을 생산하는 공장과 연구개발센터, 물류센터, 수천 명의 직원이 근무하는 사무실 빌딩까지 총 420만 평방피트). 사옥 이전 후 첫해의 공식 연간 총매출액은 50만 달러였는데 3년 후인 1963년에는 2,100만 달러로 급상승했다.

한번은 우리 회사를 찾아온 방문객들을 안내하던 가이드가 "우리 회사 매출액은 곧 1억 달러가 될 겁니다"라고 하는 걸 보고 내가 "잠깐만요, 이 업계에서 1억 달러 매출을 올린 회사는 아직 없었소. 말을 조심해서 해야지요"라고 주의를 주었다. 자신감을 꺾으려는 건 아니었지만 나는 그에게 "자중합시다. 실제 상황만 얘기하고 희망사항은 얘기하지 맙시다. 1억이라는 단어는 더 이상 쓰지 마세요"라고 일렀다. 하지만 1970년에 암웨이의 매출이 정말로 1억 달러가 되는 걸 보면서 나와 제이는 그 사업의 크기가 얼마나 큰지 깨달았고, 우리도 생각을 크게 해야 한다는 것과 앞으로 더 크게 성장할 미래를 준비해야 한다는 것을 알았다. 모든 것이 숨 가쁘게 돌아갔다. 매출액이 얼마인지 신경 쓸 시간도 없었다. 우리는 재무 관리부터 제품 연구까지 엄청나게 바빠진 업무를 맡을 직원을 계속 뽑아야 했다.

수입은 전부 재투자했다. 돈을 좀 번다고 치장하거나 남에게 자랑하려고 꾸미는 데 돈을 쓰지는 않았다. 우리는 스스로를 그저 열심히 일하는 비즈니스맨이라고 생각했다.

은퇴한 아버지가 우리 회사 최초로 방문객 안내 일을 맡아주셨다.

그때 사무실 총면적은 겨우 40평방피트(약 1.2평)였고 뒷마당 60평방피트(약 1.7평)도 원료 통을 쌓아놓은 휑한 콘크리트 바닥이었다. 제대로 된 창고를 지을 돈이 없어서 지붕도 없이 그냥 칸막이만 치고 원료를 담은 드럼통을 쌓은 다음 방수포를 덮어둔 뒤 필요할 때마다 드럼통을 공장 안으로 굴려 L.O.C.를 비롯한 모든 제품을 만들었다. 그러니 뭐 특별히 구경할 게 있었을까마는 그래도 우리 제품의 유통을 맡은 사업자들은 항상 방문했고, 가끔 아버지가 생산 시설을 보러 오는 외부 손님을 안내해 이것저것 보여주었다.

그것도 감사했지만 정말로 감사한 건 쉰아홉 살 때 급성심장마비로 작고하기 전까지 아버지가 늘 곁에서 아들 회사의 태동을 함께 지켜보고 끊임없이 응원해 주셨다는 것이다. 어느 날 아버지는 한참이나 신중하게 생각한 후 이런 말을 하고는 내가 잘 알아들었고 또 동의하는지 몇 번이나 확인 또 확인했다. 나는 이 말을 단 한 순간도 잊은 적이 없다.

"이건 정말 대단한 사업이 될 거야. 엄청나게 커질 거다. 네가 지금 이 사람들에게 하는 약속을 절대로 잊으면 안 된다. 무슨 일이 있어도 지켜야 한다. 그들의 기대를 저버리지 마라. 네 입으로 한 약속 하나하나를 빠짐없이 지키기 위해 오늘도 내일도 계속 노력하거라. 이 사업이 성장하는 속도를 봐라. 네가 오늘 행하는 일 하나하나가 내일의 결과에 엄청난 영향을 줄 거야. 하나님이 너희를 이렇게 축복하셨으니 자신의 말에 끝까지 책임질 줄 아는 경영인이 되어야 한다."

나는 아버지의 그 지혜로운 충고를 마음에 깊이 새겼다. 그날 아버지는 잠깐 나를 보자고 하시고는 그동안 쭉 생각해온 우리 회사의 미래와 우리가 파트너들에게 한 약속을 지키는 것이 얼마나 중요한가에 대해 내가 알아듣고 따르기를 원하는 마음으로 그런 말을 하신 것이다. 안타깝게도 아버지는 암웨이가 글로벌 기업으로 성장하는 것을 못 보고 세상을 떠나셨다. 그러나 나는 아버지가 나를 얼마나 자랑스러워하셨는지 알고 있다. 당신이 못다 이룬 자영업의 꿈을 아들이 용기와 재능으로 이뤄가는 걸 자랑스럽게 여겼을 거라 생각한다.

아버지의 입장이 되어 보니 부모가 자식에게 "네가 자랑스럽다"라고 말해주는 것이 얼마나 중요한지 알겠다. 그런 칭찬을 받고 자라는 아이는 도전하고 성취할 자신감을 얻는다. 아버지가 내 인생에 부어주신 칭찬과 격려 그리고 내가 자랑스럽다고 한 말 덕분에 오늘의 내가 되었고, 나는 그 은혜를 잊을 수도 갚을 길도 없다. 나는 내 아이들에게도 아버지가 내게 해준 말을 하려고 늘 노력한다.

회사가 가파른 속도로 성장하면서 사람들이 우리의 성공 사례에 많은 관심을 기울였고 또 '암웨이'라는 이름이 전국적으로 세제용품의 대명사로 떠올랐다. 1960년대 초 미국에서 최고로 인기 있는 전국 채널 라디오 프로그램 〈폴 하비의 뉴스평론〉의 앵커 폴 하비가 우리 공장을 직접 방문하겠다는 요청을 받고 나는 너무 놀라 기절하는 줄 알았다. 그는 시사평론 방송뿐 아니라 자기 방송 광고주의 광고 문구를 프로그램 전후에 직접 읽어주는 것으로도 유명했다.

암웨이에는 광고대행사가 없었지만 둘 다 폴 하비를 좋아했기 때문에 마침 그의 방송에 광고주로 후원할까 생각하던 중이었다. 드디어 폴 하비가 우리 회사를 찾아왔다. 그는 암웨이가 처음 출발한 지하실이 어딘지 볼 수 있느냐고 물었다. 나는 집에 전화해 폴 하비가 가니 맞이할 준비를 하라고 이르고는 그를 우리 차에 태워 초창기 사무실이자 물류창고였던 지하실 한쪽 구석방으로 안내했다. 그는 맨발의 청년 둘이서 동업으로 시작한 암웨이 스토리에 큰 관심을 보였다. 우리는 폴 하비 방송에 광고를 내보내기 시작했다. 폴 하비가 우리와 의논해서 광고 문구를 쓰면 그가 방송에서 그 문구를 읽어주는 소박한 광고였다. 폴 하비는 가끔 즉석에서 대사를 만들어 말하기도 하고 우리 회사의 창업 비하인드 스토리나 칭찬 멘트도 해주었다.

사실 폴 하비가 써준 광고 문구 '쇼핑하러 가지 말고 쇼핑하세요(Shop Without Going Shopping)'는 우리 회사의 두 번째 공식 슬로건이 되었다. 우리는 1964년 이 문구를 회사로고 옆에 새겨 넣어 무려 20년간 사용했다. 폴 하비는 암웨이의 성장에 도움을 주었고 우리 사업자들이 모이는 컨벤션에 와서 연설도 했다. 그는 언제나 완벽한 정장차림으로 공식석상에 등장했다. 몇 시간 동안 자가용 제트기로 날아오는데 어쩌면 그렇게 옷이 항상 깨끗하고 단정한지 내가 그 비결을 물어본 적이 있다. 그의 대답은 간단했다. 비행 도중에 바지를 벗어 걸어놓았다가 내릴 때 다시 입는다는 것이었다. 그 후로 제이와 나는 폴에게 오늘도 팬티바람으로 비행기를 타고 왔느냐고 놀려댔다.

폴 하비의 방송 외에도 우리는 〈새터데이 이브닝 포스트〉에 광고를 실어 암웨이를 알렸다. 노먼 록웰(인물 화가이자 일러스트레이터. 〈새터데이 이브닝 포스트〉의 표지그림을 20년간 그림 – 역주)이 그려준 제이와 내 인물화도 광고에 넣었다. 그 신문에 광고를 실은 이유는 우리의 친구이던 그 신문사 사장이 노먼 록웰에게 부탁해 인물화를 그려주겠다고 하면서 광고해보라고 권했기 때문이다.

1960년대 초 당시 미국의 간판 앵커 폴 하비가 암웨이를 좋게 말해주고 또 인기 있는 대중지 〈새터데이 이브닝 포스트〉에 광고가 실리면서 암웨이의 인지도는 한층 높아졌다. 1980년대 초에도 암웨이는 유명 배우 밥 호프(Bop Hope)의 목소리로 라디오와 TV에 이미지 광고를 했다. 나중에 알았지만 우리 회사 최고의 광고 모델은 사실 암웨이 사업자들이었다. 점점 더 많은 사업자가 암웨이 비즈니스를 시작하고, 나아가 그들이 후원한 파트너가 늘어나면서 암웨이는 계속 성장했다. 하지만 사업자 수가 늘어나는 것으로 끝이 아니라 그들이 취급할 제품이 늘어나야 성장이 지속될 수 있으므로 제이와 나는 신제품 연구개발에 모든 노력을 집중했다.

우리가 처음 만든 제품은 모든 사람이 쓰고 재구매도 빨리 일어나는 가정용 세제류였다. 우리가 출시하는 신제품은 모두 잘 팔렸다. 그러나 각 사업자가 자신의 한정된 고객에게 한정된 제품만 전달할 수밖에 없다면 장기적인 매출 신장에 한계가 생기는 법이다. 그래서 우리는 지속적으로 신제품을 출시하기 위해 많은 노력을 기울였고 신제품 연구개발 전담 부서도 따로 만들었다.

이후 8년간 암웨이 제품의 가짓수는 100개로 늘어났고 이들 제품은 미국 전역으로 팔려 나갔다. 무엇보다 독자적인 특장점이 있고 어디에서도 살 수 없는 독보적인 제품군과 더불어 소비자만족 보증 제도를 보장하는 회사의 지원에 힘입어 암웨이 사업자들은 점포나 사무실 없이도 자신 있고 안전하게 제품을 전달할 수 있었다. 우리 회사의 뛰어난 제품력은 독립 사업자뿐 아니라 듣도 보도 못한 미시건 주 서부 시골 마을에 달랑 건물 하나, 공장 하나를 갖고 있던 암웨이 자체를 알리는 역할도 했다.

다들 "에이다가 어디야? 암웨이가 뭐야?"라고 고개를 갸우뚱하던 그때 우리는 재미있는 홍보 전략을 세웠다. 그랜드 래피즈에 사는 지인에게 버스 한 대를 구입해 붉은색, 하얀색, 파란색으로 칠한 다음

'암웨이 제품 전시'라고 쓰고 그 옆에 "반짝이는 집 안을 위한 비범한 생각(UNUSUAL IDEAS ON THE CARE OF YOUR HOME)"이라는 홍보용 문구를 써 넣어 여기저기 운행하게 했다. 궁금해 하는 사람들을 위해 '구경 대환영. 무료 전시(EVERYONE WELCOME. FREE EXHIBIT)'라는 메시지도 잊지 않았다.

그뿐 아니라 운전기사를 고용해 미국 전역을 돌게 했고 특히 교통량이 많은 곳이나 시내 중심지에 주차하게 했다. 사업자들은 고객을 버스로 데려와 제품을 보여주고 생산 과정이나 제품의 효능 시연을 볼 수 있게 안내했다. 홍보 버스 운행이 매출 신장에 실제로 얼마나 효과가 있었는지는 알 수 없지만, 특이하게 생긴 이 래핑 버스는 홀로 외로이 회사와 제품을 홍보해야 했던 암웨이 사업자들에게 이런 회사와 제품이 정말로 있음을 고객에게 자랑스럽게 알리는 데 도움을 준 것이 분명하다.

암웨이 사업자들이 성공하기 위한 제일의 필수 조건은 제품력이다. 우리가 홍보 버스를 운행한 이유는 회사 입장에서 사업자들을 돕는 방법 중 하나였기 때문이다. 사업자의 성장을 도와야 회사도 성장한다는 암웨이의 경영 원칙을 적용한 셈이다. 사업자들이 우리에게 "아무도 암웨이가 뭔지 들어본 적이 없다는군요. 암웨이란 회사가 존재하기는 하느냐는 의심까지 받는걸요"라며 고충을 털어놓았기 때문에 그들의 비즈니스를 도울 도구로써 홍보 버스를 운행한 것이다. 제이와 나는 암웨이 회사와 제품을 홍보하는 데 헌신하는 사업자들에게 늘 감사하는 마음을 가지고 도우려는 노력을 게을리 하지 않았다. 사실 우리의 파트너 사업자들은 우리를 믿고 인생을 건 것이나 마찬가지다. 암웨이가 성공해야 사업자들이 성공한다. 또 회사가 성공하려면 사업자들이 성공해야 한다. 그 사업자들을 실망시킬 수는 없었다.

래핑 버스에 이어 우리는 사업자들이 배달 트럭을 몰고 다니면 좋겠다는 아이디어를 떠올렸다. 그때만 해도 암웨이 비즈니스를 효과적으로 하려면 우유배달부처럼 정기적으로 제시간에 고객을 방문해야 한다는 마인드가 있었던 것 같다. 그러다 보니 "암웨이가 제조회사인가, 유통회사인가?"라는 흥미로운 물음이 생겼다. 사업이 성장하면서 제품이 중요하다는 걸 점점 더 깨달았지만, 제품력만큼이나 중요한 것은 이것이 독립 사업이라는 점이다.

암웨이 제품을 독자적으로 유통시키는 사업을 하는 동시에 다른 사람도 이 사업을 하도록 후원하는 것이 암웨이 사업이 다른 사업과 구별되는 가장 큰 특징이자 높은 수입을 보장받는 길이다. 따라서 우리는 사업자들에게 제품 전달과 후원 중 어느 한쪽에만 쏠리지 말고 균형 있는 사업 형태를 유지하는 것이 중요하다고 가르쳤다. 물론 암웨이의 1차 수입은 제품 전달에서 생긴다. 그러나 무조건 팔기만 한다고 사업이 성장하는 것은 아니다. 제품 전달만큼이나 중요한 것은 다른 사람에게 이 사업 기회를 알려 함께하도록 돕고 또 그들도 다른 사람을 후원하게 돕는 후원 활동이다.

나는 사업자들을 돕기 위해 전국 각지를 돌아다니며 미팅을 지원하는 일에 중점을 두었다. 예를 들어 피닉스에 있는 한 사업자가 사람들을 집으로 불러 모으면 내가 그곳으로 달려가 사업설명을 대신 해주고 후원도 도왔다. 적을 때는 한두 명, 많을 때는 수십 명까지 모였다. 암웨이의 이미지가 좋은 곳에서는 많은 사람이, 그렇지 않은 곳에서는 적게 모였다. 암웨이 초기에는 주로 그전에 우리와 뉴트리라이트 사업을 하다가 함께 옮겨온 사업자들의 네트워크를 통해 사업을 확장했다.

그들은 이미 미국 전역에 네트워크가 있어서 암웨이 사업을 넓게 펼치는 데 큰 도움을 주었다.

제이와 나는 뉴트리라이트 사업을 하던 방식으로 암웨이 사업을 시작했다. 즉, 한 사람과의 관계를 시작으로 해서 그 사람이 아는 사람 또 그다음 사람, 이렇게 네트워크를 확장해 나가는 방식이다. 암웨이에서 가장 성공한 리더 중 몇 명은 제이와 내가 뉴트리라이트 시절에 후원한 파트너 사업자들이다. 그중에는 우리를 따라 암웨이 사업에 합류한 후 시간이 지나면서 수만 명이 넘는 네트워크를 펼친 엄청난 성공자들도 있다.

암웨이 초기에 우리가 직접 후원한 파트너들 중에 월터 베이스가 있다. 그는 그랜드 래피즈에서 라디오 방송국 중 가장 큰 우드 라디오 방송국에서 영업 담당 부장으로 일할 때 제이와 나를 알게 되어 후원을 받았다. 그가 늘 이발을 하러 가는 그랜드 래피즈 호텔 지하 이발소에 프레드 한센이라는 이발사가 있었다. 월터는 프레드와 그의 아내 버니스를 후원했다.

얼마 후 한센 부부는 오하이오 주의 쿠야호가 폴스로 이사를 가 이동주택용 트레일러를 판매했다. 나는 월터와 함께 한센 부부를 찾아가 그들의 집 거실에 모인 대여섯 명의 한센 부부 지인에게 사업설명을 했다. 한센 부부는 자기네 집 우유배달부 제리 더트를 후원했고, 제리 더트는 함께 우유를 배달하던 동료 조 빅터를 후원했다. 또 제리는 뉴욕 주의 롬에서 유치장 간수로 일하던 찰리 머시도 후원했다. 우리의 후원 활동 또 우리 파트너의 후원 활동이 그다음 사람으로 계속 이어져 내려가는 후원 활동으로 오늘날까지도 이름이 남은 엄청난 성공자가 생겨났을 뿐더러, 미시건 주에서 시작한 암웨이는 오하이오와 뉴욕 주까지 뻗어 나갔다.

다음은 암웨이 동그라미의 기원이다. 암웨이를 하는 사람이면 누구나 마케팅플랜을 설명할 때 그리는 동그라미에 익숙하다. 제일 처음 그리는 동그라미는 암웨이 비즈니스에 관심이 있는 한 사람을 나타낸다. 거기에 옆으로 몇 개의 선을 이어 또 동그라미를 붙이는데, 이때의 각 동그라미는 처음 동그라미에 해당하는 사람이 후원하는 사람들을 의미한다. 이 각각의 동그라미는 또 자기로부터 시작한 선으로 이어진 동그라미들을 그린다. 그렇게 계속 내려가면서 동그라미 숫자가 늘어나는 것이 암웨이 네트워크 확장을 표현하는 방식이다(확실하진 않지만 처음으로 동그라미를 그리며 사업설명을 한 사람은 찰리 머시로 알려져 있다. 사람들은 그의 멋진 동그라미 사업설명을 아주 좋아했다).

이처럼 암웨이 마케팅의 역사를 이끈 초기의 성공자들이 오하이오 주의 쿠야호가 폴스와 뉴욕 주의 롬에서 나와 엄청난 파워로 네트워크를 확장해 나갔다. 특히 쿠야호가 폴스 지역의 네트워크는 몇 천 명으로 불어났기 때문에 절대 무시할 수 없었다. 신혼여행을 다녀오는 길에서조차 쿠야호가 미팅에 들러야 한다고 우기는 나에게 아내 헬렌은 듣기 싫은 소리를 하기도 했다.

오하이오의 다른 한 미팅에서도 또 하나의 새로운 암웨이 비즈니스 전통이 생겨났다. 3,000명 이상이 모인 캔턴 지역의 사업설명회 미팅에서 내가 제리 더트를 소개했는데 먼저 제리를 소개하고 나중에 그의 아내를 소개했다. 그런데 나중에 제리가 나를 옆으로 부르더니, "그렇게 소개하면 안 되죠. 제리 & 에일린 더트 부부라고 해야 옳아요. 내 아내 에일린도 엄연히 내 동업자라고요"라고 지적했다. 옳은 충고였다. 그때부터 암웨이 비즈니스 리더들을 호명할 때는 기혼자의 경우 반드시 부부의 이름을 동시에 부르고, 글로 표기할 때도 둘의 이름을 같이 넣는다. 1964년 제리 & 에일린 더트 부부는 암웨이 역사상 최초로 다이아몬드 핀 레벨을 성취했다.

어디서 어떻게 뿌린 작은 씨 하나가 얼마나 큰 성과를 맺을지 아무도 모른다. 피닉스의 한 작은 미팅이 그 좋은 예다. 그곳을 다녀온 후 얼마 지나지 않아 나는 캘리포니아 주 부에나 파크에 있는 뉴트리라이트 본사 근처에서 사업설명을 하고 있었다. 그런데 예전에 피닉스 미팅에 왔던 한 남자가 버스를 타고 그곳 부에나 파크까지 온 모양이었다. "내가 이 미팅을 들어도 되는지 모르겠네요" 하면서 미팅장 안으로 선뜻 들어오지 못하는 그에게 나는 "암웨이 사업을 하실 의향이 있으세요?"라고 물었다. 그는 "그럼요!"라고 대답했고 나는 "그럼 어서 들어오세요"라고 했다.

설명회가 끝난 뒤 그는 회원등록을 하고 사업시작 안내서와 제품을 구입했다. 수표를 써주고 자리를 뜨면서 그는 "월요일까진 수표를 처리하지 말고 기다려주세요. 집에 돌아가 계좌에 돈을 넣어야 해요"라고 부탁했다.

얼마 후 나는 그의 집으로 찾아가 차고에서 SA8 상자를 의자 삼아 모여 앉은 열댓 명 앞에서 사업설명을 했다. 그 소박한 모임이 북부 캘리포니아 1호 암웨이 사업 미팅이었다. 은행잔고가 몇 달러도 안 될 정도로 가난하던 프랭크 & 리타 들라이즐 부부의 암웨이 사업은 이처럼 미약하게 출발했지만, 후에 그들은 엄청나게 큰 네트워크를 세운 빅 리더로 성공했다.

당시 나는 자주 집을 떠나 여기저기 돌아다니며 사업을 했다. 하지만 나는 파트너와 사람들을 만나러 먼 길을 여행하는 걸 일로 생각하지 않았다. 사람들과 어울리는 것을 좋아하는 내 타고난 성격 때문이기도 하지만, 나는 놀라운 열정과 긍정적인 마인드로 전국 각지로 네트워크를 넓히기 위해 노력하는 사람들과 함께한다는 사실만으로도 신이 났고 그들이 존경스러웠다.

1972년이 되자 암웨이는 연매출 1억 8,000만 달러를 기록하며 가히 폭발적으로 성장했다. 그러나 한 가지가 빠져 있었다. 뉴트리라이트 사업을 하면서 경험한 대로 앞으로 꾸준히 안정적인 성장을 이루려면 반드시 건강보조식품을 직접 제조해야 했지만 그걸 현실로 이루지 못하고 있었던 것이다. 뉴트리라이트 제품이 최고라는 확신이 있었기에 우리는 그들에게 연락해 혹시 우리에게 그 브랜드를 팔 의향이 있는지 물어보았다. 제이와 내가 뉴트리라이트 판매 사업을 하던 1950년만 해도 우리에게 그 회사는 정말 대단해 보였다. 그런데 20년이 지난 1972년 뉴트리라이트의 매출은 2,500만 달러에 불과했다. 그동안 우리가 해낸 결과와 비교해보니 뉴트리라이트는 더 이상 대단해 보이지 않았다.

우리가 칼 렌보그 박사를 만나 "뉴트리라이트의 전 제품을 우리가 취급하고 싶은데 의향이 어떠신지요?"라고 묻자 그는 의외로 긍정적인 반응을 보였다. 사실 뉴트리라이트는 과거와 같은 파워를 갖고 있지 못했다. 우리가 떠난 뒤 영입한 사업팀이 갈피를 못 잡고 헤매던 터라 우리의 인수 제안에 칼은 호의적인 입장이었다. 충분한 토의 끝에 인수를 확정한 우리는 캘리포니아로 가서 비교적 공정한 가격으로 인수 계약에 서명했다. 칼은 가족과 직원들은 물론 우리를 불러 뉴트리라이트가 이제 암웨이 소유가 되었음을 축하하는 파티를 열어주었다.

여기까지는 좋았는데 문제는 기존의 뉴트리라이트 사업 리더들을 만나면서 생겼다. 암웨이 출발 이후 13년간 업계 내의 경쟁도 있었고 뉴트리라이트에서 암웨이로 옮겨온 사람들도 있었다. 그러다 보니 몇몇 뉴트리라이트 리더가 우리를 자기네 사람들을 빼앗아간 원흉으로 생각해 곱지 않은 시선을 보냈다. 그들에게 우리는 '암웨이(미국적 방식)'가 아니고 '댐웨이(Damnway, 빌어먹을 방식 – 역주)'였다.

그런데 회사의 요청으로 200명 정도의 톱 비즈니스 리더가 모인 회의에서 그간 곁에서 사업을 돕던 칼의 아들 샘 렌보그가 뉴트리라이트의 매각 사실을 발표했다. 그는 뉴트리라이트의 마케팅플랜을 해치지 않고 오히려 개선하겠다고 약속한 회사에 양도했노라고 말하면서 제이와 리치라는 이름을 불렀다.

야유하는 소리가 있었는지 기억나지는 않지만 확실히 박수소리는 없었다. 모두들 황당해했다. 제이와 내가 그 많은 사람들 앞에 나가 싸늘한 분노의 눈초리를 받으며 우두커니 서 있던 장면이 생생하다. 참으로 적대적인 분위기였다. 그럼에도 우리는 앞으로 두 회사의 화합을 위해 우리가 어떻게 할 것인지 계획과 목표를 밝혔다. 우리는 분쟁이 생긴다면 반드시 해결하겠다고, 반드시 더 나은 비즈니스가 되게 해주겠다고 약속했다. 정말 힘든 순간이었다.

회의가 끝난 후, 몇몇 사업자와 함께 암웨이 사업의 현황에 대해 대화를 나눴다. 그들은 그동안 우리가 이룬 성공의 크기와 암웨이의 규모에 입을 다물지 못했다.

―――

전국 방방곡곡을 다니며 사업설명을 하고 미팅과 연설을 하는 것이 내 일이었다. 미국 전역을 한 바퀴 돌면서 사업자가 어느 정도 있는 지역이면 어디든 중간에 내려서 사람들을 만났다. 각지에 정기적인 사업자 모임이 늘 있었기 때문에 나는 스케줄에 맞춰 미팅에 참석해 연설을 했다. 정기미팅이 없는 지역에서는 암웨이 본사 직원들이 미팅을 주관하고 내가 스피치를 했다. 언젠가 제리 더트가 나를 쿠야호가에서 열린 대규모 컨벤션에 연사로 초청했을 때 해준 값진 조언이 기억난다.

내가 제리에게 "무슨 주제로 스피치를 할까요? 암웨이 비즈니스에 대해 얘기할까요?"라고 묻자, 그는 이렇게 대답했다.

"아뇨. 자유와 자유기업에 대해 말해주세요. 그게 우리가 듣고 싶은 주제에요. 암웨이 사업을 어떻게 하는지는 다 알아요. 그 얘긴 우리도 할 수 있어요. '왜' 이 사업을 해야 하는지 그걸 가르쳐주세요. 왜 우리가 힘들게 노력해서 자신의 독자적인 사업을 구축해야 하는지, 그것이 왜 개개인과 국가의 성장에 중요한지 말해주세요. 우리는 다른 사람을 도우면서 이 세상을 보다 나은 곳으로 만드는 주역이라는 자부심을 느끼길 원해요."

나는 그 주제로 연설을 했고 그날 사업자들에게 이전에 한 그 어떤 연설보다 강력한 메시지를 전달했다. 자유로운 미국이 제공하는 성공기회! 그것이 핵심이다. 가진 돈이 없어도 큰 꿈과 비전을 갖고 열심히 노력하면 원하는 것을 얻고 성공할 기회를 보장받는 미국의 자유기업 시스템, 이것이 곧 암웨이 사업이 아닌가! 유명한 내 연설문 '4단계(The Four Stages)', '해보거나 울거나(Try or Cry)' 그리고 '4개의 바람(The Four Winds)'의 주제가 모두 이것이다.

그런데 갑자기 또 하나의 시련이 닥쳤다.

1969년 여름, 온 가족이 북 미시건 주에서 배를 타고 휴가를 보내던 어느 날 밤 나는 긴급한 전화 한 통을 받았다. 우리의 에어로졸 공장이 폭발해서 불타고 있다는 소식이었다. 그때 집에 있던 제이는 폭발 소리를 들었는데 처음엔 무슨 비행기가 폭발하는 줄 알았다고 했다. 공장에서 뿜어져 나오는 무시무시한 화염이 그날 밤 에이다의 하늘을 붉게 물들였다. 다음날 새벽 황급히 돌아와 보니 몽땅 타버린 공장에는 까만 재만 남아 있었다. 다행히 사망자는 없었고 화상을 입은 직원들도 병원 치료를 잘 받고 퇴원했다. 또한 소방관들의 도움으로 사옥 전체가 타는 것은 면했다.

카리브 해 앞바다에서 배가 침몰했을 때도, 뉴트리라이트 사업 초기에 숱한 거절을 당했을 때도 주저앉지 않고 계속 앞으로 나아간 것처럼 우리는 이번에도 다시 일어나기로 했다. 그리고 사업자들에게도 앞으로 나아가자고 호소했다. 전진하는 것 외에 다른 방법은 없었다. 우리가 한 약속을 지켜야 했으니 말이다. 암웨이에 인생을 건 사람들에게 건 약속과 우리에게 준 믿음을 절대 저버리지 말라는 아버지의 당부가 떠올랐다. 나는 그런 상황에서도 그 말을 잊지 않았다.

수백만 평방피트의 사옥과 공장, 연구 시설을 갖춘 암웨이의 외면적인 성공보다 더 소중한 성공의 비밀은 함께하는 사람들에게 있다. 훌륭한 제품이 뒷받침되어야 하는 것은 두말할 필요도 없지만 암웨이 사업을 하는 사람들의 엄청난 에너지 뒤에는 무언가가 있다. '할 수 있다'는 믿음으로 열심히 노력하면서 절대 포기하지 않고 독립적인 사업으로 성공하고자 하는 사람들에게 주어지는 기회가 바로 그것이다.

그렇기에 초창기 시절 암웨이 사업자들은 내게 비즈니스적인 내용뿐 아니라 '나는 할 수 있다'는 긍정과 자신감을 고취해주는 격려의 말을 듣기를 원한 것이다. '나는 할 수 있고, 남도 할 수 있다'는 강력한 긍정의 파워로 무장한 사람들이 바로 암웨이 성장의 원동력이다. 그래서 미시건 주 에이다에서 시작한 암웨이가 오하이오 주 쿠야호가 폴스로, 뉴욕 주의 롬으로, 캘리포니아로, 그러다가 전 세계 곳곳으로 펼쳐져 나가게 된 것이다.

암웨이를 하는 사람들의 놀라운 믿음과 노력 덕택에 처참한 공장 화재 사고에도 불구하고 우리의 사업은 멈추지 않았다. 시련과 도전은 이미 우리에게 익숙한 삶의 한 부분이자 사업의 한 부분이었기에 자신이 있었지만, 지금까지와는 비교할 수 없을 만큼 큰 시련이 우리를 기다리고 있을 거라는 생각을 그때는 하지 못했다.

7장

비난이 쏟아지다

네덜란드의 옛 속담에 "키 큰 튤립이 먼저 잘린다"는 말이 있다. 엄청난 속도로 성장하는 암웨이에 사람들의 시선이 집중되면서 도대체 이 범상치 않은 성공 신화 뒤에 무슨 '사기'가 숨어 있는지 의심하며 우리를 잘라버리고 싶어 하는 몇몇 눈초리를 피할 수 없었다.

1975년 암웨이는 연매출 2억 5,000만 달러를 기록하며 이미 호주, 영국, 홍콩, 독일로 진출해 있었다. 회사 전용 요트에다 헬기도 몇 대 있었고 가정용 세제와 뉴트리라이트 외에 화장품 브랜드 아티스트리, 스텐 요리기구 암웨이 퀸, 개인위생용품 브랜드 새티니크까지 그야말로 풀 라인업을 갖추고 있었다.

1959년 우리 집 부엌 바닥에 두루마리 포장지를 펼쳐놓고 암웨이의 마케팅플랜을 만들던 우리 스스로도 이 특이한 사업의 수입구조를 오해하는 사람이 분명 생길 거라고 막연히 생각한 적이 있다. 실제로 그와 비슷한 방식의 뉴트리라이트 사업을 10년 동안 하면서 오해도 많이 받았고 FDA로부터 과장 광고라는 제소까지 받았으니 말이다.

암웨이는 고속 성장을 하면서 세간의 주목을 받았다. '누군가를 후원하고 후원받은 사람이 또 다른 누군가를 후원하는' 이 평범하지 않은 마케팅 방식에 대해 도대체 이해할 수 없다거나 심지어 불법이 아니냐고 의심하는 사람들도 있었다. 당시만 해도 직접판매 방식이나 다단계 영업 방식은 의심의 대상이었다. 일반인의 눈에 암웨이는 정식 회사라기보다 집집마다 돌아다니며 물건을 파는 판매원 집단으로 보였다. 다단계 방식의 수입구조를 잘못 이해해 맨 위 사람만 돈을 벌어가는 피라미드 방식과 혼동하기도 했다.

1975년 드디어 이런 악감정이 현실로 나타났다. 연방통상위원회(FTC)가 암웨이를 공식 기소한 것이다. FTC는 암웨이의 마케팅플랜을 '무한정으로 늘어가는 다운라인 사업자로부터 이득을 취하는 피라미드 상술'로 규정하면서 "실패할 수밖에 없고", "사기성이 농후한" 수법이라고 비난했다. 암웨이가 사업자들의 소매가를 사전에 정함으로써 시장 경쟁을 막고, 가게를 열어 팔지 못하게 함으로써 판매의 자유를 제한하며, 검증되지 않은 성공을 과장해서 선전한다는 것이 기소의 이유였다.

이러한 비난은 암웨이의 미래를 심각하게 위협하는 것이었다. 하지만 우리는 우리가 옳다는 것을 확신했고 그 공격에 '맞서 싸우겠다'고 결정했다. 실제로 우리는 2년 6개월간 힘겹게 싸웠다. 당시 무려 6

개월 동안 법원 판사 앞에서 청문회를 해야만 했다. 무한한 돈과 힘이 있는 정부와 싸워서 승소하기란 쉽지 않다. 그들은 나를 법정에 세워 놓고 한 달에 수천 달러를 벌 수 있다는 내 감언이설에 속아 사업을 시작했다가 한 푼도 벌지 못하고 그만두었다는 사람들을 불러 증언하게 했다.

FTC는 우리에게 암웨이 사업에 등록한 이력이 있는 모든 사람의 명단을 제출하라는 것으로 기소 건을 시작했다. 그리고 그들 전부에게 공문을 보내 누구든 꿈을 이루지 못한 사람이 있으면 법정으로 나와 증언해줄 것을 요청했다. 사업을 그만둔 몇몇 사람이 여기에 동의했다. FTC는 어떠한 이유에서든 사업을 중도에 그만둔 사람들 명단을 줄줄이 작성했다. 또 조금이라도 암웨이에 불만이 있는 사람이면 다 긁어 모아 차례대로 증언대에 세우고 우리에게 불리한 진술을 하게 했다.

증인이 앞으로 나오면 나는 내 변호인에게 "저 사람에게 암웨이 사업을 하기 전에 무슨 일을 했고 그만둔 지금은 무슨 일을 하는지 물어보세요"라고 요청했다. 대개의 경우, 이전보다 형편이 나아졌다는 결과가 나왔다. 암웨이 사업을 그만두기는 했어도 자신의 독립적인 사업을 통해 많은 것을 얻었고, 암웨이를 하기 전보다 나은 생활을 하고 있다는 것이 그들 스스로의 진술을 통해 밝혀졌다. 내 변호인이 그 이유를 묻자 증인들은 하나같이 암웨이를 하면서 배운 사업 노하우를 비롯해 영업 능력, 목표 설정, 동기부여 방법을 지금의 일에 적용했기 때문이라고 답변했다. 그런 답변이 나오면 내 변호인은 "감사합니다. 더 이상 질문 없습니다"로 질문을 마쳤다. 사업을 그만두었거나 성과가 미미한 사업자들은 대부분 우리가 암웨이의 성공은 노력할 때만 보장된다고 분명히 밝혔음을 시인했다.

결국 FTC는 암웨이의 보상플랜이 피라미드 상술이 아니라는 판결을 내렸다. 그 이유는 사업을 하겠다는 사람을 끌어들이는 행위에서 수입이 발생하는 게 아니라 전적으로 최종소비자의 제품 구매 총액에 따라 수입이 발생하기 때문이라고 밝혔다. FTC의 판결은 오히려 암웨이의 보상플랜을 합법적 직접판매 방식의 모범사례로 인용하는 긍정적인 결과를 냈다.

이후부터 지금까지 다른 직접판매 업체들은 암웨이의 보상플랜을 따라하려고 계속 시도하고 있다. 심지어 FTC는 대중매체 광고도 하지 않는 암웨이 제품에 대한 소비자 호응도가 아주 높고 전체 시장점유율이 낮은 작은 회사의 제품임에도 불구하고 동종제품 시장에서 소비자 충성도 3위를 차지한다는 점을 공식 인정하면서 암웨이가 새롭고 신선한 사업모델을 개발했다고 인정했다. 암웨이의 독립 사업자들은 프록터 & 갬블(Procter & Gamble, P&G. 신시내티에서 1837년 창업한 미국 최대의 개인위생용품 제조판매사 - 역주)처럼 암웨이 전체 매출액의 두 배가 넘는 돈을 광고에 쏟아 붓는 대기업에 맞서 '진정한 경쟁'이 무엇인지 보여주며 소비자를 끌어당긴 것이다. 또한 암웨이 사업의 소득은 온전히 자신이 노력한 결과에 비례한다는 사실도 밝혀졌다. 심지어 어떤 판사는 사건 종결 후 나를 만나 암웨이 비즈니스를 새롭고도 유일무이한 사업모델이라 생각한다고 말했다.

FTC 제소 건을 통해 합법적인 다단계 판매 방식의 법적 표준이 등장했고, 지금도 모든 다단계 업체가 이 법에 따라 회사를 운영 및 관리한다.

한편 FTC는 우리의 가격 정책에 약간의 변경을 요구했고, 새로 사업을 시작하는 모든 사람에게 8쪽짜리 보상플랜 설명서를 제공하도록 명령했다. 또한 월간 소식지와 기고란에 평균 수입을 얻는 사업자가 현실적으로 성취 가능한 라이프스타일과 보상 내용만 글이나 사진으로 싣도록 권고했다. 지금도 암웨이는 이 비즈니스가 철저히 노력에 대비해 보상을 준다는 점과 '쉽고 빨리 돈을 버는 일'이 아님을 모든 기회를 통해 분명히 밝히고 있다

결과적으로는 우리에게 유리한 쪽으로 밝혀졌지만 FTC가 당초에 잘못 알고 오해한 내용은 그 후로도 오랫동안 암웨이를 괴롭혔다. 사업을 오해하거나 하다가 그만두면서 자신이 속았고 암웨이가 제시하는 보상은 절대 불가능하다고 비난하는 사람들이 단골로 쓰는 문구가 되어버린 것이다.

불만을 갖고 그만둔 사업자와 암웨이 사업을 오해하고 무조건 반대하는 사람은 모두 똑같은 이유를 대며 우리를 비난했다. 그들은 암웨이 사업으로 성공한 많은 사람처럼 자신도 성공할 수 있음을 믿지 않았다. 또한 애초에 FTC가 오해했듯 암웨이의 엄청난 보상플랜이 그냥 주어지는 게 아니라 철저히 노력에 따르는 결과라는 사실을 제대로 듣지 않았다. 실제로 암웨이의 보상플랜을 보면 모든 사업자의 수입은 철저히 당사자의 노력에 비례한다는 사실이 분명하게 나타나 있다.

그뿐 아니라 그들은 우리가 암웨이 사업에 전혀 돈이 들지 않는다는 주장을 했다고 비난한다. 암웨이 사업을 시작하는 사람이 투자하는 돈은 제품 몇 가지와 사업안내 설명서로 구성된 키트를 사는 얼마간의 비용이 전부다. 사업을 하지 않기로 마음을 바꿔도 구입한 제품은 어차피 써야 하는 생필품이고 소비자만족 보증 제도가 있기 때문에 그것마저도 환불이 가능하다. 사업을 시작했다가 무슨 이유에서든 도중에 그만두었어도 FTC 제소 때 당사자들이 증언했듯, 이 사업을 하는 동

안 만난 긍정적인 사람들과의 교류를 통해 목표를 가지고 자신이 추구하는 무언가를 이루고자 하는 마인드와 태도를 배웠다는 유익함은 부정할 수 없다.

　FTC 제소 건도 그렇고 이후에 계속된 비난과 비판을 보면서 솔직히 나는 다른 누군가를 깎아내려 자기를 높이려는 사람이나 또 자신의 실패 이유를 남 탓으로 돌리면서 자기 인생에 대한 책임감을 회피하려는 사람들을 이해하기 힘들었다. 수많은 사람이 암웨이 비즈니스에 도전했다가 포기한다. 그러나 비난하기 전에 정말 정직하게 자신이 얼마나 제품 전달과 후원 노력을 했는지 스스로 물어볼 일이다.

　자기사업으로 성공하는 건 결코 쉬운 일이 아니다. 시간도 오래 걸릴 뿐더러 어려움이 닥쳐도 포기하지 않는 집념과 절대긍정의 마인드가 있어야 한다. 이러한 특징을 이해하지 못하거나 의향이 없다면 다른 일을 찾아보라고 권하고 싶다. 암웨이 사업을 시작했다가 이 일이 자신에게 맞지 않는다고 판단한 사람들에게 나는 어떤 반박도 하고 싶지 않다. 그러나 이 사업의 본질 자체를 비난하기 전에 자기 행동에 대한 책임을 스스로 졌으면 좋겠다.

　만약 암웨이 사업이 정말로 나쁜 일이었다면 50년 이상 이처럼 발전하고 성공하지는 못했을 것이다. FTC 사건 때 우리를 비난하는 증언을 한 사람들은 아마 자신의 실패에 대한 일종의 보상심리로 그런 것인지도 모른다. 하지만 어떤 판결이 났더라도, 심지어 암웨이가 패소했을지라도 그들은 자신이 진정 원하던 걸 얻지 못했을 것이다.

　아무튼 우리 회사가 엄청나게 성장하기 시작하면서 어떤 사람은 자기가 좀 더 일찍 우리를 알아서 암웨이에 투자했으면 얼마나 좋았겠느냐는 한탄조의 말을 하기도 했다. 꿈꾸는 건 자유지만 애석하게도 그건 그야말로 희망사항에 불과하다. 왜냐하면 우리는 한 번도 그 누구에게든 투자를 권하거나 주식을 만들어본 적이 없기 때문이다. 처음도 그렇고 지금도 그렇다. 누구든 암웨이 사업으로 성공하고 싶어 하는 사람이 우리 회사에 투자할 필요도 없고 우리는 투자를 받지도 않는다. 그저 회원등록을 하고 몇 달러짜리 세일즈키트를 구입한 다음 다른 모든 사업자와 마찬가지로 목표를 정해 포기하지 않고 꾸준히 될 때까지 하면 된다.

FTC 제소 건으로 암웨이 사업의 합법성이 입증을 받으면서 오히려 그 사건은 우리에게 좋은 결과로 남았다. 마침 해외진출을 꾀하던 때라 그것은 우리에게 더욱더 도움이 되었다. 다른 나라 정부에서도 오해하는 경우가 있었기 때문이다. 다행히 길고 지루한 조사와 부정적인 여론몰이에도 불구하고 암웨이의 매출은 타격을 받지 않았다. 제소 후 4년이 지나자 우리 회사의 매출액은 무려 세 배가 뛴 8억 달러를 기록했다.

그런데 몇 년 후 또다시 닥친 어려움 앞에서 우리는 정말 휘청할 뻔했다. 1982년 캐나다 왕립경찰청이 암웨이 캐나다 본사를 급습한 후 언론에 보도하기를 캐나다 암웨이가 캐나다 국세청에 무려 2,800만 캐나다달러에 달하는 허위 관세 신고를 했다는 것이 아닌가. 그러면서 무려 1억 1,800만 캐나다달러의 벌금을 부과했다. 캐나다 국세청은 제이와 나를 캐나다 법정에 세우겠다고 협박했다.

당시 나는 그것이 의도적인 누명이라고 생각했다. 세월이 지나고 보니 내 생각이 옳았던 것 같다. 캐나다 정부는 우리가 미국식 자유기업 시스템을 홍보하는 게 싫었던 것이다. 사실이 어떻든 우리는 패소하고 말았다. 그전에 있었던 FTC 제소 건도 물론 큰 사건이었지만 그건 순전히 사업적인 내용이었고 모국 정부와 해결하면 되는 문제였다. 그런데 이번에는 남의 나라 국세청에서 우리를 탈세범으로 본 것이다. 형사처분에다 수감까지 당할 형편이었다. 정말 화가 났다. 우리를 아는 사람들은 우리가 무죄라는 걸 알았지만, 우리가 누구인지 모르는 대다수가 떼 지어 우리에게 유죄라고 덤비는 데는 어찌할 도리가 없었다.

당시 우리는 1965년 캐나다 관세법에 의거해 암웨이 캐나다를 운영했고 그 이전까지는 캐나다 국세청과 어떠한 세금 분쟁도 없었다. 그런데 1980년 캐나다 국세청이 갑자기 관세법을 편파적으로 개정해 버렸다. 캐나다 암웨이는 미국과 캐나다 국경을 지나 물건을 들여오는 미국 회사이고, 우리 물건을 캐나다의 사업자들에게 판매하면 그들은 자기 고객에게 권장소비자가로 제품을 전달했다.

그런데 캐나다 국세청은 갑자기 캐나다 암웨이 실적을 기준으로 기존에 부과되어 오던 우리 제품의 과세요율과 사업세율에 대해 문제를 제기하면서 상당히 복잡한 세금계산 방법을 적용해 버렸다. 이건 분명 정치적 의도로 보였다. 형사 소송 끝에 암웨이는 2,100만 달러의 벌금을 물어야 했다. 이어진 민사 소송도 무려 6년을 끌었고 마침내 우리는 법정 싸움에 드는 비용 지출을 끝내기로 결정하고 3,800만 달러에 합의했다. 그 금액은 애당초 캐나다 국세청이 부과하려던 벌금의 40퍼센트 정도로서 1989년 암웨이의 연간 총매출액이 10억 9,000만 달러였던 걸 고려하면 엄청난 금액은 아니었지만, 내 이름으로 된 빌딩 하나도 못 받고 고스란히 뺏긴 내 생애 최고의 기부금이었다!

잘못한 것도 없이 수천만 달러를 합의금 명목으로 내야 하는 것도 억울한 노릇이었지만, 캐나다 정부의 부정적인 여론몰이에 암웨이가 몇 년을 끊임없이 공격당하는 건 더 고통스러웠다. 이것이 우리가 합의하기로 한 진짜 이유다. 매일 우리를 하지도 않은 탈세 범법자로 몰면서 아마 20년간 감옥살이를 해야 할 거라는 기사를 써대는 신문을 보면서 더 이상 견딜 수가 없었다. 그 사건은 단순한 세금 문제가 아니었다. 암웨이를 완전히 뒤흔든 그 사건으로 캐나다 암웨이와 미국 암웨이 모두 매출이 급락했다.

우리는 결백함을 증명해야 했다. 다시 추스를 때까지 몇 년 동안이나 떨어진 매출은 오를 줄을 몰랐다. 그때 떠난 캐나다 암웨이 사업자들도 있지만 우리를 믿고 끝까지 남은 대다수 사업자에게 정말로 감사한다. 사건 종료 후 5년이 지난 시점에서도 캐나다 언론은 여전히 우리를 탈세범이라고 매도했다. 탈세라는 죄목은 그 어떤 기업인에게도 치명적인 오명이다.

언론 플레이만 없었던들 우리는 끝까지 싸웠을 것이다. 하지만 작정하고 의도적으로 우리를 탈세범으로 몰며 매일 신문에서 떠드는 건 견디기 어려웠다. 그대로 있다가는 그 사건이 신문에 영원히 박힐 것만 같았다. 나는 탈진했다. 심지어 우리 회사 소유의 그랜드 래피즈 암웨이 플라자 호텔에 가는 것도 꺼려졌다. 거기서도 사람들이 뭐라고 할 것 같아서였다. 그 정도로 난폭한 언론 공격을 당하면 사람들이 많은 곳은 근처에도 가기 싫어진다.

〈그랜드 래피즈 일보〉마저 그 일을 매일 1면에 실었다. 나는 편집국장에게 굉장히 화가 났다. 시간이 흐른 후 그는 내게 "신문 1면 뉴스를 장식하는 일에 이젠 익숙해지셔야죠"라고 말했다. 그때도 나는 별로 중요한 이야기도 아닌데 신문 1면에 실었느냐고 불평을 했다. 그는 "리치 사장님과 관련된 일은 모두 1면 기삿거리죠. 우리 도시에서 가장 유명한 분이니까요. 좋은 일이든 나쁜 일이든 사장님이 하는 모든 일은 우리 신문 1면에 날 거예요"라고 대답했다. 아직까지도 그 말이 맞는 것 같다.

캐나다 사건 이후 몇 년간 제이와 나는 정신적으로 몹시 힘든 시간을 보냈다. 우리의 모든 신경은 그 사건을 어떻게 마무리할 것인가에 집중되어 있었다. 어떻게 변론해야 할지, 법정은 어떻게 돌아가고 있는지, 무슨 조치를 취해야 하는지, 어떻게 반응해야 하는지 등 괴로운 나날의 연속이었다. 우리 비행기도 압수의 우려 때문에 캐나다 땅으로 들어가지 못했고 캐나다 공장도 문을 닫았다. 캐나다 암웨이를 그냥 닫아버릴까도 생각했지만, 우리 회사에 가족의 생계가 달린 직원들과 사업자들을 모른 척할 수는 없었다.

돌아보면 그때는 우리가 암웨이 사업자들에게 맹세한 충심을 보여줄 기회였던 것 같다. 우리는 그들을 버리고 떠나지 않았다. 그렇다고 계속해서 암웨이가 오명을 쓰고 신문에 오르내리는 걸 두고 볼 수도 없었다. 그런 상황에서 사업을 하는 것이 얼마나 힘들지 알고 있었고 그들의 사업을 보호해주어야 한다고 판단했다. 그래서 법정 싸움을 포기하고 합의하기로 한 것이다. 우리 가족도 생각해야 했다. 부모 때문에 아이들까지도 힘들어했기 때문이다. 우리 아이들은 밥을 먹으면서도 이 사건을 걱정했고 우리 가족이 매일 울면서 올린 기도 제목도 그것과 관련된 것이었다.

캐나다 정부의 언론 플레이 이후 우리를 치고 싶어 하는 신문과 방송매체가 늘어났다. 1982년에는 CBS(1927년 라디오 방송으로 시작한 미국의 거대 민영방송사. Columbia Broadcasting System의 약자 – 역주) 방송국의 유명한 일요일 저녁 시사프로그램 〈60분(60Minutes)〉에서 암웨이를 다루기 위해 이미 대규모 암웨이 사업자 행사 현장을 촬영해갔다는 걸 알게 되었다. 캐나다 국세청의 악성 언론 홍보 직후라 은근히 걱정스러웠다. 당시 세간에는 "어느 날 출근하니 당신의 사무실 앞에서 마이크 월리스(38년간 〈60분〉에서 리포터로 활동한 유명한 방송인 – 역주)와 카메라가 당신을 기다리고 있다면 그날은 진짜 재수 없는 날이다"라는 농담이 퍼져 있을 정도로 그 방송의 위력은 대단했다.

마이크 월리스는 특히 '기습' 인터뷰를 하기로 유명해 우리도 사전에 준비를 해야 했다. 방송이 이미 제작 중이라는 사실을 안 이상, 월리스가 갑자기 들이닥치는 걸 기다리느니 우리가 먼저 그와 제작진을 회사에 초대하기로 했다. 우리의 사무실과 제조 시설을 둘러본 그들은 깜짝 놀라는 기색이 역력했다. 우리는 그들을 환대했고 다른 방문객에게 하듯 예의를 갖춰 대접했다. 그러한 우리의 반응이 긍정적인 영향을 준 것 같다. 제이와 나에 대한 인터뷰는 대체적으로 공정했다. 하지만 제작이 끝날 때까지 우리가 받은 스트레스와 불안감은 대단했다.

〈60분〉 제작진은 무려 1년 동안 우리를 취재했고 드디어 1983년 1월 9일 '비누와 희망(Soap and Hope)'이라는 제목으로 방송이 나갔다. 불만을 품고 사업을 그만둔 사람들의 인터뷰, 문맥을 고려하지 않은 암웨이 행사장에서의 스피치 토막들, 그리고 캐나다 국세청과의 사건에 관한 부정적인 질문도 있었지만 대체로 공정한 방송이었다. 무엇보다 시청자들이 우리 회사가 생각보다 엄청나게 크고 앞선 시설을 갖추고 있다는 사실을 눈으로 확인할 수 있었다는 점과, 제이와 내가 당당하고 자신감 있게 인터뷰에 응하는 현장이 생생하게 전해진 것이 다행이었다.

월리스는 우리에게 호의적인 멘트로 프로그램을 마쳤다. 방송이 나간 지 1년 후, 우리는 우리가 매입해서 개조한 암웨이 그랜드 플라자 호텔(후에 더 자세히 설명하겠다) 개업식 행사에 그를 초대했다. 그 행사장 로비에서 〈래리 킹 쇼(The Larry King Show)〉(세계적인 명성의 뉴스 전문 채널인 CNN에서 1985년에서 2010년까지 래리 킹의 진행으로 매일 밤 방송한 생방송 시사대담 프로그램 – 역주)의 사회자 래리 킹이 월리스를 인터뷰했다. 인터뷰에서 마이클 월리스는 솔직하게 대답했다.

"처음엔 그냥 일방적으로 스토리를 제작해야겠구나 하는 생각을 했죠. 그런데 그들은 정말 교양이 있더군요. 숨기지 않고 많은 걸 공개했고 우리의 비판도 달게 받아들였지요. 제품도 좋은 것 같고 피라미드도 아니에요."

〈그랜드 래피즈 일보〉와의 인터뷰에서는 심지어 "에이다 분들은 그야말로 일류죠"라는 칭찬도 서슴지 않았다. 방송이 나간 후 내가 사업자들에게 말했듯 〈60분〉 측은 오래전부터 우리와 접촉을 시도했고 우리가 방송을 미루자고 했지만 그들은 우리가 협조하든 하지 않든 방송을 강행할 것이라고 했다. 그래서 어차피 할 방송이라면 피하지 말고 우리가 먼저 나서서 받아들이기로 결정했다. 우리는 설령 결과가 나쁘게 나올지라도 최소한 우리의 신념을 공개적으로 알릴 기회라고 생각했다. 아니, 회피하고 싶지 않았다.

〈60분〉 방송이 나간 직후 제이와 나는 전국 채널방송인 〈필 도나휴 토크쇼(Phil Donahue talk show)〉로부터 출연 제의를 받았다. 이 방송은 이슈가 되는 주제를 놓고 방청객이 직접 출연자에게 질문하는 것으로 유명한 프로그램이다. 우리는 이번 방송의 방청객이 주로 불만을 품고 있는 암웨이 사업자들이라는 사실을 알았다.

제이는 "나는 출연하지 않을 거야. 그 사람들 얼굴을 대하고 싶지 않아. 방송을 하려면 하라고 해. 나는 나가지 않을 거야"라고 말했다.

나는 "난 나갈 거야. 출연 제의를 받았는데 둘 다 나타나지 않았다는 말을 하도록 내버려두고 싶지 않아. 망치는 한이 있어도 최소한 한마디라도 할 기회조차 포기할 수는 없어. 나는 나갈 거야"라고 했다.

방송 전에 나는 필 도나휴와 만났다. 그는 나를 무대로 불러 방청객들의 질문을 받게 할 예정이라고 말했다. 나는 그에게 "시청자들이 무슨 얘긴지 알지도 못하는 내용을 왜 방송하려고 하지요? 앞뒤 설명 없이 무조건 암웨이에 대한 불만을 떠드는 방청객들의 질문을 시청자들이 어떻게 받아들일까요?"라고 이의를 제기했다. 그는 나에게 방송을 시작할 때 먼저 이슈가 되는 문제가 일어난 사전 배경을 충분히 설명한 후 방청객의 의견을 들어본 다음 나와 인터뷰를 하겠노라고 약속했다.

그런데 막상 시카고에 있는 스튜디오에 도착하자 그는 "계획이 바뀌었어요. 사전 소개 없이 바로 방청객 의견으로 들어갈 겁니다"라고 하는 게 아닌가. 나는 세트 중앙도 아니고 가장자리에 앉아 불만에 찬 사람들로 채워진 방청석에서 쏟아내는 비난의 말을 받아내야 했다. 호의적인 사람들도 있었지만 대다수는 아주 적대적이었다. 그때는 암웨이 사업이 순탄하지 않던 시기라 실적이 저조한 사업자도 있었고 과장 광고를 하는 사람도 있었다.

그래도 나는 같은 암웨이 식구끼리 싸우고 싶지 않아 최대한 신사적으로 대응했다. 도나휴는 그런 적대적인 분위기의 방송을 내보내면 암웨이가 톡톡히 망신을 당할 거라고 생각했었던 것 같다. 방송 시작 직전에 갑자기 계획이 바뀌었다며 아무런 사전 설명도 없이 그런 막장 방송을 내보내니 시청자들이 얼마나 혼란스러웠겠는가. 그 와중에도 나는 침착함을 유지했다. 방송이 나간 지 며칠 뒤 나는 영부인 바바라 부시 여사로부터 '디보스 10 : 도나휴 0'이라고 쓴 엽서를 받았다. 10년 동안 나는 공화당 및 공화당 후보들을 지지하면서 부시 대통령과 영부인 바바라 여사와 가깝게 지냈다. 엽서에 쓴 내용은 바바라 여사다운 친밀감의 표현 방식이었다.

언론매체의 다양한 관심을 받으며 남들이 우리를 보는 시각으로 우리 스스로를 돌아볼 기회를 얻었으니 결국 이것도 도움이 된 셈이다. 우리는 내부를 재정비해 외부의 불필요한 오해나 억측을 미연에 방지하기 위해 노력했다. 무엇보다 암웨이 사업자들의 연설문이나 배부 자료 내용에 대한 일종의 지침서를 마련했고, 사업자들이 모이는 대규모 행사에는 회사 측 대표도 참석하게 했다. 또한 이때부터 사업자들은 본사가 마련한 지침서에 위배되지 않는 내용의 자료만 사용할 수 있었다.

암웨이 사업자 한 명 한 명은 대중에게 암웨이를 대표하므로 본사는 사업자들의 말과 행동을 알고 있어야 한다. 주로 부정적인 정부기관과 언론매체의 반응 및 공격 또한 암웨이가 살아남기 위해 반드시 극복해야 할 도전 중 하나였다. 이것은 과거의 어떠한 도전보다 심각하고 타격이 큰 도전이지만 교훈은 같다.

'울면서 앉아 있지 말고 무엇이든 해보라. 끈질기게 해보라. 그리고 절대 희망을 놓지 마라.'

이전에도 우리에겐 많은 어려움이 닥쳤었다. 겨우 마련한 비행기 한 대가 안착할 비행장이 없었고, 바다 한가운데에서 난파도 당해보았다. 200명이 모일 줄 알았던 사업설명회장에 달랑 두 명이 나타난 적도 있다. 순식간에 공장이 잿더미로 변한 화재 사건도 겪었다. 그러나 그 모든 것은 FTC와 캐나다 국세청 사건에 비하면 아무것도 아니었다.

마이크 월리스가 우리 회사에 왔을 때, 우리는 그날이 사람들이 흔히 말하듯 재수 없는 날이 되도록 내버려두지 않았다. 남이 꾸지 않는 꿈을 감히 꾸거나 남이 해보지 않은 새로운 걸 시도하는 누군가에게는 항상 비판자가 들러붙는다.

처음 암웨이 사를 차렸을 때 우리는 가정용 세제 업계의 1인자가 되고 싶었다. TV는 그런 우리를 코미디 프로그램 소재로 쓰면서 비아냥거렸지만, 우리는 유명세를 치르는 것이려니 하고 더 큰 성공을 향해 앞으로 나아갔다. 누구든 평범한 대중 속에서 눈에 띄면 비판자들의 관심을 받는다. 우리는 폭풍을 뚫고 묵묵히 전진했다.

많은 시련을 겪으면서 우리는 어떠한 도전을 만나도 '이 또한 극복하고 지나가리라'는 결의로 대처했기에 다음 장에서 소개할 암웨이 역사의 새로운 장을 열 준비도 오히려 더 잘 갖추었다. 그것은 바로 암웨이 글로벌의 태동이다. 우리는 전 세계로 뻗어 나가기 시작했다. 분명 엄청난 도전이 따를 거라고 예상했지만 의외로 가장 기대하지 않던 나라들이 우리의 '미국적 방식'을 두 손 벌려 환영했다.

8장

미국적 방식을 세계로

제이와 내 이름 앞에는 종종 '비전의 사람들'이라는 타이틀이 붙어 다녔다. 그러나 그 타이틀이 옳다면 1959년 암웨이를 시작했을 때 우리의 목표가 'American Way'로 끝나지 않았어야 했다. 1962년 캐나다에 암웨이를 오픈하려고 국경을 넘었을 때도 그랬고, 10년 후 호주에 처음 해외 현지법인을 세울 때도 미국과 여러모로 흡사한 나라니까 미국과 같은 방식으로 운영하면 될 거라는 마인드를 버리지 못했다.

그 후 본격적으로 세계 각국에 진출하면서 깨달은 사실은 전 세계 어느 곳에 사는 사람이든 자신의 독립적인 사업을 하고 싶어 한다는 점이다. 나는 일본어나 한자 표기 옆에 달린 AMWAY 로고를 볼 때면 새삼 진한 감동에 울컥한다. 젊은 시절 미국의 민주주의를 지키기 위해 먼 전쟁터로 나갔고, 돌아온 뒤 미국의 자유경제 시스템이 주는 축복에 감사하며 번영을 꿈꾸던 한 사람으로서 나는 그러한 축복이 미국에만 있을 거라고 생각했는지도 모른다. 그러나 우리가 '미국적 방식'이라고 묘사한 꿈은 국경이나 국적에 제한받지 않는 인류 공통의 것이다.

첫 번째 세계 진출의 장으로 우리는 캐나다를 택했다. 너무도 순진했던 제이와 나는 캐나다는 영어를 쓰니까 안내서를 따로 만들지 않아도 될 거라고 생각했다. 캐나다에는 프랑스어권 지역이 아주 많다는 사실을 깜박한 것이다. 결국 모든 제품 안내서와 라벨을 프랑스어로 다시 제작해야 했다. 당초 계획은 캐나다 암웨이를 캐나다 국경을 벗어나 사업을 할 수 없는 별도의 회사로 운영하려 했으나 얼마 지나지 않아 별도의 법인체를 차리는 게 꽤 복잡하고 까다로운 일임을 알게 되었다. 결국 우리는 미국 사업자 중 캐나다에 지인을 둔 사람이 많다는 것에 착안해 일단 어떤 형태로든 암웨이가 나가 있으면 그들도 사업을 펼칠 수 있을 거라고 여겨 지사 형식으로 오픈했다. 그다음으로 진출한 모든 국가에서는 현지법인 형태로 회사를 신설했지만 모든 국가 간에 국제 후원을 할 수 있도록 시스템을 정립했다.

미국 암웨이를 오픈한 지 3년이 지나지 않아 캐나다로 들어갔는데, 이는 캐나다에 친인척을 둔 사업자가 많고 에이다 본사도 캐나다 온타리오 주와의 국경에서 150마일밖에 떨어져 있지 않아 거리적으로도 장점이 많았기 때문이다. 더구나 프랑스어권인 퀘벡 주를 제외하면 언어 장벽도 없었고 캐나다의 경제, 문화, 행정도 미국과 비슷했다. 이런 이유로 캐나다 진출 덕분에 암웨이의 세계 진출이 빨라졌고 다국적기업으로 도약할 발판도 마련했다.

하지만 지구 반 바퀴를 돌아 다음으로 문을 연 호주 암웨이의 시작은 쉽지 않았다. 우리는 우스갯소리로 호주처럼 멀리 있는 나라를 택한 이유는 너무 멀어서 망해도 소문나지 않을 것이기 때문이라고 했지만, 그건 농담이었고 캐나다처럼 같은 영어권이라 호주를 택한 것도 아니었다.

실은 우리가 호주를 선택했다기보다 호주가 우리를 선택했다고 하는 편이 옳다. 당시 호주에서는 추후에라도 자국에 들어올 가능성이 있는 미국 기업의 상표를 미리 등록해놓는 게 비즈니스계의 관례였다. 우선 회사 이름을 등록하고 그 이름으로 제품을 몇 개 생산한 후 실제로 그 회사가 호주로 진출할 때까지 기다리는 방식이었다. 진출하려는 회사는 자사 상표가 이미 등록돼 있어서 상표권을 다시 사야 했다.

바로 우리한테 그런 일이 일어났다. 한 호주인이 AMWAY라는 이름으로 상표등록을 해버린 것이다. 그는 직접판매 사업을 하는 사람이었는데 다른 회사가 만든 화장품을 암웨이 브랜드인 아티스트리 이름으로 판매하면서 호주 시장 독점판매권을 취득했다. 현지 변호사의 말로는 그런 일이 빈번하게 일어나는데 자신에게 상표등록 환원동의서가 있으니 나더러 호주로 와서 적정한 가격으로 협상해 동의서에 서명만 하면 암웨이 상표를 도로 찾을 수 있다고 했다.

마침 그때 나는 호주에 있었기 때문에 변호사와 함께 우리 상표를 등록한 당사자를 만났다. 그런대로 호감이 가는 사람이었다. 예의상 몇 마디 인사를 건넨 후 나는 "여기 서명할 문서가 있소. 가격만 합의하면 되는 거죠? 언젠가는 암웨이가 호주에 진출할 거라고 둘 다 알고 있었던 셈인데, 오늘이 바로 그걸 확인하는 날이네요. 기다리던 순간이겠군요"라고 말했다. 아무튼 적정한 가격에 합의를 본 뒤 나는 수표를 써주었고 그는 반환동의서에 서명해 변호사에게 넘겼다. 협상이 끝나자 그 남자는 자기가 호주 1호 암웨이 사업자가 될 수 있느냐고 물었다. 자신은 이미 직접판매 사업을 하고 있고 자기 밑으로 사람들도 꽤 있다고 했다. 우리는 승낙했고 그는 자신의 기존 네트워크를 이용해 호주 암웨이가 시작하는 데 많은 기여를 했다.

처음에 우리는 호주인이 미국 냄새가 풀풀 나는 AMWAY라는 이름을 싫어할 거라고 예상했다. 그러나 우리의 예상은 완전히 빗나갔다. 호주의 소비자들은 '미국'에서 온 암웨이 제품에 열광했다. 호주 현지에 생산 공장을 세울까도 생각했지만 호주인은 Made in USA가 찍힌 암웨이 제품을 원했다.

외국에 인맥이 있는 미국 암웨이 사업자가 많았기에 그들의 요청으로 우리의 국제시장 진출이 시작되었다. 우리는 "이 나라, 저 나라에는 언제 들어가나요?"라는 질문을 끊임없이 받았다. 암웨이 회사가 먼저 들어가 제품과 안내서를 제대로 마련해놓고 상표등록 및 현지 법규에 맞는 시스템을 갖추지 않으면 암웨이 사업자들도 비즈니스를 할 수 없기 때문이었다.

1973년에는 같은 영어권인 영국에, 1974년에는 당시 영국 통치 아래에 있던 홍콩에 암웨이가 진출했다. 이듬해인 1975년에는 독일 암웨이가 문을 열었고 이후 10년간 유럽 전역에서 차례로 문을 열었다. 1979년에는 2차 세계대전 후 미국의 영향을 많이 받으면서 바뀐 일본에 들어갔다.

당시 제이와 나는 무조건 가방을 싸서 전 세계를 돌아다녔다. 지금 생각해보면 어떻게 그럴 수 있었을까 싶다. 젊은 시절에 우리는 미국이라는 우물 안의 개구리였던 것 같다. 2차 세계대전 이후 미국에서는 세계지도가 불티나게 팔렸다. 미국인들은 한 번도 들어보지 못한 먼 나라의 이름을 신문이나 라디오에서 매일 접하며 그곳이 지도에서 어디인지 찾아 점을 찍어보고 신기해했다.

나 역시 전쟁 중에 남태평양에 가보았고 그 후에 제이와 남미 전역을 여행했다. 그때의 경험은 암웨이의 해외진출에 다소나마 도움을 주었다. 살면서 겪는 모든 경험은 언젠가 유용하게 쓰일 배움과 교훈을 반드시 준다는 사실을 이제는 알 것 같다. 당시만 해도 해외로 진출하는 기업이 흔치 않았기에 제이와 내가 대담하게 세계로 진출하는 과정을 밟은 것에 자부심을 느낀다.

1980년 현재 암웨이는 전 세계 10여 개 국가에 나가 있었다. 초기에는 미국 사업자들의 인맥이 많거나 국제후원 잠재력이 높은 국가부터 우선적으로 진출했다. 그러다가 80년대 중반 들어 국제 비즈니스 전략을 한층 강화하면서 다양한 문화와 경제 계층이 혼재하는 국가로 관심을 돌렸다. 국제사업 전담 부서도 따로 만들어 내 장남 딕에게 책임을 맡겼다.

디보스와 밴 앤델 집안의 아이들이 모두 그렇듯 딕도 암웨이 경영의 모든 부분을 충분히 연수받은 후 10년간 여러 경영 부서에서 다양한 실전 경험을 쌓은 상태였다. 1984년 딕이 국제사업본부 부사장에 임명될 때만 해도 회사 전체 매출에서 해외 매출 분량은 5퍼센트에 불과했다. 그런데 6년 후 딕이 그 자리를 떠났을 때 우리 회사 총매출 중 2분의 1 이상이 암웨이 현지법인의 실적이었다.

제이와 내가 세계 진출 업무에서 손을 뗀 후 총책임자 역할을 맡은 딕은 놀라운 실적을 올리며 우리 사업의 글로벌화에 많은 기여를 했다. 딕이 국제사업 총책임자가 된 후 암웨이는 사업자들의 인맥에 따라 진출국을 정하던 관례에서 벗어나 보다 전략적인 사전 기획을 통해 세계 진출 시스템을 정착시켰다. 또 신규 해외시장 개척만 전담하는 전문가 팀을 구성해 현지 법규와 제도, 정치, 언어, 물류, 홍보, 마케팅, 사전 사업설명회, 잠재 사업자와의 컨택 등 안전하고 효과적인 국제시장 진출을 위해 모든 장치를 마련했다.

암웨이가 새로 진출하는 나라의 개소식은 많게는 5,000명까지 참석하는 대형 이벤트가 되었다. 도대체 몇 명이 올지 예측할 수가 없었다. 한번은 내가 제이에게 "모든 사람이 전 세계 구석구석에 아는 사람이 있고 그 사람이 아는 사람이 또 지구 어디엔가 있으니 다 후원하면 되겠는걸"이라고 말한 적이 있다. 그 말은 사실이었다. 아무리 먼 국가라도 암웨이가 진출한다는 소식만 들으면 비행기로 날아가 그곳에 사는 지인을 사업설명회장에 데려오는 사업자가 많았다. 실제로 국제 후원을 통해 비즈니스를 빨리 육성한 리더가 많이 있다.

딕은 국가별로 등급을 매겨 전략적인 순서대로 진출했다. 진출에 용이한 조건을 갖춘 나라부터 어려움이 있을 것으로 보이는 나라까지 상황을 분석해 등급을 매긴 것이다. 또한 딕은 우리에게 좀 더 사고의 폭을 확장해 암웨이가 진출한 국가의 현지 문화와 관습, 전통, 세법 등을 세밀하게 연구해 거기에 적응하면서 경영해야 한다는 마인드를 가르쳐주었다. 딕은 글로벌 암웨이 경영에 큰 공헌을 했다는 칭찬을 받아 마땅하다.

특히 중국 시장 진출이 힘들었다. 중국 정부가 암웨이 제품을 자국에서 생산해야 한다는 조건을 내거는 바람에 우리는 제조 시설을 새로 짓고 별도의 관리 시스템을 만들어야 했다. 힘들여 시설을 갖추고 회사를 오픈하자 이번에는 다단계 마케팅이 불법이라고 했다. 시장경제를 도입한 지 얼마 되지 않는 상황에서 다단계 마케팅 방식을 오용해 국민 경제에 피해를 끼칠 '우려'(사례를 발견한 것은 아니지만)가 있다는 것이 그 이유였다.

당시 중국 시장 개발 담당이사 에바 쳉이 내게 전화를 걸어 "어떻게 할까요?"라고 물었을 때, 나는 중국 정부에 우리가 중국 법을 준수하면서 남길 원한다고 전하게 했다. 현지법에 따라 우리는 소매 대리점을 허용했고 각 소매점의 실적에 따른 보상 시스템을 새로 만들었다.

나는 암웨이가 기회의 비즈니스라는 점이 중국인에게 큰 매력으로 다가갔다고 믿는다. 미국이 누리는 부를 그들도 누릴 기회가 주어졌다는 사실을 언젠가는 많은 중국인이 이해하리라는 것도 믿는다. 현재 중국 암웨이는 전 세계 최고의 시장이며 계속 성장하고 있다.

무엇보다 나는 과거에 죽의 장막과 철의 장막 뒤에 숨어 자유세계와 완전히 단절되어 있던 중국과 러시아에 암웨이가 진출했다는 사실이 무척 감격스럽다. 불과 얼마 전까지만 해도 미국적인 기업가정신으로 무장한 우리 사업을 그들 국가에서 홍보한다는 건 상상조차 못할 일이었으니까.

또 그 옛날 내가 참전 군인으로 나간 남태평양의 어느 작은 일본 섬에서의 기억을 되돌리면 서로 죽이려고 싸운 미국과 일본이 오늘날 가까운 경제동맹국 중 하나가 되었다는 사실도 놀랍다. 베트남도 마찬가지다. 월남전 당시 언젠가는 미국이 베트남에 진출해 자유시장경제와 자본주의를 전파하게 되리라고 그 누가 상상이나 했겠는가? 그런 미친 생각이 현실이 되어 암웨이는 이제 구 공산권 국가에서 엄청나게 번창하고 있다.

90년대가 되면서 제이와 나는 사업자용 책자에 실을 사진을 다시 찍었다. 글로벌 기업의 이미지를 각인하기 위해 우리는 커다란 지구본을 사이에 놓고 서서 인물 사진을 찍었다. 우리의 사진이 중국 암웨이 본사 건물에 한자와 나란히 쓴 AMWAY 로고와 함께 붙어 있는 걸 보거나 상하이의 마천루 빌딩 전면에 암웨이 간판이 걸려 있는 걸 볼 때면 참으로 감회가 새롭다.

1990년 〈포브스〉에 일본 암웨이의 성장을 다룬 기사가 났는데, 회계사 출신의 한 암웨이 독립 사업자가 이런 인터뷰를 남겼다.

"암웨이가 주창하는 '자기 자신의 사장님이 되세요(Be your own boss)'라는 개념에 미국인은 냉소적으로 반응할지 모르지만 획일화된 전체주의 성향이 강한 일본 사회에서 억눌린 사람들, 특히 주부나 샐러리맨은 이 제안을 기쁘게 받아들이죠. 자기사업으로 성공할 기회가 적은 일본에서 암웨이가 많은 성공자를 배출하고 있어요."

암웨이 사업에서는 꿈을 가장 강조한다. 절대로 꿈을 포기하지 말고 그 누구도 당신의 꿈을 빼앗아가게 놔두지 말라고 말이다. 이제 일본의 많은 암웨이 사업자가 전 세계의 다른 암웨이 사업자들과 함께 꿈을 꾸고 있다. 보다 나은 삶을 향한 꿈을.

내가 늘 쓰던 응원 문구 '당신은 할 수 있어요(You can do it)!'는 오늘날 전 세계 암웨이 비즈니스에서 공통적으로 끊임없이 쓰는 슬로건이 되었다. 일본이나 중국의 리더들은 늘 "You can do it"을 외치고 다니며 내가 쓴 책에도 서명과 함께 그 문구를 써주길 원한다. 아시아 어디를 가도 암웨이 리더의 입에서는 늘 이 긍정의 외침이 터져 나온다. 그것은 '네 까짓 게 뭘 하겠느냐'는 억압의 말을 들으며 꿈을 빼앗겼던 전 세계의 모든 사람이 외치는 희망의 소리다.

러시아 암웨이가 오픈했을 때, 플로리다에 있던 나는 전화로 집회 현장에 모인 600명에게 그 유명한 'You can do it' 한마디를 해줄 수 있느냐는 요청을 받았다. 나중에 그날 모임은 러시아 암웨이 역사상 가장 열정적인 집회였다고 들었다. 그때 모인 사람들은 드디어 자신의 독립적인 사업을 할 자유를 얻고 무언가를 실제로 성취할 기회가 왔음에 열광했다. 의자에 올라가 소리치고 노래하면서 기뻐하는 그들의 모습은 비즈니스 모임이 아니라 흡사 축구 시합 응원단의 모습 같았다고 한다.

물론 언어와 문화가 다르고 정부 규제까지 심한 국가에 진출한다는 것은 만만한 일이 아니다. 암웨이는 아시아 어느 국가에든 최초로 진출한 직접판매 회사라 세금이나 현지 법, 기타 상황이 불확실한 경우가 많았다. 중국 진출도 시작했다가 갑자기 중국 정부가 우리 사업을 불법이라고 규정하는 바람에 중단해야 했다. 결국 사업 허가를 받았지만 다른 시장에서와 달리 중국은 소매 대리점을 통한 판매밖에 할 수 없다.

한국 정부도 초기에는 직접판매 비즈니스를 오해해 수입품인 암웨이 제품이 자국의 무역수지 적자에 한몫한다고 비난했다. 그러나 우리는 암웨이 사업이 한국의 경제 발전에 어떤 긍정적인 역할을 할 수 있는지 증명했고 이제 암웨이는 한국에서도 환영을 받는다. 자기사업 기회에 열광하는 수천 명의 한국인이 대형 경기장에 모여 내 연설을 듣는 장면을 담은 사진을 보면 아직도 가슴이 뭉클하다. 인도와 태국에도 소매 대리점 형태로 진출해 암웨이 사업을 현지 상황에 맞게 할 수 있는 기회를 주고 있다. 태국, 인도, 중국에서 만나는 근사한 현대식 암웨이 빌딩과 로고를 보는 건 정말 감동적이다.

소련과의 냉전 시대를 직접 겪으며 평생 자유기업 시스템을 열심히 지지해온 한 사람으로서 나는 1990년대 이후 암웨이가 구소련과 동유럽 국가로 진출하는 것을 목도했을 때의 기쁨과 감동 역시 잊지 못한다. 이 지역에 암웨이 제품센터가 들어서자마자 처음 만나는 고품질의 세제를 사기 위해 사람들은 엄청나게 줄을 서서 기다렸다.

헝가리의 경우 진출 첫해에 무려 8만 5,000명이 등록했다. 처음 그들 나라를 방문했을 때의 어둡고 칙칙한 느낌과 미국에서는 너무 넘쳐나 감사한 줄도 모르는 많은 물자가 부족한 모습에 마음이 아팠던 기억이 난다. 나는 오랫동안 자유를 빼앗긴 그들 나라에 암웨이가 들어가 조금이나마 희망을 주고 좋은 제품을 쓰게 했다고 믿는다.

90년대에 오픈한 브라질 암웨이는 남미 시장 진출의 교두보 역할을 했다. 제이와 내겐 정말 감회가 새로웠다. 20대 시절, 타고 나간 배가 난파당했음에도 꿋꿋이 남미의 국가들을 끝까지 둘러볼 때 언젠가 우리가 남미 여성들만을 위한 특별한 화장품을 만드는 다국적기업을 차려 그곳에 다시 올 거라고는 꿈에도 생각지 못했다.

중국 변방의 시골 마을 사람이든 남미 적도의 신흥국 과테말라 사람이든 오래전부터 민주 국가이던 호주 사람이든 모두들 공통적으로 마음에 담아둔 것이 있다. 그건 바로 보다 나은 삶을 향한 열망이다.

2011년 암웨이의 〈세계시민보고서(Global Citizenship Report)〉에 기고했듯 사람은 누구나 "더 나아질 것을 믿는다(Believe in Better)." 암웨이 사가 전 세계에서 사업적으로도 성공하고 있을 뿐 아니라 지구촌 곳곳의 사람들이 현재 상황에서 벗어나 자신과 가족, 지역 공동체, 나아가 국가를 위해 더 나은 삶을 건설하도록 돕는 일을 한다는 것이 무척 뿌듯하고 자랑스럽다.

특히 2003년 시작한 암웨이의 '원 바이 원' 불우아동 돕기 프로젝트로 그간 1억 9,000만 달러의 후원금을 모아 전 세계 1,000만 명 이상의 불우아동을 도왔다. 2012년 한 해만 해도 전 세계 암웨이 사업가와 직원이 총 20만 시간의 자원봉사 활동을 했다.

암웨이는 사람을 돕는 것에서 그치지 않고 지구도 돕고 있다. 환경을 생각하는 것으로 출발한 기업답게 암웨이가 나가 있는 모든 국가에서 우리는 자동차 배기가스 감소, 수자원 보호, 쓰레기 배출 감소, 생태계 보호 등 환경보호 사업에 적극 동참하고 있다.

자랑하려고 하는 말이 아니다. 나는 정말로 우리의 기업철학에 자부심을 느낀다. 제이와 내가 물려받은 유산 중 하나는 사람들의 가능성을 믿고, 자신의 재능과 노력을 통해 성공할 수 있다는 걸 믿으며, 다른 사람이 스스로를 돕도록 도움으로써 그런 믿음을 전하는 일이다. 그동안 이러한 우리의 믿음이 엄청나게 긍정적인 결과를 낳았다는 사실은 충분히 증명되었다. 나는 늘 긍정적인 사람으로 살아왔고 누구를 만나든 상대방에게서 단점보다 장점을 찾으려 한다.

―――

1980년, 그러니까 암웨이 사업이 아직 미국 밖을 벗어나지 않았을 때만 해도 우리는 본사를 에이다에 계속 두려고 했다. 그러나 국제사업이 점점 활발해지자 직원들이 말했다.

"두 분 생각과 달리 에이다는 더 이상 암웨이의 중심지가 아니에요. 암웨이의 중심은 전 세계 곳곳에 있어요. 사실 암웨이의 진짜 중심지는 중국이에요. 중국이 암웨이의 최대 시장이기 때문이죠."

제이와 내가 아직도 미국 중심의 사업 마인드에서 벗어나지 못하고 있다는 지적이었다. 과거에 우리는 늘 에이다 공장에서 모든 것을 제조하려 했다. 엄청난 물류비와 불편을 감소하고라도 에이다의 일자리를 보호하려 한 것이다. 그러나 이제는 인도에 공장이 생기고 태국에도 지역 물류본부를 오픈하며 중국에 제2호 공장이 들어선다. 우리는 전 세계로 암웨이 시설을 확산하고 있다.

지금은 에이다 본사에 와도 진짜 암웨이 회사의 규모를 알 수 없다. 사람들의 말대로 암웨이의 중심지는 더 이상 에이다가 아니다.

언젠가 미시건 주의 휴가지 샤를르부아에서 우리 회사의 원래 이름인 American Way Association을 짓게 된 스토리는 이제 먼 옛이야기 같다. 초창기에 우리는 파트너 사업자들에게 항상 큰 꿈을 가지라고 말했다. 그런데 정작 우리 자신은 암웨이 기업을 얼마나 키울 수 있을지에 대해 큰 꿈이 없었던 것 같다.

세상은 점점 좁아지고 있다. 멀다고 느끼던 나라도 이제는 옆집 드나들듯 드나드는 세상이 되었다. 우리의 제품 설명서는 더 많은 언어로 번역되고 있고 제품도 각국 소비자의 기호에 맞게 다르게 만들고 있다. 나아가 각 지역의 현지 상황과 법규에 맞춰 탄력적으로 사업을 하고 있다. 그렇지만 언제 어디를 가도 '자신의 독자적인 노력과 재능으로 성공 기회를 꿈꾸는 사람들에게 주어지는 기회 및 자유에 대한 갈망'은 변치 않는 하나의 원칙이다.

이 심플한 메시지는 전 세계 암웨이의 공통 언어다. 얼굴과 머리색은 달라도 내가 가는 모든 국가에 모인 암웨이 사람들은 모두 동일한 열정과 뜨거운 환호로 나를 맞아준다. 정말이지 가끔은 50년이 넘은 시골구석 에이다에서 세제 몇 개로 시작한 작은 회사와 오늘날 수백만 명이 열광하는 세계적인 명성의 다국적기업이 같은 회사라는 사실이 나 자신도 믿어지지 않을 때가 있다.

제이와 내가 이런 축복을 받은 이유는 전 세계의 수많은 사람을 이롭게 하는 원칙 위에 암웨이를 세우고 지키라는 소명이 있기 때문이라고 믿는다. 우리의 직원들은 우리보다 이 사실을 먼저 알았던 것이다. 암웨이의 중심은 더 이상 에이다가 아니다. 암웨이의 중심은 전 세계다. 더불어 암웨이가 제공하는 기회의 중심도 전 세계에 있다.

9장

내 목소리 찾기

사업 초창기 때 들은 동기부여 연설은 내 사업 성장에 많은 도움을 주었다. 나 역시 수천 명의 암웨이 사업자가 모인 자리에 연사로 나가 그들의 사업에 도움을 주기 위한 동기부여 연설을 많이 해왔다. 등을 두드리며 격려하고 "당신은 할 수 있어요!"를 외치는 것은 암웨이 사업의 중요한 요소다.

비행기 조종 강습을 시작한 뒤 제이와 나는 카네기 강좌에 등록했다. 사람을 자주 만나는 비즈니스맨으로서 화술과 의사소통 방법을 배워두면 좋겠다고 생각했기 때문이다. 그 강좌는 나에게 많은 도움을 주었는데 특히 말하는 방법과 자신감을 얻었다. 강사들은 기분 나쁘지 않게 결점을 고쳐주었고 각각의 사람을 격려하는 긍정적인 강의 분위기를 만들어주었다.

거기서 배운 화술 기법 중 하나는 많은 사람 앞에서 연설할 때는 가급적 예화를 많이 사용하라는 것이다. 본인이 진짜로 보고 겪은 경험이 있다면 긴 대본을 미리 준비할 필요도 없다. 직접 경험한 스토리만큼 청중의 이목을 끄는 건 없다.

무엇보다 스피치의 주제, 그러니까 본인이 말하고자 하는 것이 무엇인지 정확히 알아듣게 해야 한다. 너무 많은 연사가 연설의 핵심이 무엇인지 분명히 이해시키지 못하는 것 같다. 그들은 굉장히 여러 가지 이야기를 하는데 '그래서 핵심이 뭐지?' 하고 듣는 사람이 의아해하는 연설도 많다. 연사는 왜 그 주제를 택했는지, 그 주제가 왜 중요한지 알려서 청중의 주의를 환기시켜야 한다. 가장 중요한 건 예화를 들려주어 주제를 분명히 각인하는 것이다. 실례를 들어 마치 그림을 보듯 분명하게 주제를 이해하게 해야 한다!

본론으로 들어가기 전에 가벼운 농담이나 인사로 분위기를 부드럽게 해서 들을 준비를 갖추는 것도 필요하다. 또 말을 마친 다음에는 언제나 "이로써 제가 전하고자 하는 주제를 다 들었으니 다음에 제안하는 사항을 따라주시지요"라는 확실한 끝맺음을 해야 한다.

여기까지가 당시에 배운 내용이다. 시간이 흐른 후 나는 다시 한 번 카네기 강좌를 들었다. 그때 연설에서 예화를 사용해 내용을 풀어가는 것이 얼마나 중요한지 다시금 확신했다.

카네기 강좌를 수료한 후 나는 시카고에서 열린 뉴트리라이트 컨벤션에 모인 3,000명의 사업자 앞에서 연설을 해달라는 요청을 받았다. 나는 배운 대로 해보기로 하고 어떤 예화를 쓸 것인지 정리했다.

내 스피치 주제는 '열정, 성공하려면 지금 하는 일에 불같이 뜨거운 열정을 다하라'였다. 연설이 끝난 뒤 청중은 일어선 채 끊임없이 박수를 쳤고 그 자리에 있던 카네기 강좌 지도 강사도 앞으로 뛰어나와 나를 칭찬해주었다. 그날 나는 내게 사람들 앞에서 말하는 재능이 있음을 발견했고 지금까지 많은 연설을 해왔다.

회사 초창기에 경리를 담당한 여직원이 내게 자기가 회원으로 있는 에이다 시 경리직원연합회의 소그룹에서 연설을 해줄 수 있느냐고 요청한 적도 있다. 암웨이나 뉴트리라이트와 관련이 없는 외부 연설 초청을 받은 건 그때가 처음이었다. 그러겠다고 하고 무슨 주제로 연설하길 원하는지 묻자 특별한 건 없다고 했다. 나는 "그럼 미국과 미국의 장점을 얘기해야겠네요. 요즘 우리 사회에 대한 부정적인 시각이 너무 많아 보이니까요"라고 하고 그 주제로 연설을 했다.

내가 한 연설 중 가장 잘 알려진 '셀링 아메리카'가 그때 탄생했다.

우선 나는 소규모 청중을 상대로 어떻게 연설을 풀어낼까 궁리하다가 암웨이 사가 시작하고 성장하는 데 도움을 준 긍정적인 상황을 조목조목 적기 시작했다. 이후 그 연설문으로 전국 각지를 다니며 연설을 했다. 회를 거듭할수록 반응은 더 뜨거워졌고 미국 전역에서 수천 명이 그 연설을 들었다. 1960년대 초, 인디애나폴리스 주에서 열린 《미래의 미국 농업인연합 컨벤션》에서 한 '셀링 아메리카' 연설을 현장에서 녹음해 앨범으로 제작 판매한 적도 있다. 이 앨범은 미국 자유재단(Freedoms Association, 1949년 창립된 비영리 교육재단. 사회, 경제, 기업, 문화, 교육 등 각 분야에 공로를 세운 사람들에게 유명인사의 이름을 붙인 상을 수여한다 – 역주)으로부터 경제·교육 분야 해밀턴상을 수상하기도 했다.

'셀링 아메리카'는 내 대중 연설 경력의 시작점이었고 암웨이나 뉴트리라이트 이외의 장소에서 한 최초의 연설이었다. 점점 많은 기업인 모임과 학교에서 나를 강사로 초청하면서 암웨이도 많이 알려졌다. 나는 암웨이의 내부인을 대상으로 한 연설도 계속했다. 그중에서도 '행동, 자세 그리고 환경(The Three A's: Action, Attitude, and Atmosphere)', '4단계(The Four Stages)' 등이 잘 알려진 연설문이다. 이것은 성공을 위해 지녀야 할 태도에 대해 기본적인 개념을 충실히 다루고 있다.

'4단계'는 심지어 포드 대통령 앞에서도 했다. 이 연설은 어떤 종류의 조직이든 그 성장에는 '설립, 운영, 수호, 비난'이라는 4단계가 있다는 내용이다. 나는 그랜드 래피즈의 대표 하원의원 시절부터 포드 대통령과 친분 관계가 있었다. 언젠가 백악관 집무실로 대통령을 만나러 가자 비서실에서 면담시간을 10분밖에 내주지 않았다. 대화중에 내가 대통령에게 말했다.

"대통령님, 요즘 이 동네 분위기는 단계 4군요."

"단계 4라니요?"

"아, 단계 4는 비난 단계를 의미하지요. 문제가 생기면 서로 남 탓으로 돌리는 단계 말이죠. 여기 분위기가 딱 그렇습니다."

"내 생각도 그래요. 그 얘기를 좀 더 해줄 수 있나요?"

"근데 제게 허용된 면담시간이 10분이라 시간이 없네요."

내가 사양했지만 대통령은 굳이 더 듣기를 원했다. 결국 나는 미합중국 대통령을 1인 청중으로 모신 자리에서 그 연설을 했다. 포드 대통령의 반응은 상당히 긍정적이었다. 그는 미국이 이제 서로 잘잘못을 따지며 비난하는 단계 4에서 설립을 하는 단계 1로 다시 돌아가야 한다는 의견에 동의했다.

미국 대통령 앞에서 한 연설이나 일반 대중을 대상으로 한 연설을 앨범으로 제작해 상까지 받은 건 예외적인 일에 불과하다. 사실 내 연설은, 특히 초기에는 그 목적이 암웨이 사업자들에게 동기를 부여하는 데 있었다. '해보거나 울거나(Try or Cry)'가 그 대표적인 예다. 나는 그 연설을 통해 암웨이를 하는 사람들에게 이 사업에선 딱 두 가지 선택, 즉 '해보거나 아니면 울거나'밖에 없다는 걸 말하고 싶었다. 그래서 제이와 내가 그동안 우리의 사업을 일구기 위해 한 모든 노력을 이야기로 담았다. 그러한 노력이 실패로 돌아간 적도 있고 성공한 적도 있지만, 우리가 남달랐던 점은 그럼에도 불구하고 우리가 결정한 일을 계속 했다는 간단한 내용이다. 사람들은 그 연설을 좋아했고 아직도 많은 사람이 그것을 듣고 있다.

나는 메모를 보지 않고 연설하기로 유명하다. 양복 윗주머니에서 쪽지를 한 장 꺼내 옆에 두긴 하지만, 거기에는 연설 제목과 중간 중간 넣을 예화를 순서대로 적은 것밖에 없다. 나는 심플한 카네기식 연설 방식에서 벗어나지 않을 뿐더러 내가 직접 경험한 예화만 얘기하기 때문에 보지 않고도 기억으로 말할 수 있다. '해보거나 울거나'로 처음 연설했을 때는 처음부터 끝까지 한 번도 메모를 보지 않고 오로지 기억나는 대로 이야기했다. 순전히 내가 직접 경험한 것만 이야기할 작정이었기 때문에 나는 "오늘밤 저는 지금까지 우리가 겪은 일을 여러분과 나누려고 합니다"라고 말문을 열었다.

내게 무슨 전문지식이 있어서 연설을 잘하는 것은 아니다. 물론 때로는 특이한 내 경험에서 생긴 약간의 전문지식이 연설에 도움을 주기도 한다. '4개의 바람(Four Winds)'이라는 제목의 연설에서 나는 항해 경험을 예로 들었다. 바다에서 만난 바람과 바람이 불어오는 방향, 각 바람이 항해에 미치는 영향 등 내가 겪은 일을 이야기하면 청중은 굉장히 흥미로워했다. 자세한 내용은 기억하지 못해도 경험을 예화로 들어 실감나게 말한 항해 이야기만큼은 꼭 기억하면서 그런 상황에 처했을 때 어떻게 할 것인지 해답을 찾기도 한다.

나는 지금도 '4개의 바람' 내용을 줄줄 외울 수 있다. 내가 항해하면서 만난 바람의 방향과 종류만 기억하면 되기 때문이다. 먼저 북풍은 좋지 않은 바람이다. 성공할 수 없다며 포기하거나 자신의 환경을 탓한다면, 그건 차디찬 북풍이 그 사람을 밀고 들어와 얼게 만들었기 때문이다. 동풍은 악천후의 전조 증상이다. 사업을 하다 보면 때론 내일이 불확실해 보인다. 그러나 동풍이 외투와 우산을 미리 챙기라는 신호인 것처럼, 일이 잘 풀리지 않을 것 같으면 미리 준비하는 지혜를 발휘해야 한다. 조심해야 할 것은 오히려 남풍이다. 속기 쉬우니까. 마냥 따뜻한 남풍처럼 내가 지금 승승장구하고 있다는 생각은 자칫 조심성을 잃게 하고, 현 상황에 안주해 해이해지게 만든다. 그렇게 느슨해지려는 순간, 서풍을 맞을 준비를 해야 한다. 서풍은 서늘하고 상쾌한 바람이다. 시원한 서풍을 맞으면 먼 거리도 지치지 않고 뛰어갈 수 있다. 현 상황을 다시 검토하고 열정적으로 사업하라. 그리고 성장하라.

이 연설을 들으면 사람들은 바다로 나간 배를 생생히 그릴 수 있다. 더불어 동서남북으로 부는 바람을 맞으며 항해하는 장면을 연상할 수 있다. 자신의 사업 현황을 배라고 상상하고 지금 무슨 바람을 맞으며 항해하고 있는지 실감나게 판단해보는 것이다. 암웨이 사업자들이 가장 좋아하는 내 연설은 지금까지도 '4개의 바람'이다.

물론 암웨이가 다양한 국가로 진출하면서 내 연설 내용도 현지 실정에 맞게 바꿔야 했다. 이건 그리 만만한 일이 아니다. 내가 배운 첫 번째 교훈은 '농담을 하지 말라'는 것이다. 통역이 제대로 되지 않기 때문이다. 중국에서 내가 처음 농담을 했는데 아무런 반응이 없었다. 영어권 사람들이 배꼽을 잡는 우스갯소리도 중국인 앞에서는 썰렁해 질 수 있다.

외국에 나가 연설할 때는 정치 이야기도 금물이다. 자국도 아닐뿐더러, 내가 암웨이사를 대표해서 정치적 의견을 밝힐 권리도 없다.

한번은 중국 암웨이 미팅에서 암웨이 사업을 거절당할 경우 어떻게 극복할 것인가에 대해 연설한 적이 있다. 그때 나는 심장 이식수술을 받은 경험을 예로 들었다. 당시 나는 일흔한 살이었고 무려 서른 명의 의사가 수술을 거부했다. 상태가 좋지 않았지만 꿋꿋이 버틴 나는 결국 나를 수술해주겠다는 의사를 만났다. 내겐 영원한 거절이란 없다.

사업도 마찬가지다. 만나는 사람마다 계속 '노' 하는 시간이 오래 갈 수도 있다. 하지만 언젠가 '예스' 하는 그 한 사람이 당신의 사업(내 경우는 생명)을 살릴 수 있다. 이식수술을 받은 후 나는 거부반응을 막기 위해 처방받은 엄청난 양의 '항-거부반응' 약을 삼킬 힘조차 없어 입에 물고 있기도 했다. 나는 연설에서 말했다.

"죄송하지만 여러분이 받는 거절을 치료하는 '항 거절' 약은 없습니다. 그냥 제가 한 것처럼 계속 버티면서 나아가세요. 여러분이 제시하는 비전에 '네'라고 하는 한 사람을 만날 때까지 말이죠. 제가 만난 것처럼."

그간 내가 해온 연설을 분석해보면 암웨이가 어떻게 성공했는지, 암웨이 사업이 무엇인지 이해하는 데 도움이 될 것이다. 그것은 암웨이 사업자들이 독립적인 사업을 한다는 것이 무엇이고, 이 사업에 단순히 돈을 벌고 부를 축적하는 것 이상의 소명과 목적이 있음을 알게 하는 데 도움을 주었다. 그처럼 사람들을 격려하고 동기를 부여하는 것이 모든 내 연설의 핵심이다. 그와 동시에 나는 암웨이 사업의 본질과 진정한 사명을 보다 확실히 전할 필요가 있음을 느꼈다.

―――

암웨이는 다른 사람을 돕는 비즈니스다. 물론 아티스트리 화장품과 뉴트리라이트 건강보조식품을 비롯해 수많은 생필품으로 돈을 버는 일이 맞지만, 이 사업의 가장 큰 매력은 다른 사람이 보다 나은 삶을 살도록 돕는 데 있다. 우리는 이 사실에 가장 큰 관심을 기울이며 집중해왔다. 암웨이 사업을 하는 사람들은 분명 무언가를 얻기 위해 제품을 전달한다. 그러나 얻고자 하는 것이 과연 무엇인지 분명히 할 필요가 있다.

암웨이는 누구든 원하면 자신의 독립적인 사업을 할 기회를 제공하기 위해 만든 회사다. 제이와 내 꿈도 내가 주인인 사업을 하는 것이었고 세상 모든 사람의 꿈도 마찬가지일 거라는 믿음에서 시작한 일이다. 그리고 그 믿음은 여전히 우리 회사의 존재 이유다. 내가 이렇게 말하면 사람들은 모두 깜짝 놀란다.

"암웨이 비즈니스로 만든 네트워크를 매매할 수도 있고 가족에게 상속할 수도 있습니다. 암웨이 비즈니스는 자산을 만드는 일이고 그 자산의 소유권과 경영권은 모두 당사자에게 있습니다."

암웨이의 본질은 남보다 좋은 제품과 전혀 다른 새로운 마케팅 방식을 제공함으로써 다른 사람의 삶을 보다 윤택하게 만드는 데 있다. 과거에도 그리고 현재도 말이다. FTC 제소 건이 종결된 후 한 판사가 내게 말했다.

"암웨이는 과거 슈퍼마켓이 처음 등장했을 때 센세이션을 일으킨 이후 처음 만나는 새로운 마케팅입니다. 굉장한 잠재력이 있지요. 가게를 넘어선 유일한 가게 같아요."

소위 방문판매 방식은 우리 할아버지 세대 이전부터 존재해왔다. 하지만 암웨이가 시작한 다단계 마케팅은 전혀 새로운 개념이었고 이것이야말로 가진 것 없는 전 세계의 평범한 사람들이 잡을 수 있는 몇 안 되는 성공 기회 중 하나라는 사실은 시간이 지나면서 점점 더 분명해지고 있다.

암웨이가 눈에 띄게 성장하기 시작했을 때 화학, 항공, 선박 회사를 모두 소유한 대기업 W. R. Grace & Company 사가 우리에게 인수 제의를 한 적이 있다. 사업 다각화를 고려하던 중 생필품 제조업에 관심이 생기면서 마침 암웨이가 적격이라고 판단한 것이다. 성장세에 있다고는 해도 당시 암웨이는 그저 세제 몇 가지를 만드는 작은 업체에 불과했다. 그런데 그레이스 측 임원 몇 명이 우리에게 암웨이를 매각할 의사가 있는지 타진해왔다.

제이와 나는 그럴 의사가 전혀 없었지만 도대체 우리 회사를 왜 사고 싶어 하는지 재미 삼아 그 이유라도 들어보기로 했다. 그들이 가격까지 제시했지만 우리는 팔지 않겠다고 말했다. 그들은 자신들이 사업을 확장 중이며 신시내티에 이미 암웨이 같은 가정용 세제를 만들 수 있는 공장 시설도 있다고 했다. 그러면서 "팔지 않겠다면 그레이스 세제 회사를 가동해 암웨이와 경쟁해야겠군요"라고 협박 아닌 협박을 했다. 나는 "그거 잘됐군요! 당장 시작하시죠. 암웨이 사업 시작 안내서를 하나 드릴 테니 읽어보시죠. 거기에 마케팅플랜이 자세히 적혀 있으니까 그대로 하면 됩니다. 원한다면 당장 경쟁을 시작하죠"라고 응수했다. 그들은 정말로 그레이스 세제 사를 시작했지만 나는 관심이 없었다.

몇 년 후 메인 주의 바하버 공항에서 그레이스의 회장 피터 그레이스를 만났다. 그를 직접 만난 건 처음이지만 인사를 하고는 암웨이 공동창업주 중 한 사람이라고 내 소개를 했다. 그리고 "그레이스 세제 사는 어떻게 되고 있습니까?"라고 물어보았다. 그는 "거 참, 알면서 왜 그러시오!"라고 쏘아붙였다. 나는 정말 모른다고 했다. 회사를 열자마자 접었다는 말을 듣고 나는 "참 이상하네요. 제가 암웨이 책 한 권과 사업 시작 안내서를 중역 몇 분에게 드렸거든요. 세제로 성공하는 법이 거기 다 써 있는데 말이죠"라고 말했다. 그는 내게 다가와 손으로 내 가슴을 쿡쿡 찌르며 "이봐 젊은이, 당신이 뭔가 빼먹고 안 썼겠지!"라며 화를 냈다.

라스베이거스에서 열린 암웨이 50주년 기념행사 때, 나는 그 일화를 소개하며 그 자리에 모인 암웨이 사업자들에게 말했다.

"그때 제가 안내책자에 빼먹고 쓰지 않은 게 무엇인지 말씀드리죠. 만약 여러분도 그걸 빼먹는다면 성공할 수 없어요. 그레이스 회장이 빼먹었다고 말한 것은 절대 글로 쓸 수 없는 내용이었어요. 그건 바로 여러분이 후원한 파트너를 돕는 여러분의 태도니까요. 여러분이 누군가를 도와야 그도 여러분을 도울 수 있다는 것, 그것을 통해서만 성공할 수 있어요. 진부한 이야기라고요? 하지만 그게 암웨이인걸요."

암웨이는 정말 많은 사람의 삶을 풍요롭게 만드는 사업이다. 내가 1989년 월트 디즈니가 남긴 글에서 감명을 받은 후 만든 '삶을 풍요롭게 만드는 사람들(Life Enrichers)'이라는 연설이 있다. 캘리포니아로 가는 비행기 안에서 디즈니가 남긴 어떤 구절을 읽은 나는 그것으로 새 연설문을 만들어야겠다는 생각을 했다.

내용인즉 세상에는 세 부류의 사람이 있다는 것이다. 늘 남의 생각과 노력을 비판하는 '우물에 독약을 치는 사람들(well - poisoners)'과 성실히 세금을 내고 직장에 열심히 다니는 가장이지만 자기 집 앞마당 밖의 일에 관심이 없고 도울 생각도 없는 '잔디 깎는 사람들(lawn - mowers)', 그리고 도움을 주는 행동이나 격려의 말로 다른 사람의 삶이 나아지도록 돕는 '삶을 업그레이드하는 사람들(Life Enhancers)'이 그것이다. 그 글을 읽고 나는 "그래, 세 번째 사람들이 바로 암웨이를 하는 사람들이지!"라며 무릎을 쳤다. 내 연설 제목으로는 '삶을 풍요롭게 만드는 사람들'이 낫겠다고 생각해서 좀 고쳤지만 아이디어는 분명 디즈니가 남긴 말에서 따온 것이므로 연설에서도 나는 항상 디즈니에게 공을 돌렸다.

오늘도 어제와 마찬가지로 암웨이 사업의 중심에는 삶을 풍요롭게 만드는 사람들이 있다. 물론 제품 전달도 매우 중요하지만 그보다 더 중요한 개념이 있다. 제품 판매로 돈을 벌어 자신의 삶이 나아지도록 하는 동시에 다른 사람을 후원해 그들도 자기처럼 나은 삶을 살도록 기회를 나눠야 한다는 점이다. 특히 그러기를 원하는 모든 사람이 이 기회를 통해 풍요로운 삶을 누리게 해야 한다. 삶의 풍요는 물건을 팔아 돈을 벌기 때문이 아니라 다른 사람을 도와 함께 성공한다는 마인드를 가진 긍정적인 사람들이 모인 비즈니스에서 이뤄진다. '삶을 풍요롭게 만든다'는 것이 바로 암웨이 비즈니스의 근간이 되는 개념이다.

그 후 몇 년간 나는 모든 암웨이 미팅에서 끊임없이 이 연설을 했고, 암웨이와 관계없는 청중이 모인 자리에서도 그만큼 자주 이 제목으로 연설을 했다. 삶을 풍요롭게 만든다는 개념이 내 마음에 깊이 와

닿았기에 가능한 한 내가 만나는 모든 사람에게 당신도 삶을 풍요롭게 만들 수 있다고 응원해주고 싶었다. 지금도 나는 선한 행동으로 신문에 난 사람들 중에 내가 생각하는 '삶을 풍요롭게 만드는 사람'이라는 생각이 드는 사람에게 반드시 칭찬의 편지를 보내 내 마음을 전한다.

1950년대 초 시카고의 뉴트리라이트 사업자 컨벤션 강단에서 불타는 열정으로 호소한 '셀링 아메리카', '해보거나 울거나', 그리고 전 세계를 누비며 한 수많은 연설을 통해 나는 암웨이를 하는 사람들이 개인적인 꿈을 이루는 데 도움을 주었다. 그뿐 아니라 그들에게 자유기업과 기업가정신이 주는 소중한 가치, 본인과 다른 사람의 삶을 풍요롭게 만들 책임이 있음을 느끼게 해주었다.

내 연설이 아무리 대단하더라도 암웨이의 끊임없는 제품 개발 노력과 시설 투자, 훌륭한 경영이 없었다면 암웨이 사의 성공도 없었을 것이다. 동시에 아무것도 제대로 갖추지 못한 초창기에 사람들이 성공을 확신하도록 격려하고 용기를 주지 않았다면 암웨이는 시작도 못했을 터다. 마치 십자군 전쟁처럼 혁명적이고 치열하던 초창기의 그 노력은 어느덧 전 세계로 퍼져 나갔다. 그 노력의 혜택을 전 세계인이 받게 된 것은 오로지 다른 사람에게 이 사업을 전함으로써 그들도 그들 자신, 가족, 친구 그리고 더 많은 사람의 삶까지 풍요롭게 만들 수 있다는 것을 알린 사람들이 있었기 때문이다.

내게 연설을 부탁하는 사람들에게 나는 보통 "무슨 주제로 이야기하기를 원하십니까?"라고 묻는다. 주로 듣는 대답은 "아, 어떤 것이든 상관없습니다. 우리에게 용기와 격려를 주는 내용이면 됩니다. 사장님의 긍정적인 연설이면 됩니다"이다.

사업에서든 일상의 삶에서든 모든 사람은 용기와 격려를 원하고 또 필요로 한다. 이런 격려와 칭찬이 암웨이의 성공 비결이다. 나는 어떤 사업체든 기관이든 그것을 이끄는 리더가 자신의 경험과 진심이 우러나는 긍정적인 메시지를 전할 때 반드시 성공할 것이라고 믿는다. 기억에 남을 만한 예화를 많이 곁들여서 말이다.

10장

마법의 순간

암웨이가 올랜도 매직의 구단주라는 사실은 무척 자랑스럽지만 원래 나는 농구팀이든 그 어떤 프로 경기팀이든 인수할 생각이 없었다. 그야말로 어찌어찌하다 보니 그렇게 되었을 뿐이다.

1991년 매직팀을 사기 전에 사실은 올랜도의 한 유력한 신생 메이저리그 야구팀이 나를 찾아와 인수를 제안했다. 당시 메이저리그는 참가 구단수를 늘리려고 노력 중이었는데 빠른 경제성장을 이루던 올랜도에는 야구팀이 없었다. 내가 구단주로 입찰한 이유가 여기에 있다. 그런데 내셔널리그(미국의 1군 프로야구연맹인 메이저리그의 하나. 1876년 생김.

지역별로 동부, 중부, 서부로 나뉨. 또 다른 리그는 아메리칸리그 – 역주)가 올랜도 대신 마이애미 말린스를 선택해버렸다.

입찰에 떨어지고 몇 개월 후 나는 올랜도 매직 농구팀이 매각을 원한다는 소식을 들었다. 우리 가족은 원래 야구를 좋아했지만 어쩌면 농구단을 사는 게 더 나은 선택일지도 모른다는 결론을 내렸다. 우리 가족은 겨울에는 플로리다에서 농구를 관람하고 야구 시즌에는 주로 미시건 주에 가 있었다. 또 농구는 실내경기이기 때문에 날씨 때문에 취소되거나 연기되는 일이 드물다는 점도 호감이 갔다.

결국 우리는 농구단을 인수하기로 했고 어느새 인수한 지 20년이 넘는다. 어린 시절에 오랜 시간을 농구 골대 밑에서 지내고 열심히 우리 학교 농구팀을 응원한 경험으로 보아 사실 내가 매직팀을 인수한 최초의 동기는 돈 때문이라기보다 어릴 적 느낀 즐거움을 다시 느껴보고 싶었기 때문인 것 같다.

사실 프로 스포츠팀 사업은 별로 수익성이 없다. 하지만 내 아내 헬렌과 아이들, 손자·손녀들까지 모두 지대한 관심을 갖고 참여하는 가족사업이라는 것만으로도 내 가족에겐 정말 큰 소득이다. 매직팀의 경기를 관람하는 일은 중요한 가족 행사이자 전통이 되었다.

구단주가 되고 팀을 재정비한 후 처음 출전한 플레이오프(정식 시즌 후 리그의 최종 승자를 가르기 위해 치르는 결승 경기 – 역주)를 나는 잊지 못한다. 아직 무명이던 매직팀은 플레이오프전에 한 번도 진출해본 경험이 없어서 언론의 관심을 끌지 못했다. 그때도 최종 결승전까지 올라가지는 못했지만 언젠가는 매직팀이 NBA(미국 프로농구연맹 – 역주)의 챔피언이 될 거라는 희망으로 든든한 뿌리 역할을 한다는 사실이 우리 가족에게 큰 기쁨과 설렘을 주었다.

돌이켜보니 프로농구단을 소유한 것이 나와 내 가족에게 큰 즐거움이었음을 알겠다. 엄숙한 비즈니스맨은 느낄 수 없는 어린 소년만이 알 수 있는 신나고 짜릿한 재미라고나 할까. 우리 아이들도 굉장히 즐거워한다. 우리 가족은 농구단 상황에 진심으로 관심을 기울이며 의사결정에도 적극적으로 참여한다. 한자리에 모였다 하면 매직팀을 주제로 이야기꽃을 피울 정도다. 우리가 구단주가 된 이후 매직팀이 매 시즌 50퍼센트 정도의 플레이오프 진출 성과를 올려 더욱더 기쁘다. 선수들의 장기적인 성과 기록도 좋고 섀킬 오닐이나 드와이트 하워드처럼 재능 있는 선수들이 함께해준 것도 축복이다.

팀을 인수하고 내가 처음 배운 건 '구단주의 역할이 어디까지인가' 하는 점이었다. 새로 구단주가 된 사람은 종종 자신의 역할과 감독의 역할을 혼동한다. 심지어 선수대기실에 들어가 감독인 듯 행동하기도 한다. 나 역시 처음에는 선수들에게 힘을 '팍팍' 주는 격려사를 쏟아부으면 금방 효과가 날 거라고 생각했다. 하지만 곧 그건 내 역할이 아님을 깨달았다. 그것은 감독이 할 일이다. 나도 내 역할을 넘어서서 나서다가 그러면 안 된다는 걸 배웠다.

처음에는 경기 시작 전마다 선수대기실로 가서 작전회의 때까지 기다렸다가 멋진 격려사를 한마디 하는 걸 잘하는 일이라 생각했다. 아마 감독은 '경기 직전이라 작전에 집중해야 하는 선수들에게 인생에 관한 연설을 하는 이분, 왜 이러실까?'라고 생각했을 것이다. 나중에 감독은 내게 구단주로서의 위치를 지켜야 한다는 말을 했던 것 같다.

좋은 감독을 뽑아 팀을 잘 이끌도록 하는 것이 구단주의 역할이다. 모든 사람에겐 각자 주어진 재능이 있고 그 누구도 혼자만의 능력으로 전체를 이끌 수는 없다. 내겐 암웨이 직원들과 사업자들을 격려하거나 동기를 부여하는 능력은 있을지 모르지만 어느 모로 보나 프로농구팀 감독 자격은 없다!

감독도 사람이기에 실수할 수 있지만 그들은 전쟁 같은 경기 속에서 분초를 다투는 결정을 내린다. 우리가 관람석에서 즐기는 동안 감독은 피를 말리며 어떤 플레이를 할지, 선수 교체를 누구로 할지, 어떤 선수를 쉬게 해야 할지 등에 신경을 집중한다. 최근 나는 팀이 몇 차례 계속 지고 난 다음에야 감독을 만나 내가 직접 선수들에게 구단주는 언제나 여러분을 지지하고 자랑스러워한다는 말을 해도 되겠느냐고, 지금쯤은 내가 한마디를 하는 게 도움이 될 것 같다고 말했다.

어쨌든 나는 구단주로서 우리 선수들에게 긍정적인 영향을 주고 싶다. 특히 이제 갓 10대를 벗어나 프로선수가 된 덕분에 갑자기 엄청난 돈과 명예를 거머쥔 선수에게는 더욱더 그렇다. 내가 실제로 그들의 삶에 좋은 영향을 주는지는 모르겠지만 적어도 노력은 한다. 우리 부부는 매 시즌 시작 전에 선수들을 집으로 초대해 함께 식사하면서 이야기를 나누는 자리를 마련하려고 노력한다. 요즘에는 일정이 바빠 우리 집으로 부르지 못하고 우리가 직접 올랜도로 가서 점심이든 저녁이든 한 끼라도 같이 먹으려고 한다.

구단에는 매년 새로 들어오는 선수도 많고 감독이 교체되는 경우도 있는데, 나는 구단주로서 가급적 선수들에게 관심과 애정을 표현한다. 또 이제 막 나를 알게 된 사람들에게 내가 기독교인이라는 걸 분명히 알린다. 만약 내 종교가 기독교인 것을 꺼리는 사람이 있다면 나와 직접 대화해서 교감을 이루길 바란다. 나는 선수들에게 우리 가족사를 들려주면서 왜 우리 가족이 매직팀을 인수했는지 알려준다. 이러한 노력을 통해 선수들에게 조금이나마 긍정적인 영향을 주고 선수로서도,

인생에서도 성공하도록 돕고 싶기 때문이다.

그뿐 아니라 나는 선수들에게 돈에 대해, 저축의 중요성에 대해 많이 이야기한다. 지금 돈을 아무리 잘 벌지라도 벌 수 있는 시간은 영원하지 않다는 것, 프로농구선수로서 현재의 체력이나 실력이 아무리 출중해도 길게 잡아 마흔 살이 넘으면 은퇴해야 하므로 그 이후의 삶을 미리 준비해야 한다는 걸 강조한다. 지금 받는 연봉이면 풍족하게 생활하고 저축과 투자도 할 수 있으니(버는 것보다 덜 쓴다면 말이다) 돈이 부족해지기 전에 대비를 하라는 말이다. 특히 재무상담 전문가와 의논해서 미리미리 준비하라고 충고한다. 그렇지 않으면 10년이 지난 뒤 갑자기 '그 많던 돈이 다 어디로 갔지?'라며 낭패를 겪을 수도 있기 때문이다.

한편 나는 선수들에게 행동을 조심하라는 말도 많이 한다. 잘나가다가 약물이나 알코올, 기타 불미스러운 사건에 연루되어 선수 생활이 끝나버리는 불행한 소식을 들을 때마다 나는 선수들에게 구구절절 얘기를 한다.

"공든 탑이 한순간에 무너지고 인생이 끝장날 수 있다는 걸 여러분도 잘 알고 있지요? 여러분은 유명인이에요. 좋든 싫든 사람들의 관심을 피할 수는 없어요. 사람들은 말로 공격하기도 하고 물리적으로 공격하기도 하지요. 누가 여러분에게 욕을 하거나 한 대 때렸다고 해봐요. 운동선수니 얼마나 빨리, 아프게 되받아칠 수 있겠어요? 하지만 그 순간 여러분의 선수 인생은 끝이에요. 폭행은 누구에게나 생길 수 있는 사건이지만 당사자가 운동선수라면 상황은 달라져요. 여론이 보고 있지요. 음주운전도 마찬가지입니다. NBA에서 뛰기 위해 그동안 쌓아온 모든 노력과 재능이 한순간에 물거품처럼 꺼져버릴 수 있다는 걸 꼭 명심하세요."

선수들은 내 지루한 훈시를 예의 바르게 들어주는 편이다. 그래도 나는 훈시 시작 전에 "할 말은 딱 세 가지밖에 없으니 걱정들 마세요. 길지 않으니까"라고 미리 언질해 둔다.

대화를 할 때는 선수들도 말을 하지만 대개는 듣기만 한다. 어쨌거나 나는 내가 해줘야 할 말은 꼭 해준다. 구단주로서의 오랜 경험이 선수들에게 분명 도움이 될 거라고 믿기 때문이다. 할아버지 구단주가 본인들의 돈과 인생에 대해 이러쿵저러쿵 훈계하는 소리를 귀담아 듣든 무시하든 그건 그들의 몫이다. 하지만 나는 선수들이 혹시라도 어느 날 성적이 떨어져 재계약이 되지 않고 모아둔 돈도 없는 상황에 빠져 '잘나가던 내가 왜 이렇게 됐지?' 하며 주저앉아 우는 모습을 보는 것보다는 잔소리를 택하겠다.

나는 매직팀이 처음으로 내보낸 스콧 스카일스 선수를 기억한다. 헬렌은 너무 마음 아파하면서 그 선수에게 '지금은 떠나지만 언젠가 감독으로 다시 오길 바란다'는 편지를 써주었다. 아내는 내게 "그냥 이렇게 나가라고 할 수는 없어요, 여보. 얼마나 소중한 선수였는데. 위로 편지라도 써야 해요"라고 말했다. 물론 20년간 들어오고 나간 그 많은 선수에게 일일이 편지를 써주는 건 현실적으로 불가능했지만, 지금도 성적이 저조해 트레이드되는 선수들을 한결같은 배려와 존중으로 대한다. 어쩌면 그래서 올랜도 매직팀이 구단주가 가장 선호하고 갖고 싶어 하는 팀이 된 것인지도 모른다.

올랜도 매직팀은 암웨이 홍보에 엄청난 기여를 했다. 암웨이 경기장에서 치르는 농구 경기는 전 세계 200개국에서 생방송한다. 그러니 수천만 명이 동시에 보는 효과가 나지 않을까? 또 암웨이 사업자들은

"매직팀은 우리 팀이에요!"라고 말한다. 암웨이 창업자가 소유한 농구팀은 그들의 농구팀이기도 하다는 엄청난 자부심을 준 셈이다.

―――

"이건 우리 것이에요. 그러니 제 것도 되지요"라고 말하는 것은 무시할 수 없을 만큼 대단한 위력을 지닌다. 나는 그랜드 래피즈 근교에 있는 그랜드 밸리 주립대학교 운영위원으로서 오랫동안 재정적 지원을 했다. 그 경험을 통해 나는 주인의식에 대해 많이 생각해보았다. 50년 전 허허벌판 위에 달랑 네 개의 작은 건물로 개교한 이 학교가 학생 수 2만 5,000명에 캠퍼스도 두 개나 있는 대규모 주립대학으로 성장한 과정을 시민들과 함께 지켜보면서 말이다.

언젠가 "근처에 동문도 별로 없는 이 학교가 어떻게 이처럼 대단한 후원과 지원을 받을 수 있었나요?"라는 질문을 받은 적이 있다. 그렇다. 매년 유명인사도 초빙하지 않고 그냥 지역 후원자들에게 감사의 인사말 정도밖에 하지 않는 학교기금마련 행사에 어떻게 1,500명이 꼬박꼬박 입장권을 사서 참가하는 걸까? 그 이유 중 하나는 지역 주민들이 그랜드 밸리 주립대학을 우리 모두의 것, 즉 '우리 소유'의 학교라고 생각하기 때문이다. 그 지역 후원자들이 함께 세우고 성장시킨 지역 공동체 모두의 소유라고 생각하는 주인의식 덕분이다. 그것은 그랜드 래피즈 주민들이 나서서 우리 지역에도 주립대학 수준의 학교를 만들어 '우리 학교'라고 부를 수 있게 하자는 생각을 실행에 옮긴 결과물이기도 하다.

여러 지역에서 대학과 인근 지역 주민 간에 종종 마찰이 발생한다.

그중에는 세금이나 학생 문제, 학교 주변 치안, 소방 시설 확충에 드는 비용 부담을 둘러싼 갈등도 있다. 하지만 그랜드 래피즈에서는 온 시민이 한마음으로 그랜드 밸리 주립대학을 지지하고 후원한다. 왜냐하면 '우리' 학교니까. 나는 거기서 명예박사학위를 받았기 때문에 진짜로 '내' 학교이기도 하다. 아무튼 학교든 교회든 다른 어떤 단체든 그 지역 공동체가 한마음으로 주인의식을 가지고 '우리 것'이라고 생각하는 문화를 만들 필요가 있다.

그랜드 래피즈를 '우리' 도시라고 생각한다면 그곳에 사는 느낌도 다르고 운전도 더 조심할 것이다. 낯선 사람을 봐도 '우리' 도시에 온 손님이므로 더 따뜻하게 환영하게 된다. 나는 길에서 만난 낯선 방문객에게 늘 "그랜드 래피즈에 오신 걸 환영합니다!"라고 인사를 건넨다. 왜냐고? 그곳은 '우리' 도시이자 '내' 도시이기 때문이다. '우리'라는 공동의 주인의식이 미치는 영향은 이렇게 대단하다.

나는 암웨이 사업도 '내' 사업이라는 걸 강조한다. '우리 것'이라는 주인의식은 대단한 힘을 지닌 동기부여의 원천이므로 기회가 될 때마다 이를 적용해야 한다. 나는 내 아이들과 손자·손녀들이 미국을 '내' 나라로 분명히 느끼기를 원한다. 다시 말해 "우리 할아버지는 할아버지의 나라를 무척 자랑스러워하세요. 2차 세계대전에도 참전하셨대요"라며 남의 말 하듯 하는 손자·손녀들이 미국은 할아버지의 나라기보다 '그들 자신의' 나라이자 '그들 자신의' 미래라고 믿고 불러주길 원한다.

최근에 나는 '우리 것'이라는 주제로 연설한 적이 있다. 나는 '우리'라는 말의 힘을 믿기 때문에 내가 개인 구단주인 팀에게도 '우리 팀'이라 부르고, 또 모든 매직 팬들도 '우리 팀'이라 부르며 응원한다.

암웨이도 마찬가지다. 암웨이라는 한 회사를 소유한 것도 기쁘지만 전 세계 수많은 사람이 "암웨이는 우리 비즈니스에요. 우리가 주인이죠. 우리 자신을 투자했으니까요. 우리는 이 사업의 결정권에 참여하고 있고 우리 가족과 함께 이 사업이 주는 축복을 누리고 있어요"라고 하는 말을 들을 때는 더욱 기쁘다. '우리 것'이라는 마인드 때문에 나와 헬렌은 그랜드 래피즈 도시개발에 물심양면 참여했다. 나는 '우리' 지역의 삶의 질 향상과 지속적인 성장을 위해 우리가 맡아야 할 책임이 있음을 느낀다. 삶을 풍요롭게 해주는 곳에서 사는 것이 내 평생의 주제니 말이다.

올랜도 지역 사회에도 우리가 기여할 수 있어서 정말 기쁘다. 올랜도 매직은 이 지역의 유일한 프로 스포츠 구단으로 대형 경기장의 필요에 공감한 지역 행정부도 우리가 암웨이 아레나를 지을 수 있도록 기꺼이 도와주었다.

암웨이와 올랜도는 서로 좋은 관계 속에서 협력해 나가고 있다. 특히 암웨이와 올랜도 매직팀은 센트럴 플로리다 대학발전기금을 비롯한 기부 및 어린이 스포츠 교육 프로그램도 후원하고 있으며, 매직팀 선수들은 병원으로 아픈 어린이를 직접 찾아가 위로해주기도 한다. 나는 그렇게 어린 팬들과 교류하면서 스스로의 존재감과 가치를 느끼는 선수들이 참으로 자랑스럽다.

매직팀은 내 인생에 '왜(Why)'라는 질문을 안겨주었다. 나는 왜 농구단을 인수하라는 제안을 받았을까? 그리고 왜 그 제안을 받아들였을까? 혹시 젊은이의 삶을 풍요롭게 만드는 데 도움을 주라는 뜻이 아니었을까? 아니면 올랜도 지역 사회에 선한 영향력을 미치라는 뜻이었을까?

NBA 농구단의 구단주로서 나는 참으로 소중한 내 인생의 원칙을 많이 배웠다. 주인의식의 중요성, 지역사회 공헌, 가족과 함께하는 기쁨, 젊은이들을 위한 멘토링 그리고 승리의 기쁨 같은 것 말이다. 20년 전 한 프로농구팀을 인수하겠다고 결정했을 때, 나는 이것이 단순히 농구팀을 소유하는 것 이상의 많은 일을 하겠노라고 다짐하는 결정이 될 줄은 정말 몰랐다.

3부

삶을 풍요롭게
만드는 사람

11장

부와 명성

지금 우리는 부와 명성이 지배하는 사회에서 살고 있다. 나 역시 많은 부와 어느 정도의 명성을 성취했음을 부정하지 않겠다. 그러나 부와 명성은 내 인생목표가 아니었다. 그건 평생 열심히 일하고 계속 새로운 기회를 만들기 위해 노력한 결과일 뿐이다.

나는 내가 언제 백만장자가 되었는지 정말 모른다. 제이와 나는 수입이 생기면 곧바로 사업에 재투자했고 우리 자신은 최소한의 돈만 썼기 때문에(특히 사업 초창기에는 더욱더) 정확히 얼마를 버는지 몰랐다. 그러다가 어느 날 문득 "와우! 우리 회사가 정말 대단해졌군" 하며 놀라기는 했지만, 그것은 내가 부자가 되어서 좋다는 감정이 아니었다.

언젠가 근방의 한 대학총장이 기부를 요청한 적이 있다. 그때 나는 "제겐 그만한 돈이 없습니다"라고 말했던 걸로 기억한다. "회사가 꽤 크지 않나요?"라는 총장의 말에 나는 "당연히 회사는 크죠. 하지만 저에게는 아직 그렇게까지 큰 금액을 기부할 정도의 재산이 없습니다. 언젠가는 기부하겠지요. 그러나 지금은 수입의 대부분을 재투자하고 있어요"라고 대답했다. 제이와 나는 회사가 번 돈을 우리가 다 써버리지 않았다. 매직 농구단 선수들에게 내가 늘 말하는 "지금 있는 돈을 다 써버리고 나서 나중에 후회하지 마라"는 원칙을 내 스스로 처음부터 지켰다.

제이와 내가 생각하는 경영주의 첫 번째 책임은 임금을 제대로 지급하는 것이다. 회사가 잘못되면 직원의 월급을 제대로 줄 수 없다. 만약의 사태를 대비해 언제나 직원에게 줄 월급 정도의 돈은 갖고 있어야 한다.

엄청나게 확장된 암웨이의 본사와 공장이 들어선 에이다의 언덕길을 지날 때마다 제이와 나는 "정말 대단하다!"며 감탄했다. 하지만 나는 언젠가 제이에게 "굉장히 대단해져서 부담스러울 정도지만 난 지금 보이는 대단함에서 멈춰서고 싶지 않네. 어떻게 하면 우리 회사를 더 키울 수 있을지만 생각한다네"라고 말했다. 그렇다. 우리에게 가장 큰 관건은 항상 '어떻게 하면 더 크고 좋은 회사로 성장시킬 수 있을까'였다. 우리는 당장 눈앞에 보이는 현상이나 실적에 집착하지 않았다. 어떻게 하면 더 성장할 수 있을까? 어떻게 하면 이 사업의 기회와 가능성을 더 많은 사람과 나눌 수 있을까? 어떻게 하면 이 세상 모든 사람에게 사람의 소중함을 알게 할 수 있을까? 우리는 이것만 생각해왔다.

이것이 암웨이 비즈니스의 전부다. 다른 사람이 성공해 더 나은 삶을 누릴 수 있도록 돕는 일이 우리 사업의 처음이자 끝이다. 믿음, 희망, 인정, 보상이 암웨이 사업이다. 이런 가치관은 대공황의 그늘에서 어린 시절을 보내고 군인으로서 직접 전쟁을 겪으며 제이와 내게 확립되었다.

그런데 오늘날에는 남을 도와야 한다는 마인드가 많이 희박해진 것 같다. '왜 남을 도와야 해? 내 것만 챙기면 그만이지'라는 이기주의가 팽배한 시대에 암웨이는 이와 반대되는 태도를 지켜왔다. 우리 사업은 '남'을 도와야 성공할 수 있는 일이다. 여러분이 후원하는 그 사람이 성공하도록 도와주어, 그가 성공하면 여러분도 성공하는 일이다. 윗사람이 지시하는 사업이 아니라 나중에 들어온 사람부터 관심을 두는, 소위 '하의상달식 경영(bottom - up business)'이다.

암웨이 사업 초창기 때 제이와 나는 파트너 사업자들을 가끔 집으로 초대했다. 화려한 맨션도 아니고 그저 평범한 주택이었지만, 우리는 강이 보이는 언덕에 정갈한 나무로 나란히 지은 두 집을 자랑스러워했다. 초대받은 사업자들은 정말 좋아했지만 그건 집의 크기와 상관없었다. 암웨이 창업주의 집에 직접 초대받아 왔다는 사실이 그들의 흥분을 불러일으킨 것이다. 그들은 으리으리한 집을 자랑하려는 게 아니라 감사하는 마음을 표현하고 싶어 한 우리의 진심을 알아주었다.

우리는 단 한순간도 부자임을 뽐내거나 남보다 잘났다고 생각한 적도, 그렇게 행동한 적도 없다. 자동차도 제이 아버지의 회사에서 팔던 플리머스와 디소토(크라이슬러의 대중용 중형 세단 - 역주) 같은 평범한 것을 몰았다. 고급 캐딜락은 한참 후에나 샀다. 우리가 성공한 이유는 다른 사람들이 성공하도록 도왔기 때문이다. 모든 수입은 곧바로 재투자했고 우리의 개인 주머니를 불리지 않았다. 앞서 얘기했듯 우리는 회사 돈을 한 푼도 허투루 쓰지 않았다.

제이와 나는 경영주로서 직원들과 암웨이 사업을 하는 독립 사업자들에게 많은 책임감을 느꼈다. 늘 우리에게 딸린 수많은 사람을 염두에 두었고 우리의 잘못으로 문제가 생겨 그들을 위험에 빠뜨리는 건 상상조차 할 수 없는 일이라고 생각했다. 아직 젊은 두 경영주에게 그건 커다란 책임이자 부담이기도 했다.

우리에게 실패란 있을 수 없는 일이었다. 암웨이 사의 실패가 우리 두 사람의 실패로 끝나는 게 아니기 때문이다. 우리가 세운 암웨이는 우리의 기쁨이고 자랑이며, 자유기업 시스템이 승리한다는 걸 세상에 증명하는 살아 있는 모범이 되어야 했다. 또한 우리는 가족, 아동, 교육, 근검절약에 경영의 초점을 맞추었고 십일조와 사회기부, 교회헌금을 위해 언제나 수익의 일정 부분을 따로 떼어놓았다.

물론 암웨이가 엄청나게 성장하면서 우리는 개인적으로도 큰 부자가 되었다. 나는 무언가를 더 사기 전에 항상 나 자신에게 묻고 대답한다. "난 부자니까 더 큰 집도 사고 배도 사고 새 비행기도 살 수 있지 않나?"

때로는 예스 또 때로는 노다. 더 큰 집이나 큰 비행기가 별다른 도움이 되지 않을 때도 있으니까. 중요한 것은 어떤 일을 결정하기 전에 '왜' 하려는지 혹은 '왜' 하지 않으려는지 확실하게 답할 수 있어야 한다는 것이다. 늘어난 수입으로 내가 원하는 걸 살 수도 있지만, 기부를 하거나 저축할 수도 있고 아니면 다른 사람들의 성공을 돕기 위해 회사에 투자할 수도 있기 때문이다.

나는 내 아이들이 어렸을 때부터 돈과 돈 때문에 빠질 수 있는 위험에 대해 자주, 정기적으로 이야기를 나눴다. 아이들이 다 자란 지금도 우리는 그 주제로 이야기를 나눈다. 우리 아이들은 부자의 책임을 분명히 이해하고 받아들였다.

돈이 많으면 선택의 폭이 넓어진다. 가난한 부모는 아이들이 뭘 해달라고 해도 돈이 없다고 말해야 하지만 부자 부모는 다르다. 나는 "차 한 대 새로 사주시면 안 될까요?"라고 묻는 아이에게 새 자동차가 왜 필요한지, 왜 허락하는지 또는 왜 허락할 수 없는지, 새 차를 사야 할지, 중고차를 사야 할지 등 많은 선택사항을 놓고 이야기를 나눈다. 무조건 "돈이 없어서 안 돼"라는 대답으로 대화를 끝내기엔 지나치게 부자가 되어버렸기 때문이다.

부잣집 아이들은 망가지기 쉽다. 그러나 솔직히 우리 집 아이들은 망가지지 않았다. 돈이 많기는 해도 나는 우리 아이들이 돈을 함부로 쓸지도 모른다는 걱정은 한 번도 해보지 않았다. 나는 종종 부자 부모를 둔 사람들이 현명하지 않은 판단을 하는 걸 본다. 아마도 부모가 그 돈을 어떻게 모았는지 모르거나, 자기 힘으로 돈을 벌어본 경험이 없거나, 돈을 벌 필요가 없었기 때문일 거라 생각한다. 내 아이들은 모두 우리 회사 공장과 창고, 사무실을 돌면서 직접 일해 월급을 타야 했고, 현장에서 암웨이 사업도 해보았다. 매일 출근하는 말단직원 입장으로 회사 일을 하면서 몸으로 사업을 배운 아이들이다. 아무도 일하라고 강요한 적은 없지만 아이들은 부모에게 직업윤리를 배워 알고 있었기에 기쁜 마음으로 회사에 다녔다. 나는 아이들이 여름방학 중에 회사에 나가 일할 수 있도록 에이다 본사 가까운 곳에 집도 한 채 샀다. 아이들은 방학 동안 아르바이트를 해서 돈을 버는 다른 친구들과 똑같이 매일 아침 아빠 회사로 일하러 나갔다.

노동의 소중함을 배워 잘 알고 있는 내 아이들은 자기 자식에게도 그 가치를 가르쳤다. 우리 집 아이들은 열여섯 살이 되면 누구나 집안에서 하는 사업의 어떤 부분이든 참여할 수 있다. 물론 경영상의 직접적인 투표권은 스물다섯 살이 되어야 주어지지만 그때까지 경영 현장에서 직접 보고 들으며 자기 의견을 제시하기도 한다. 좀 더 구체적으로 말하면 우리 집 아이들은 경영수업 과정에 참여해 어릴 때부터 부자의 책임과 직업윤리를 배운다.

부자는 반드시 자신의 부를 어디에 가치 있게 쓸지 결정해야 한다. 결혼할 때 아내 헬렌은 수입이 들어오면 다 쓰고 남은 돈을 헌금하지 말고 우선 십일조를 먼저 내자고 했다. 우리는 그렇게 했고 시간이 흐르면서 십일조 이상으로 기부할 수 있게 되었다. 재단을 만든 우리는 수입의 일정 부분을 무조건 거기에 모아 기부금으로 쓴다. 모든 기부금은 재단의 예산으로 정확히 운영하기 때문에 '지금 내 주머니에 있는 돈'이 나간다는 생각으로 아까워하는 일 없이 오히려 더 많은 기부금을 내고 있다.

이제 정말 중요한 질문, 즉 '내가 이 많은 부를 소유해도 되는 걸까?'라는 물음이 남아 있다. 하나님께서 나와 내 가족에게 돈을 허락하신 것은 즐겁게 쓰면서 풍성한 하나님 나라의 기쁨을 미리 조금이나마 맛보라고, 국가의 경제성장과 사람들에게 일자리를 주는 데 쓰라고, 정말 돈이 필요한 사람들과 나누라는 뜻이라고 생각한다. 우리에게 남보다 더 부자가 될 능력이나 권리가 있어서가 아니다. 그저 하나님이 우리에게 돈을 맡기신 것뿐이다.

따라서 내겐 청지기로서의 특별한 책임과 의무가 따른다. 우선 나는 나보다 남을 위해 먼저 쓴다. 수입이 생기면 무조건 제일 먼저 기부할 금액을 책정하고 남은 돈으로 새 집, 비행기, 보트를 산다. 물론 더 큰 집과 비행기가 무슨 필요가 있느냐며 내게 더 많이 기부하라고 종용할 수도 있다. 그러나 번 돈을 전부 남에게 주면 나는 버스를 타고 다녀야 할 것이다.

문제는 돈과 '연애에 빠지는' 사람에게 있다. 그런 사람은 부자가 되면 안 된다.

언젠가 커다란 헬리콥터를 샀는데 생각해보니 내게 그토록 큰 헬리콥터는 필요가 없었고 소리도 너무 시끄러웠다. 무엇보다 과시하는 것 같다는 생각에 부끄러워진 나는 그걸 되팔았다(희한한 건 되팔면서 오히려 돈을 벌었다는 것이다).

무엇이든 살 수 있고 또 할 수 있는 돈을 벌면 평범한 사람은 생각지 않아도 되는 많은 부분을 고려해 돈을 쓸 곳을 선택해야 한다. 자기만족에 빠지기 위해서는 아닌지, 남들에게 '뽐내려고' 하는 의도는 아닌지 반드시 자문해보아야 한다. 그렇게 큰 헬리콥터를 산 건 분명 잘못이었고 그걸 깨달은 나는 돌이켰다. 나는 지금도 자가용 비행기를 타고 다닌다. 그러나 기부할 돈으로 비행기를 사지는 않는다. 절대로!

―

벌어들인 돈을 어떻게 관리해야 할지 결정해야 할 정도로 부자가 되면서 동시에 나는 내게 다가온 유명세를 어떻게 치러야 할지도 배워야 했다. 감사하게도 암웨이가 성장하면서 나도 점점 유명인사가 되었고 여기저기에서 연설을 해달라는 요청도 많이 받았다.

사업 초기에 사람들은 우리를 손가락질하고 비웃었다. 그나마 영양학을 배운(그것도 한 의사가 내게 실제로 고백한 것처럼 아주 기본 사항만) 극

소수의 의사를 제외한 거의 모든 의사가 비타민·미네랄을 파는 것은 쓸데없는 짓이라고 공격하면서 건강보조식품은 건강에 도움을 주지 않는다고 주장했다. 피라미드 상술이라고 말하는 FTC의 공격도 받았다. 그러다가 차츰 인정을 받았다.

어느 순간부터 사람들의 공격은 멈추었고 언론에서도 칭찬하기 시작했다. 또 우리가 하는 일과 우리 사업을 통해 많은 사람의 삶이 나아지고 있음을 인정해주기 시작했다. 우리를 공격하던 FTC의 제소 건도 결국 암웨이의 합법성을 인정하는 판결을 내림으로써 결과적으로 우리에게 이득이 되었다. 제이와 나는 점점 여러 위원회의 이사로 촉탁되었고 사람들은 우리의 의견을 경청했다. 경제계 인사들 역시 우리의 의견에 쌍수를 들어 환영했다.

언젠가 미시건 주 미들랜드 소재의 다우 케미컬 사의 행사에 연사로 초빙돼 '인간의 물질적인 풍요(Man's Material Welfare)'라는 주제로 강연을 한 적이 있다. 그때 나는 자유경제 시장에서 사람들이 어떻게 원자재로 물건을 만들어 팔아 부자가 되는지에 대한 내 생각을 이야기했다. 우리처럼 자유와 자유기업 시스템을 지지한 다우 케미컬 사는 내 연설을 사내 교육 자료로 쓸 정도로 인정해주었다. 덕분에 암웨이라면 무조건 배척하던 사람들이 우리 사업과 회사에 관심을 보이기 시작했다. 암웨이가 전 세계로 진출해 성장하자 우리의 성장 비결을 궁금해 하며 찬사를 보내는 분위기와 함께 '누구에게나 자유롭게 주어지는 자유기업의 기회'라는 암웨이의 메시지가 점점 널리 퍼져 나갔다.

암웨이와 공동창업주인 내가 유명해졌다고 해서 달라진 것은 아무것도 없다. 우리의 일을 사랑한 제이와 나는 그저 우리 회사가 성장하는 것과 사람들이 점점 우리의 성장을 알아봐주는 것이 기뻤을 뿐이다. 유명해진다는 건 우리를 좋아하는 사람이 있는 동시에 우리에게 관심이 없는 사람도 있음을 알게 된다는 뜻이다. 사업, 특히 벤처사업에 관심이 있는 사람들이 암웨이에 많은 호기심을 보인다. 암웨이의 독특한 수입구조는 많은 사람을 놀라게 했다. 다른 사람을 도와야 성공할 수 있는 그 희한한 원리의 사업이 어떻게 그토록 큰 성장을 할 수 있었는지 모두들 궁금해 했다.

나는 〈그랜드 래피즈 일보〉의 머리기사에 암웨이가 등장하는 것에도 익숙해졌다. 언제부터인가 제이와 나는 지역사회에 경제적·사회적으로 지대한 공헌을 하는 주요 인사로서 존경을 받았다. 제이 밴 앤델과 리치 디보스라는 이름이 붙은 건물이 줄줄이 들어서면서 우리는 더 이상 피할 수 없는 유명인사가 되었다.

나는 오랫동안 전 세계를 돌아다니며 암웨이 사업자들 앞에서 연설할 때마다 받아온 우레 같은 박수갈채와 뜨거운 환영에 대해 어떻게 생각하느냐는 질문을 많이 받았다. 수만 명이 모여 내 한마디를 기다리는 경기장 무대에 엄청나게 근사한 소개인사와 함께 등장해서 화려한 스포트라이트와 무대를 뒤흔드는 박수갈채를 받으며 연설하는 건 분명 짜릿하고 멋진 경험이다.

그러나 나는 그런 기분이 내 머릿속까지 지배하지 않도록 노력한다. 사람들이 나를 보고 열광한다고 해서 내가 무슨 연예인도 아니고 나는 그저 하나님의 은혜로 구원받은 한 죄인에 불과하니까. 그렇기에 사람들이 나를 보고 환호하며 박수를 쳐주는 순간도 그저 감사한 마음으로 받아들일 뿐이다. 그들이 내게 박수를 보내는 까닭은 아무것도 없이 시작한 자신에게 성공할 기회를 준 암웨이에 감사하는 마음을 표현하고자 함이다. 또한 암웨이 사업을 하는 사람들은 초청강사나 연사에게 기립박수로 환영과 존경을 표하는 전통이 있다. 이것은 누구든 무대에 서서 스피치를 하는 사람에게는 최대한 예의를 갖춰 인정해주는 암웨이만의 독특한 전통이다.

청중이 암웨이 사업자가 아닌 곳에서 연설할 때는 분위기가 다르다. 물론 어디서든 긍정적인 반응을 얻는 건 연사로서 매우 중요하고 기분 좋은 일이다. 그래서 내 말이 끝났는데 기립박수를 치지 않으면 혹시 내 강의가 좋지 않았나 하는 생각도 든다. 반대로 내 연설은 언제나 긍정적이고 친미적인 내용이라 어떤 때는 사람들의 반응이 뜨거워도 "늘 듣던 말이 아니라 신선해서 좋아하나?"라고 혼잣말을 하기도 한다. 수많은 정치인과 언론이 늘 미국의 문제점을 들추고 비난하는 말만 들어오던 청중은 좋은 말, 긍정적인 생각, 특히 미국을 칭찬하는 말을 듣고 싶었을 것이다. 좋은 소식을 전하는 내 연설에 뜨거운 반응을 보이는 건 그런 까닭이 아닐까?

암웨이 비즈니스에는 뜨거운 칭찬과 인정의 문화가 있다. 조용히 감사패를 전해주는 것으로 끝나지 않는다. 모두 일어나 열렬히 환호하며 박수치고 축하해준다. 어떤 공동체에 속해 있든 관계없이 사람은 누구나 자신이 이룬 일에 대해 칭찬과 인정을 받을 자격이 있다. 하지만 실제로 그렇게 해주는 곳은 많지 않다. 그와 달리 암웨이 사업자는 진짜로 일어나 뜨겁게 박수치며 인정해주고 얼싸안으면서 축하해준다.

제이와 내게는 열심히 일해서 세상에 선한 영향력을 끼치자는 비전이 있었다. 만일 내 책이나 연설이 사람들의 삶에 조금이나마 긍정적인 영향을 끼쳤다면 정말 감사한 일이다. 성공을 원하는 모든 사람에게 성공 기회를 주는 것이 우리의 목표였다. 꼭 비즈니스적인 목적이 아니라 해도 암웨이 미팅처럼 삶과 회사, 국가에 대해 긍정적이고 응원해주는 격려의 말과 칭찬이 오가는 모임이 늘어나면 얼마나 좋겠는가. 삶을 바라보는 긍정적인 시각과 태도는 모든 사람에게 필요하니 말이다.

사람들이 내 연설을 좋아하는 이유는 내가 암웨이를 성장시킨 스토리에 감명을 받아서이기도 하지만, 더 크게는 자기도 꿈을 이룰 수 있다는 자신감을 얻기 때문이라고 본다. 사람은 누구나 칭찬받기를 원하며 잘하고 있고 또 잘할 수 있다는 격려와 응원을 간절히 원한다. 제이와 나는 사람들에게 잘할 수 있다고 격려해주는 것에서 그치지 않고 진짜로 성취할 기회를 주고 싶었다.

모든 사람이 '당신은 할 수 있어요!'라는 말을 듣고 싶어 한다. 나는 평생 기쁜 마음으로 사람들에게 이 말을 외쳐왔다.

누구든 신문에 자기 이름이 나면 스크랩을 한다. 언제 또 날지 알 수 없어서다. 언젠가 암웨이 사업자들이 모인 곳이 아닌 장소에서 처음으로 '셀링 아메리카' 연설을 했을 때가 생각난다. 당시 나는 혹시 신문에 기사가 나지 않았을까 싶어 신문을 뒤적여 보았다. 하지만 별다른 기삿거리가 아니었던지 내가 한 연설 기사는 없었다.

그런데 시간이 흘러 더 성공하고 나자 언론이 서서히 내 연설을 싣기 시작했다. 정말 감사한 일이다. 지금은 언론매체가 나서서 암웨이를 홍보해주거나 대체로 우리를 좋게 평가해준다. 물론 반대의 목소리도 있지만 그래도 괜찮다. 이제 암웨이는 유명기업이 되었고 나 역시 유명해져 우리 회사에서 보도 자료를 내면 언론에서 꼭 다뤄준다. 나는 그것이 내가 평생 열심히 일해 성공했고 또한 다른 사람의 삶에도 선한 영향력을 주어 세상이 그것을 인정해주는 증거라고 믿고 싶다.

내 큰손자 릭이 고등학생이었을 때, 할아버지 이름이 너무 많은 건물에 쓰여 있어서 친구들이 놀린다고 불평한 적이 있다. 그때 나는 이렇게 말해주었다.

"릭, 네가 우리 집안에 태어난 건 네 선택이 아니었지. 그런데 우리는 남을 돕는 걸 업으로 해서 성공한 사람들이고 이제 그 성공을 인정받아 언론에도 이름이 나고 건물에도 우리 이름을 붙여주는 거야. 우리가 그 건물들을 세우는 데 돈을 냈기 때문이기도 하고. 그러니 디보스라는 이름이 붙어 있는 걸 부끄러워할 필요는 없단다. 자랑스러워해도 돼. 릭, 네가 사람들의 입에 좋게 오르내리는 일을 하는 디보스 가문에 태어난 건 오히려 축복이야."

이후로 릭은 두 번 다시 불평하지 않았다. 릭은 이미 20대 청년 시절부터 대단한 일을 해냈다. 특히 릭은 매년 그랜드 래피즈에서 열리는 아트 프라이즈 행사를 기획했다. 이 행사는 매년 전 세계에서 수천 명의 예술가가 참가해 작품을 내고 수십만 명의 관객이 직접 투표한 결과를 가지고 등수를 매겨 현금으로 상금을 주는 대단히 인기 있는 이벤트다. 이제 릭은 자신의 이름을 신문과 잡지에 올리는, 내가 그 나이 때에 받지 못한 인정을 받는 청년이 되었다. 나는 그런 릭이 정말 자랑스럽다.

칭찬받을 만한 일을 한 사람에게 언론이 칭찬하는 것 또 무대에 나선 사람에게 열렬한 박수갈채로 환호를 보내는 것은 지속해야 할 좋은 문화다. 내 연설에 박수를 친다는 건 내 생각에 동의한다는 표시지, 개인적으로 나를 칭찬하는 건 아니라고 생각한다. 박수를 받는 건 당연히 기분 좋은 일이지만 앞서 말했듯 나는 그 박수가 내 머리끝까지 올라가지 않도록 조심한다. 어쨌든 내 얘기에 공감을 얻는 것은 매우 중요한 일이다. 우리 사업에는 박수를 끌어내는 응원단장이 필요하다.

그래서 나는 기꺼이 응원단장이 되었다.

나는 긍정적인 사람이다. 나는 모든 사물을 긍정의 눈으로 바라보며 무슨 사건이 생겨도 그것의 긍정적인 면에 집중한다. 때로는 너무 비판의식이 없고 잘못을 찾지 못한다고 비판을 받기도 한다. 이건 사실이다. 내 눈에는 남의 잘못이 잘 보이지 않는다. 그 반대로 좋은 점이 먼저 보인다. 그게 나다. 살다 보면 좋은 것과 나쁜 것을 구별해야 하고 또 비판의식도 필요하겠지만 나는 그저 그런 것과 거리가 멀 뿐이다. 나는 누구에게나 좋은 점이 있고 누구나 가치 있는 생각을 할 때도 있다고 생각한다. 어쩌면, 정말 어쩌면 이런 내 태도 때문에 부자도 되고 명예도 얻은 것인지도 모른다.

12장

리치 가족

가족사업! 정말 멋진 말이다. '가족'은 암웨이 사의 공식 창업이념 중 하나다. 실제로 대다수의 암웨이 사업자가 부부가 함께 사업을 진행하며 아이들을 참여시키는 가정도 많다. 제이와 나는 처음부터 우리 사업자들에게 암웨이가 가족사업임을 자랑스럽게 알려주었다.

암웨이는 주식시장에 상장되지 않은 개인회사이기 때문에 경영의 최종 권한이 제이와 내게 있다. 따라서 사업자들은 안심해도 된다. 주식을 소유한 사람들의 회사가 아닌 우리 자신의 회사이므로 제이와 내겐 미래의 관점으로 회사를 경영할 책임이 있고, 독립 사업자들에게도 우리의 성공 경험에 바탕을 둔 정확한 의사결정과 함께 기독교적 신앙에 기초한 건전한 기업 문화로 직원과 사업자들을 공정히 대한다는 확신을 심어주어야 했다.

지금도 나는 우리 회사를 가족사업으로 운영한다는 사실이 자랑스럽다. 내 막내아들 덕이 사장이고 제이의 큰아들 스티브가 회장이다. 처음과는 감히 비교할 수 없을 정도로 엄청난 규모의 다국적기업으로 성장하면서 환경이 예전보다 훨씬 복잡해졌지만, 과거에 제이와 내가 함께해온 방식 그대로 우리 아들들이 동업 경영을 하고 있다는 사실에 나는 감사한다.

제이의 네 자녀와 내 네 자녀들이 고등학생이 되었을 무렵부터 우리는 그 아이들 중 적어도 몇 명은 우리와 함께 가족사업을 해나가리라고 생각했다. 이에 따라 아이들이 모두 회사 일을 직접 체험하면서 경영수업을 받도록 5년간 암웨이의 모든 부서를 6개월씩 돌며 일하는 프로그램에 참여하게 했다. 이때 아이들은 물류창고, 공장, 연구개발실, 일반사무실을 돌면서 주·야간 근무를 모두 소화했다. 그중 몇 명은 여름방학을 이용해 회사를 청소하거나 잔디를 깎는 일부터 시작했다.

내 큰아들 딕은 회사 가이드로 일하기도 했다. 방문객에게는 미들네임(서양인의 이름과 성 중간에 관습적으로 넣는 이름. 19세기 독일계 이민자가 시작했다는 설이 유력함. 보통 조부모의 이름을 기리는 의미로 넣는 경우가 많음 - 역주)을 써서 자신을 딕 마빈이라고 소개해 내 아들이라는 걸 모르게 했다. 딕도 다른 아이들과 마찬가지로 공장 바닥을 청소하면서 회사 일을 배우기 시작했다. 그렇게 시작해 점점 복잡한 경영수업을 마칠 때까지 모두 5년이 걸렸다.

90년대 초반 나는 심장이 급격히 나빠져 바이패스(인공심폐기를 이용하지 않는 관상동맥우회시술 - 역주) 수술을 받아야 했다. 그때 딕은 회사에서 일한 지 15년쯤 되었고 마지막 5년은 국제사업 담당 부사장으로 일했다. 그러다가 너무 힘들어서 몇 년간 회사를 떠나 자기사업을 하고 있었다. 심장 수술로 인해 휴식이 필요했던 나는 딕을 불러 내 자리를 맡아달라고 했다. 딕이 사장이 된 지 몇 년 후 제이도 건강이 나빠졌고 우리는 회장 자리에 제이의 큰아들 스티브가 가장 적격이라고 판단해 그를 불렀다.

―

딕과 스티브는 우리의 자리를 물려받자마자 난제를 풀어가야 했다. 우선 90년대 말이라 줄어드는 매출을 다시 일으켜 세워야 했고 구조조정과 인사이동도 필요했다. 자금이 충분치 않아 정리 해고하는 직원들에게 줄 돈을 빌려야 한다고 딕이 내게 말했던 기억이 난다. 나는 그때 "딕, 정리 해고를 하면서 비용을 줄이는 게 아니었니?"라고 물었다. 딕은 "제대로 해야지요. 회사를 떠나는 사람들에게 정당한 보상을 하고 새 일자리를 찾도록 도와야 해요"라고 대답했다.

사실 제이와 나는 인원 감축을 원치 않았다. 그냥 그러기가 싫었다. 한두 달 혹은 길어도 1년이면 상황이 제대로 돌아올 거라고 생각했다. 그런데 딕과 스티브는 우리가 피한 아픈 결정을 과감히 단행했다. 대신 그들은 일을 제대로 처리했고 얼마 지나지 않아 회사 상황을 흑자로 돌려놓았다.

딕은 사장직을 맡으면서 내게 "이 자리에서 6년 정도 일한 뒤 다른 일을 할래요"라고 했다. 비록 6년이 아닌 10년간 있긴 했지만 결국 딕은 떠났다. 그 무렵 경영수업을 마치고 벨기에 암웨이를 거쳐 영국 암웨이를 맡았던 막내아들 덕이 아시아·태평양 담당 부사장과 암웨이 글로벌의 재무 담당 이사를 거치면서 딕의 배턴을 이어받을 준비를 마친 상태였다.

내 부름을 받기 전에 시작한 회사를 더욱 키우고 싶어 한 딕은 결국 암웨이를 떠나 자기사업으로 돌아갔다. 여러 개의 회사를 차려 아내 베시와 함께 경영하는 딕은 디보스 일가에서 운영하는 암웨이와 매직팀 이외의 가족사업을 총괄 운영하는 RDV사의 회장으로 있다. 딕은 아버지의 사업을 기꺼이 물려받음으로써 가족이 대를 이어 같은 일을 한다는 자부심과 중요성을 다른 형제들에게도 전수해주었다. 더불어 다른 사업도 가족이 함께할 수 있도록 구조적인 토대를 마련했다. 아마 우리의 가족사업은 계속 번창할 것이다.

우리 가족의 회사 RDV는 암웨이와 매직팀 이외의 사업을 한다는 의미 이상으로 중요한 가족 결속의 장이 되었다. 특히 '디보스가족위원회'에서는 모든 자녀와 배우자를 위원으로 선정해 1년에 네 차례 정기모임을 연다. 최근 이 위원회는 우리 가족의 사명과 가치관을 주요 내용으로 하는 가족헌장을 제정 및 동의했다. 이를 통해 나와 헬렌이 지켜온 삶의 중요한 원칙을 대대로 계승할 수 있을 거라고 믿는다. 디보스가족위원회는 각자의 자산을 함께 운용하는 방법과 자선사업 방향에 대해서도 많은 토의를 하고 있다.

우리는 3대가 참여하는 가족대표회의도 만들었다. 여기에는 나와 헬렌, 우리 아이들과 그 배우자들, 손자·손녀 중 몇 명이 의원 자격으로 1년에 한 번씩 참석한다. 열여섯 살이 되면 정식 멤버가 되는데 이때는 모든 가족이 참여하는 환영행사도 연다. 삼촌이나 숙모 혹은 고모가 해당자를 소개한 후 의원의 임무를 읽어주어 상기시키고 정식

의원으로 인정하는 순서를 밟는 것이다. 이렇게 정식 의원이 된 아이들은 가족 간의 중요한 문제를 토론하는 자리에 참석하고 의견도 낼 수 있다. 그러나 정식 투표권은 가족대표회의 의원으로서 임무를 충실히 수행했다는 조건 아래 스물다섯 살이 되어야 주어진다.

RDV 사를 통해 우리는 손자·손녀손자·손녀들에게도 경영 원칙과 리더십, 팀워크를 가르치는 프로그램을 운영해 우리 가족이 지켜 나가야 할 가치관과 전통이 다음 세대로 이어지도록 하고 있다. 나는 나와 내 아내가 평생 지켜온 소중한 가치가 내 자식과 손자대뿐 아니라 그다음 세대까지 이어지기를 원한다.

손자들 중에도 암웨이에서 일하는 것에 관심이 있는 아이들이 있다. 정말로 원한다면 4년제 대학을 마치고 일단 다른 회사에서 몇 년 간 일한 경험이 있어야 암웨이에 구직 신청을 할 수 있다.

가족사업이라는 개념을 이토록 중요시하는 까닭은 가족 자체가 내겐 굉장히 소중한 존재이기 때문이다. 내가 태어나 자란 가족, 나와 헬렌이 함께 이룬 가족, 그 가족의 가족까지 내게는 아주 소중하다. 따뜻하고 사랑이 넘치던 어릴 적 내 가족 이야기를 여러분은 기억할 것이다. 나를 만들어준 존재는 바로 내 가족이다. 그렇게 행복하고 값진 경험을 하며 자라게 해준 내 가족 같은 가족의 남편과 아버지가 될 수 있었던 건 참으로 축복이다.

내가 평생의 동업자 제이 밴 앤델의 차로 등굣길 카풀을 시작할 즈음, 나는 평생의 동반자 헬렌을 만났다. 1946년 어느 선선한 가을날, 나는 한 친구의 차를 얻어 타고 그랜드 래피즈의 남동쪽 마을을 지나고 있었다. 그때 마주 걸어오던 예쁜 여학생 두 명을 보았다. 내 친구는 그 여학생들이 우리 학교 학생이라 잘 안다면서 우리 차에 태워주겠다고 했다. 여학생들은 집에 거의 다 와서 걸어가도 된다고 사양했지만 우리가 계속 권하자 차에 탔다.

그들과 함께 간 거리는 한 블록밖에 안 될 정도로 짧았다. 내려줄 때 그중 한 소녀가 예의바르게 감사하다고 말하고는 먼저 가버렸다. 나는 남아 있던 여학생에게 그녀가 누구인지 물어보았고 그 여학생은 내 교과서 위에 '헬렌 밴 비셉'이라는 이름과 함께 전화번호를 적어주었다. 나는 그 교과서를 아직도 가지고 있다. 그런데 고백할 건 내가 헬렌의 전화번호를 다른 친구에게 주고 대신 전화하게 했다는 사실이다.

어쨌든 우리는 서로를 알게 되었지만 그런 뒤에도 몇 년이 흘렀다. 제이와 내가 항공조종 강습을 시작한 지 몇 년이 지난 어느 날, 드디어 내가 직접 헬렌에게 전화를 했다. 시간이 많이 흐르긴 했지만 여전히 연락이 닿는 친구들을 통해 헬렌에게 전화해 만나자고 한 것이다.

우리의 첫 데이트는 햇살이 눈부신 어느 일요일 오후 내가 모는 비행기 안에서 이뤄졌다. 그 후로도 가끔 만났지만 우린 각자 다른 사람들도 만나고 있었다. 그러다 보니 갑자기 만나 데이트를 하고는 한참 만나지 않다가 내가 전화를 걸어 또 만나는 식으로 관계가 이어졌다. 그렇게 드문드문 만남을 이어가던 여름이 끝날 무렵, 헬렌이 제이와 내가 우리 배를 정박해놓던 호숫가 근처의 한 오두막 별장에 사는 친구를 보러 왔다. 그녀는 아직 아장아장 걷는 친구의 두 딸을 데리고 산책을 나왔다가 보트를 보고는 멈춰 서서 구경을 했다.

그때 나는 삼촌과 숙모를 배에 태워주려고 거기에 있었다. 그쪽으로 걸어오는 헬렌과 꼬마들을 보고 나는 배를 타고 싶으냐고 물었다. 아이들은 좋아라고 함성을 지르며 배에 올라탔고 헬렌도 따라 탔다. 그리고 처음 만났을 때처럼 우리는 아주 짧은 거리를 함께 배를 타고 갔다. 이미 삼촌 부부를 태워주었기 때문에 연료가 다 떨어져 연료를 채우는 곳까지 갔다가 바로 돌아왔다. 그날 이후 나는 헬렌이 다시 보고 싶어졌다. 그런데 이번에는 진짜로 사랑에 빠졌다는 걸 느꼈다. 결국 그해가 저물어갈 때쯤 우리는 결혼 이야기를 하는 사이로 발전했다.

그때는 아직 목사님이나 다른 믿을 만한 전문가에게 결혼 상담을 받는 시절이 아니라서 누군가의 조언을 받진 않았지만, 우리는 서로가 서로에게 잘 어울리는 사람임을 알고 있었다. 무엇보다 서로 사랑했을 뿐 아니라 둘 다 크리스천이었고 가정환경이나 성장 배경도 비슷했다. 그렇게 우리는 흔들리지 않는 뿌리 위에서 서로의 재능과 성격을 신뢰하며 같은 인생관을 나누는 부부가 되어 60년을 함께 살아왔고 지금도 서로 믿고 사랑한다.

우리에겐 네 명의 사랑스럽고 자랑스러운 아들딸이 생겼고 그들도 축복 속에 결혼해 열여섯 명의 손주와 두 명의 예쁜 증손녀까지 생겼다. 어떻게 그 많은 아이가 하나같이 훌륭하게 자랐는지 생각하고 또 생각해도 그건 오로지 주님이 우리가 맡은 부모 역할에 부어주신 축복이라고밖에 달리 할 말이 없다. 나는 그 역할을 담당한 헬렌에게 모든 공을 돌리고 싶다. 밤낮없이 바쁘게 돌아다니며 일하느라 집을 많이 비운 나를 대신해 아이들을 돌본 헬렌의 노력 덕분에 우리 아이들은 모두 똑똑하고 근면하며 넉넉한 성품을 갖춘 훌륭한 어른으로 성장했다.

아이들이 자랄 때 내가 한 일 중 으뜸은 한 해 일정을 짤 때 반드시 가족의 날을 정해 꼭 지키려 한 것이다. 생일, 학교행사, 운동경기 날짜는 미리 스케줄에 넣어 빠지지 않게 했고 휴일에는 우리 가족뿐 아니라 친척들도 함께 모여 즐거운 시간을 보냈다. 우리에게 가족은 굉장히 소중한 존재였기 때문에 모든 일을 가족이 함께했고 가급적 많은 시간 동안 같이 있으려고 노력했다. 따라서 나는 처음부터 골프를 하지 않았다. 아이들이 어릴 때 골프는 함께할 수 없는 운동이기 때문이다. 당시 내 또래 아빠들은 토요일이면 혼자 또는 친구들과 어울려 골프를 치러 가는 게 대세였다. 하지만 내게 골프는 토요일 아침마다 가족을 떠나는 행위였고 나는 그렇게 할 수 없었다.

그래도 항해만큼은 여전히 좋아했다. 예전에 제이와 함께 떠난 보트 여행에서 실패했음에도 불구하고 말이다. 1960년대 중반의 어느 날 헬렌과 나는 둘만의 주말을 즐기기 위해 미시건 주 소가턱 강에서 작은 '보텔(보트 호텔)'을 빌린 적이 있다. 이틀째 되던 날 밤 보트의 발코니에 앉아 있는데 어떤 배가 이미 꽉 찬 부두로 진입하려고 들어오는 게 보였다. 놀란 나는 벌떡 일어나 줄 묶는 걸 도와주었다. 작업을 도와주던 중에 나는 그 배 주인이 남자 세 명이고, 배를 팔려고 내놨다는 걸 알았다(주인이 세 명이니 당연히 팔아야겠지!). 좋은 기회다 싶어서 나는 배의 아래위를 찬찬히 훑어본 뒤 배의 성능이 어떤지 등을 물었다. 나는 배로 돌아와 헬렌에게 그 이야기를 했다. 아내는 내가 항해를 좋아한다는 걸 알고 있기에 언젠가는 배를 사자고 했지만 이렇게 갑자기 그런 기회가 올 줄은 몰랐다고 말했다. 그저 하루 이틀 휴가를 즐기려고 온 우리 부부에게 갑자기 우리 인생을 획기적으로, 아주 신나게 바꿔놓을 결정을 해야 하는 순간이 온 것이다. 일단 선주들과 시승 날짜를 잡고 나서 우리는 그날을 손꼽아 기다렸다.

마침내 디데이가 왔다. 우리는 아들 둘을 데리고 부두에 도착했지만 파도가 치는 호수를 보자 금방이라도 토할 것 같았다. 선원들은 아무렇지도 않은 표정으로 파도의 높이가 '무려' 10피트(약 3미터)라고 말했다. 걱정하는 아내와 놀란 아이들 때문에 나는 도무지 아무렇지 않을 수가 없었다. 우리가 배에 올라타 낡아빠져 헐렁거리는 구명조끼를 입자 선원들이 시동을 걸었다.

여기까지는 괜찮았다. 그런데 우리가 배에 타자마자 배가 호수의 파도 꼭대기까지 밀려 올라갔다. 헬렌은 배의 높은 쪽에 주저앉아 한 손으로는 손잡이를 다른 한 손으로는 아이들을 붙잡았다. 아이들에게는 갑판으로 올라와 서로 절대 떨어지지 말고 꽉 붙들고 있어야 한다고 단단히 일러둔 상태였다. 그런데 선원들이 물결치는 파도에 이리저리 흔들리는 배를 신나게 몰며 자기들끼리 모험을 즐기고 있는 게 아닌가!

간신히 한 바퀴를 돌고 부두로 돌아왔을 때 남자들은 과연 헬렌이 어떤 반응을 보일지 무척 궁금해 했다. 배를 사면 공동주인이 될 내 아내는 불행하게도 그 시승이 즐겁지 않아 보였기 때문이다. 놀랍게도 헬렌은 운명을 기꺼이 받아들이겠다며 가족이 모두 좋아할 테니 허락하겠다고 했고 그날부터 우리 가족은 그 배의 주인이 되었다.

그날의 결정은 우리에게 기대하지 않던 많은 긍정적인 결과를 주었고 또 계속 주고 있다. 참으로 우연찮게 배를 샀지만 그때부터 항해는 우리 가족 모두가 함께 즐기는 최고의 스포츠이자 팀워크를 연습하는 장소가 되었다. 공간이 좁아 자기 옷이 바닥에 떨어지면 얼른 주워야 다른 사람이 걸려 넘어지지 않았고, 침대도 재빨리 정리해야 앉을 자리가 생겼기 때문에 모두 부지런히 움직여야 했다. 우리 아이들은 배를 타면 청소나 정리는 스스로 알아서 해야 한다는 걸 금방 배웠고, 배 안에서는 물론 밖에서도 그렇게 하기 시작했다. 매일 아침 갑판을 청소하고 난간도 깨끗이 닦아 반짝반짝하게 만들어야 비로소 출항할 수 있었다. 또한 개도 데리고 나가 용변을 보게 해야 했다. 물론 우리는 키우던 개도 배에 태웠다.

우리 가족은 보트를 타고 남들이 하지 않는 방법으로 많은 일을 했다. 매해 여름이면 3주 동안 미시건 호에 배를 띄우고 서부 해안까지 이어지는 각 항구를 돌며 항해를 했다. 보통 하루에 50마일 정도씩 갔다(우리가 배운 또 하나의 팁은 모터를 돌리기 시작해서 곧바로 처음부터 다음 목적지로 갈 수 없다는 것이다. 한 목적지로 가려면 여러 번 모터를 돌려야 했다. 매번 큰 행사를 치르는 것 같았다). 아이들은 오후 두 시만 되면 지겨워하며 내려서 놀고 싶어 했기 때문에 나는 언제나 아침 일찍부터 출발을 서둘러야 했다.

파도가 없어 잠잠한 날에는 뱃머리에 둘러앉아 아이들에게 난간에 니스 칠을 하기 전에 샌드페이퍼로 가는 법을 가르쳐주었다. 우리 배는 나무보트였는데 난간의 칠이 많이 벗겨져 손을 봐야 했다. 아이들은 항상 아빠를 도와주었다. 목적지에 도착하면 우리는 배를 묶어놓고 동네를 돌면서 산책도 하고 공놀이도 하고 아이스크림이나 사탕을 사먹으면서 즐거운 시간을 보냈다. 우리 아이들은 아직까지도 그때의 추억을 회상하며 펜트워터, 화이트 레이크, 루딩턴, 릴랜드, 프랭크포르트, 샤를르부아, 피토스키, 하버 스프링스 등의 항구 이름까지 훤히 기억하고 있다.

한 지점에서 다른 지점으로 가는 여정을 통해 아이들은 미리 계획하고 준비하는 것이 얼마나 중요한지 배울 수 있었다. 자칫 출발이 늦은 날 오후 안개나 악천후를 만나면 서둘러 출발해서 제시간에 다음 목적지에 다다를 수 있어야 날씨가 나빠져도 걱정 없이 잠자리에 들거나 온 가족이 오붓이 모여 앉을 수 있음(TV나 휴대전화, 컴퓨터의 방해를 받지 않고)을 깨달은 것이다. 우린 그렇게 둘러앉아 그날 있었던 일이나 내일의 계획, 어떻게 배를 몰지, 다음 등대는 어딘지 등을 얘기하며 도란도란 즐거운 시간을 보냈다.

리더를 본 적은 많지만 리더십을 가르치는 경우는 거의 못 봤다. 리더가 되는 과정은 학교 교과과정의 하나로 넣어 점수로 채점할 수 있는 과목이 아니다. 우리 아이들은 자라면서 자연스럽게 리더십을 몸에 익혔다.

리더십은 이론이 아니라 실제 체험으로만 습득이 가능하다. 사업을 하다 보면 어느 순간 자신에게 한 번도 있었다고 생각한 적 없는 리더십을 발휘하는 사람들이 많다. 다행히 내 아이들은 훌륭한 리더로 자라주었다. 어려움을 극복한 리더의 이야기를 직간접적으로 접하면서 가랑비에 옷 젖듯 조금씩 우리 아이들도 리더로 변한 것이다. 13년간 암웨이 경영에 몸담은 아들 댄은 퇴임 전 마지막 13개월 동안 아시아·태평양 지역 담당 이사로 도쿄에서 가족과 함께 암웨이 사업자 담당 업무를 마쳤다. 그리고 새로운 길을 찾아 과감히 회사를 떠나 미시건 서부 지역에서 수십 군데 이상의 지점을 갖춘 대중 자동차 및 스포츠카 딜러 회사를 성공적으로 운영하고 있다. 또 그는 마이너리그 하키팀의 구단주이기도 하고 최근에는 가족을 대신해 올랜도 매직팀 운영을 맡고 있는 다재다능한 비즈니스맨이다.

큰딸 셰리도 회사에서 직접 경영을 배운 후 다섯 아이를 키우면서도 아티스트리 화장품 브랜드 부사장을 거쳐 올랜도 매직팀을 몇 년간 운영했다. 그뿐 아니라 알티코(암웨이의 모기업 – 역주)와 암웨이 이사회의 이사직도 역임했고 모교인 호프 칼리지의 기금관리 책임자로 일하기도 했다. 셰리는 누가 봐도 당당한 리더다.

며느리들도 대단한 리더다. 큰며느리 베시는 국내·국제를 아우르는 정치적 리더십으로 미국 전역의 외교 기회 확대에 기여하고 있다. 파멜라는 패션 산업에서 성공적으로 자리매김하는 중이고, 마리아도 서부 미시건 활성화를 위한 다양한 공동체 활동에 열정적으로 참여하고 있다.

나와 헬렌은 우리 아이들이 리더감이라는 사실을 단 한 번도 의심하지 않았다. 그 아이들은 어렸을 때부터 남을 배려할 줄 알았다. 우리 부부는 모든 인간은 하나님의 귀한 작품이기 때문에 누구도 차별 없이 귀하게 여겨야 한다고 끊임없이 가르쳤다. 내가 남을 존중하지 않으면서 어떻게 남에게 존중을 받겠는가? 남을 존중함으로써 존중받고, 정직하면서도 자기 말을 끝까지 책임질 줄 아는 사람이 진정한 리더다. 남에게 존중받는 사람은 비록 학벌이나 배경이 좋지 못해도 주눅 들거나 자기비하를 하지 않는다. 우리 아이들은 암웨이 사업을 보면서 모든 사람에겐 숨은 재능이 있음을 배웠다. 나는 아이들이 암웨이를 하는 집안에서 자라났기에 엄청나게 긍정적인 경험을 할 수 있었다고 믿는다.

다행히 우리 부부는 자녀 교육관이 같았다. 비슷한 가정환경과 종교적 배경에서 자라난 사람과 결혼하면 이런 점이 좋다. 부모가 각기 다른 배경과 믿음을 가지고 아이들을 키울 경우에는 훨씬 많은 노력이 들게 마련이다. 반면 가치관과 자라온 배경이 같은 사람끼리 만나면 결혼하기 전부터 서로 생각이 같다는 무언의 합의가 이뤄진다. 물론 내 아내와 내게도 차이점은 있었다. 헬렌은 외동딸이기 때문에 시끌벅적한 분위기에 잘 적응하지 못했고 네 명의 아이들이 소란을 피울 때마다 내가 나서서 말려야 했다. "가족이 이런 거야? 애들은 원래 다 우리 애들 같아?"라고 아내가 걱정하면 나는 "지극히 정상이야. 여보,

걱정 마. 원래 애들은 서로 치고받고 싸우기도 하면서 크는 거야"라며 안심시켜야 했다.

꽤 오래전에 쓴 《믿음》에서 나는 가족에 대한 내 믿음을 표현한 바 있다. 그때와 마찬가지로 나는 아직도 이걸 믿는다.

"미국 사회의 역동성을 결정하는 곳은 수백만의 평범한 중산층 가정집 거실과 식탁, 아이들 놀이방, 뒷마당이다."

어릴 적 소박했지만 오순도순 이야기꽃을 피우거나 성경도 읽던 안락한 거실, 식사시간에 듣던 아버지의 긍정적인 격려와 식사 후 어머니를 도와 설거지를 하던 부엌, 내 여동생이 잰을 데리고 탁구를 치던 지하실까지 집 안의 모든 장소가 나를 만든 원천이었고 그건 지금도 변함없는 진실이다. 나와 헬렌이 자식들에게 물려주고자 애써온 가치관과 믿음을 그들도 자기 아이들에게 전해주려 하는 것에 나는 눈물 나게 감사한다.

이제 손자·손녀들도 스스로 리더십을 갈고닦아 세상의 빛이 되기 시작하는 것을 지켜보며 나는 지금까지 그래왔듯 우리 가족의 미래가 환하고 밝다는 것을 믿어 의심치 않는다.

> 가족사업이라는 개념을 이토록 중요시하는 까닭은
> 가족 자체가 내겐 굉장히 소중한 존재이기 때문이다.
> 내가 태어나 자란 가족, 나와 헬렌이 함께 이룬 가족,
> 그 가족의 가족까지 내게는 아주 소중하다.
> 따뜻하고 사랑이 넘치던 어릴 적 내 가족 이야기를
> 여러분은 기억할 것이다.
> 나를 만들어준 존재는 바로 내 가족이다.
> 그렇게 행복하고 값진 경험을 하며 자라게 해준
> 내 가족 같은 가족의 남편과 아버지가
> 될 수 있었던 건 참으로 축복이다.

양가 할아버지 모두
자영업을 하면서
고객에게 직접
배달을 다녔다.

두 살 때의 내 모습.
이후 놀라운 인생 여정이 시작된다.

사랑하는 부모님과
여동생 버니스
그리고 나

자랑스러운
공군 복무 시절

2차 세계대전 중
제이와 나는
멀리 떨어져 있었지만
우정은 한층 깊어졌다.
우리는 제대 후
조국 미국 땅에서
원대한 꿈을 함께
이루자고 맹세했다.

비행기 조종법도 몰랐던 우리는 용감하게 울버린 에어서비스 사를 차렸다.

항공 사업을 시작했을 때 비행기 격납고가 없어서 우리 비행기에 수상 비행기용 플로트를 달아 근처 그랜드 강에서 수상 활주를 하며 학생들을 가르쳤다.

울버린 에어서비스 사의 소박한 사무실에서 제이와 내가 똑같이 맞춘
항공점퍼를 자랑스럽게 입고 있다.

선원 모자를 쓰긴 했지만 항해에 대해 거의 모르던 우리가
38피트짜리 보트 엘리자베스 호를 타고 쿠바로 출항하는 모습

NUTRILITE SENIOR KEY CONFERENCE

YOSEMITE NATIONAL PARK

May 1956

제이와 베티(왼쪽), 나와 헬렌(오른쪽)이 뉴트리라이트 회의에서 월터 & 이블린 베이스 부부와 함께 있다. 이 부부는 후에 첫 번째 암웨이 사업자가 되었다.

암웨이가 출범한 지 몇 달 후 바쁘게 다니며 연설하는 모습

내 아버지가 암웨이 제품 배달용 트럭의 키를 사업자에게 건네주고 있다. 곧 암웨이 사업이 제품을 배달하는 일이 아님을 알게 되었지만 말이다.

암웨이는 전국적으로 많은 언론의 관심을 받아왔다. 첫 홍보는 주로 지역 TV 방송을 통해 이뤄졌다.

미시건 주 그랜드 래피즈 시립회관 블랙 & 실버 홀에서 열린 최초의 대규모 암웨이 사업자 모임

창업 후 몇 해가 지나자 적, 백, 청색의 암웨이 로고와 나는 하나가 되었다.

미시건 주 에이다에 처음 세운
암웨이 사옥에서 제이와 함께

암웨이 초창기 시절 사업자 모임에서 제이와 나는
언제나 한 무대에 섰다.

해밀턴상 수상에 빛나는 내 연설 '셀링 아메리카' 녹음 앨범의 표지

제이와 나는 미국적 방식을 신뢰했다. 그래서 원래 자유기업센터라고 부른 암웨이 글로벌 본사 건물 앞에 성조기를 걸었다.

암웨이의 첫 제품 L.O.C. 생산라인에서. 나는 늘 현장에서 공장 직원들과 대화하며 신제품이 나오는 과정을 직접 지켜보았다.

초창기 암웨이 성장의 일등공신인 가정용 세제류

암웨이 본사에 들어서는 또 하나의 건물 준공식 때 리본커팅을 하며 기뻐하는 제이와 내 모습

현재 미시건 주 에이다의 암웨이 본사 건물이 된 당시 자유기업센터를 준공했을 때의 모습

미시건 주 그랜드 래피즈의 암웨이 그랜드 플라자 호텔 준공식 때 당시 하원의원 이던 제럴드 포드 대통령과 함께 리본커팅을 하는 영광을 누렸다.

나는 아직도 올랜도 매직팀의 경기를 빠지지 않고 관람한다. 사진은 1989년 매직팀을 인수한 후 첫 선발로 뽑힌 닉 앤더슨 선수와 함께 이야기를 나누는 장면

1980년대 초 암웨이가 고속 성장을 하면서 엄청난 수의 독립 사업자가 모인 컨벤션 장면

나는 로널드 레이건 대통령을 열렬히 지지하고 존경했다. 레이건 대통령 내외와 함께 무대에 오른 영광스런 순간

레이건 대통령 내외를 직접 만난 기쁨과 흥분을 감추지 못하는 나와 가족

미시건 주 그랜드 래피즈에서 열리는 연례 암웨이 컨벤션의 마지막은 늘 내 연설로 마무리했다.

나는 평생 전 세계 수천 개의 암웨이 독립 사업자 그룹 앞에서 연설을 했다. 사진은 2004년 도쿄돔에서 4만 명의 사업자가 모인 컨벤션 모습

연설하는 내 뒷모습이 사진으로 많이 남아 있지만 내 연설 스타일을 잘 아는 사람들은 내가 무대 뒤에서 걸어 나와 무대를 한 바퀴 도는 것을 좋아한다는 걸 안다.

물속에 있는 것보다 물 위에 있는 게 더 편하다는 내 아내 헬렌은 우리 가족의 첫 번째 보트 윈드 퀘스트를 산 이후 항해를 무척 즐겼다. 우리 가족은 이 배 위에서 즐거운 추억을 함께 만들었다.

13장

은혜로 구원받은 죄인

어느 날 암웨이 사 전용 헬리콥터가 미시건 주 남북 반도를 잇는 매키낵교 타워 바로 위로 낮게 날아 매키낵 아일랜드의 잔디 깔린 간이 헬리콥터 활주로에 착륙했다. 그날은 디트로이트 상공회의소 주최로 수많은 성공한 기업인 앞에서 암웨이에 대한 스피치를 부탁받아 가는 중이었지만, 사실 내가 초점을 두고 준비한 주제는 삶을 풍요롭게 하는 사람에 관한 것이었다. 휴런 호수가 내다보이는 아름다운 녹지 위에 있는 그랜드 호텔의 우아한 연회장에서는 수백 명의 유수한 기업가가 비즈니스 런치를 하며 내 연설을 기다리고 있었다. 사회자는 나를 "미국에서 굉장히 성공한 기업인 중 한 분"이라고 소개하며 내 경력을 죽 나열했다. 그를 흉보려는 의도는 아니지만 그날의 소개는 정말 길고도 미사여구로 가득해 지루하기 짝이 없었다. 당장이라도 일어나 "연사가 그쪽이요? 나요?"라고 소리치고 싶을 정도였다.

길고 긴 연사 소개가 끝나고 무대에 오른 나는 청중을 바라보며 후한 멘트에 감사한다고 말문을 열었다. 이어 "사실 그건 제 모습이 아닙니다. 제가 누구인지 말씀드리지요. 저는 예수 그리스도의 은혜로 구원받은 죄인입니다. 그게 제 참모습입니다"라고 고백했다.

벌써 20년 전의 일이다. 이후 나는 기회가 닿는 대로, 심지어 비기독교인이 모인 자리에서 연설할 때도 이 고백으로 내 얘기를 시작한다. 전도하려는 게 아니라 그저 내가 진짜 누구인지 알리고 싶기 때문이다.

한번은 유대교인이 모인 자리에서 이렇게 내 소개를 하는 것으로 연설을 시작했는데, 연설이 끝나자 한 여성이 내게 오더니 "저희 유대교 회당에 한번 오셔서 연설을 해주실 수 있나요?"라고 물었다. 그녀는 내가 공개석상에서 종교를 밝힌 것을 전혀 기분 나쁘게 생각하지 않았다. 누군가를 기분 나쁘게 하는 건 내 일이 아니다. 오히려 나는 다른 사람을 격려하는 사람이다. 그리고 내가 전도한다고 비기독교인이 회심하는 것도 아니다. 그건 오로지 주님의 손에 달려 있는 일이다.

나는 기독교 집안에서 태어나 성장했다. 네덜란드에서 미국으로 이민 온 우리 선조들은 모두 독실한 기독교인이었다. 유일하게 우리 친할아버지만 이민 초기에 믿음이 없었으나 결혼 후에는 독실한 신앙을 가지게 되었다.

아주 어릴 때 어머니가 돌아가시고 아버지마저 가족을 떠나자 열한 살의 나이에 할아버지는 악착같이 돈을 모아 더 나은 삶을 누릴 수 있는 기회의 땅 미국으로 가는 배표를 샀다고 한다. 결혼해서 가정을 꾸릴 때까지도 할아버지는 예수를 믿지 않았다. 그러던 어느 날 그랜드 래피즈의 이스턴 애비뉴 기독개혁교회 담임목사가 할아버지 집을 방문해 전도를 했고, 마침내 할아버지는 예수를 구주로 고백하며 크리스천이 되었다. 물론 가족도 모두 기독교인이 되었다.

이웃은 거의 다 네덜란드계 프로테스탄트 기독교인이었다. 그랜드 래피즈를 좌우로 가르는 그랜드 강 서편에 자리한 폴란드 이주민들은 모두 가톨릭 신자로 당시 우리 도시는 종교색이 다양했다. 우리 마을 아이들은 폴란드계 아이들과 축구나 야구시합을 했는데, 때로 경쟁이 과열돼 싸우기도 했다.

어쨌든 우리 모두에게 종교는 삶의 중요한 부분이었다. 폴란드 마을 사람들은 성당에 가고 네덜란드 마을 사람들은 교회에 가는 차이만 있었을 뿐이다. 우리 마을도 개혁교단과 기독개혁교단(CRC, 전미개혁교단에서 분파한 교단) 두 교파로 나뉘어져 있다. 현재 나는 이 두 교단을 통합하는 일을 돕고 있다.

아내 헬렌의 집안은 CRC 교단이고 우리 부부도 현재 그랜드 래피즈 라그레이브 CRC 교회에 적을 두고 있다. 반면 나는 CRC에서 떨어져 나온 프로테스탄트 개혁교단에 속한 집안에서 자랐다. 어릴 때 다닌 교회는 시내의 프랭클린 스트리트와 풀러 스트리트가 만나는 교차로에 있는 커다란 벽돌 건물로, 성전의 제단 주위에 널찍한 발코니가 있고 교인은 약 800명이었던 걸로 기억한다.

우리 교회를 세운 분은 헤르만 호에크시마 목사로 원래 당신이 속하던 CRC 교단과 성경 몇 부분에 대한 해석상의 의견 차이가 있었단다. 그때 당신의 해석이 옳다는 의견을 굽히지 않고 CRC를 떠나면서 뜻을 같이하는 몇몇 교인과 함께 새로운 교파를 만들어 우리 교회를 시작했다고 한다. 우리 외할머니도 그때 호에크시마 목사를 따라 PRC로 옮기며 어머니도 데려갔다. 하지만 외할아버지는 옮기지 않고 주일이면 홀로 CRC 교회로 예배를 다녔다.

교리 해석의 차이는 교단뿐 아니라 가족도 분열시킬 수 있다. 종교 차이로 이혼하는 집도 있고 교리 해석상의 차이로 친척 간에 멀어지기도 한다. 우리 가족은 3대가 PRC를 다녔지만 결국 나와 내 부모님 그리고 여동생들은 CRC로 돌아왔다. 나중에 어머니는 가족이 어떻게 할아버지 혼자 다른 교회에 다니게 할 수 있었는지 상상이 가지 않는다고 했다. 우리 외할아버지는 가족이 다 떠나도 자기의 믿음을 지키고자 했던 것이다.

그때 우리 마을의 아이들이라면 누구나 수요일 저녁마다 교리문답 수업을 받으러 다녔던 걸 기억할 것이다. 교리문답 시간에 우리는 우리가 믿는 기독교의 교리를 깊이 배우면서 예수를 구주로 믿고 또 성부, 성자, 성령의 일체를 고백하는 사도신경으로 믿음의 정체성을 확인했다.

일요일에는 가족과 함께 아침저녁으로 두 번 교회에서 예배를 드렸다. 일요일은 믿음 생활만 하는 날로 따로 정해져 있었다. 하나님은 성도에게 주일 성소할 것을 명하셨기에 교인들은 주일에 할 수 있는 일과 그렇지 않은 일을 엄격히 정해놓고 지켰다. 예를 들면 일요일에 앞마당에서 공놀이는 할 수 있었지만 운동 경기는 보러 갈 수 없었다.

우리 가족에게 주일은 친척들과 교류하는 날이었다. 일요일 저녁이면 우리는 삼촌 댁에 가서 저녁을 먹고 다 함께 예배를 드리러 갔다. 기독교 고등학교에 다닐 때는 반 친구들 몇 명이 저녁 예배 후 늘 우리 집에 와서 어머니가 차려주는 간식을 먹고 게임도 하고 라디오도 들으면서 같이 놀았다. 일요일엔 거의 모든 상점이 문을 닫았다.

이처럼 엄격한 원칙이 있었지만 우리에겐 큰 문제가 아니었다. 우리 부모님은 집에 친구들이 오는 걸 언제나 환영했기 때문에 제이도 자주 놀러 와서 어머니와 친해졌고, 천사 같은 내 어머니는 우리가 일요일 저녁에 몰래 나가 놀 수 있게 눈감아주셨다.

교회와 가족에게 받은 영향 외에도 기독교 고등학교를 다니면서 내 인생관과 세계관이 확고한 기독교 신앙 아래 세워졌다. 지리는 주님이 창조한 세상을 배우는 과목이었고 인간관계에 대한 토론은 모든 사람은 하나님의 창조물이므로 서로 존중해야 한다는 관점으로 시작하는 등 나는 철저한 기독교식 교육을 받았다. 운동이나 음악 또는 공부를 잘하는 것도 하나님이 주신 재능이라고 여겼다.

부모님의 기독교 교육 선호사상은 매우 확고해서 어려운 가정형편임에도 따로 학비를 모아 나를 비싼 사립 기독교 고등학교에 보냈다. 그랜드 래피즈 크리스천 고등학교는 나와 제이 밴 앤델이 만난 곳이기도 하다. 내가 만약 그 학교를 다니지 않았다면 내 인생이 어떻게 달라졌을지 상상이나 할 수 있을까?

나는 제이를 알게 된 것도 하나님의 뜻이었다고 믿는다. 우리는 그 뜻에 따라 죽마고우가 되었다.

우리 가족이 다니던 교회에서는 아이가 태어나면 하나님과 하나님 사람에 속한다는 징표로 유아 세례를 받았다. 그리고 고등학교를 졸업할 나이가 되면 교인들 앞에서 공식적으로 신앙고백을 했다. 나는 목사님 말씀 중에 동의할 수 없는 부분이 좀 있었기에 공식 신앙고백을 조금 미루기로 했다. 예수를 구주로 믿는 것은 확신했지만 우리 교회가 주장하는 몇몇 교리적 해석이 내 생각과 맞지 않았기에 일단 보류하고 싶었다.

군에서 제대한 후 아는 목사님에게 내 고민을 털어놓았다. 한참 동안 내 얘기를 들은 목사님은 "리치! 자네의 하나님은 왜 그리 작으신가? 그분이 자네에게 앞으로 생길 일을 다 아시면서도 동시에 자유의지를 허락하시는 게 능력이 없어서가 아닐세. 하나님은 온 우주의 절대자시고 우리는 그분의 피조물에 불과하다네"라고 말했다. 깊이 생각해보니 목사님 말씀이 옳았다. 전지전능 무소부재하신 절대자 하나님을 유한한 피조물인 인간의 관점으로 생각하니 이해가 가지 않을 뿐이었다.

하나님을 더욱 깊게 만나면서 드디어 나는 교인들 앞에서 그리고 세상 사람들 앞에서 내 신앙을 고백했다.

삶의 모든 의사결정에서 신앙은 내게 절대적 잣대다. 나와 내 가족은 하나님이 살아계시며 모든 인간을 동등하게 지으셨다는 사실을 믿는다. 암웨이 사업에서도 우리는 이 진실을 존중하는 마음으로 어떤 배경과 출신이라도 차별하지 않고 누구에게나 독립 사업자가 될 기회를 제공한다.

사람은 타고난 배경이 아니라 지금 하는 일의 결과로 자기가 누구인지를 말한다. 피부색이나 학벌, 인종에 상관없이 누구나 원하면 암웨이 사업을 할 수 있다. 평등하게 기회를 제공받아 정직하게 일하고 다른 사람이 성장하도록 도운 노력의 결과만큼 보상을 받는 것이 우리 비즈니스다. 암웨이의 마케팅플랜은 아무도 남을 이용해 공돈을 벌 수 없도록 짜여 있다.

많은 암웨이 비즈니스 리더가 공식적으로 자신이 기독교인임을 밝힌다. 그 정도가 너무 심해 결국 나는 "교회에 가서 암웨이 얘기를 듣는 게 싫듯 암웨이 미팅에 와서 설교를 듣는 것도 싫습니다. 종교와 사업을 구분합시다. 크리스천인 여러분과 사업하면서 누군가의 인생이 바뀔 수도 있지만 그렇다고 여러분의 믿음을 강요하진 마세요. 사업 파트너들에게 전도를 하려면 개인적으로 하고 비즈니스 미팅에선 하지 말기 바랍니다"라고 주의를 주었다.

이때부터 주일에 비즈니스 모임을 여는 그룹은 미팅 전후에 별도의 예배시간을 마련해놓고 원하면 누구나 참석할 수 있도록 하되 공식 미팅 일정에는 넣지 않는다. 그러자 분위기가 훨씬 나아졌다. 많은 훌륭한 목사가 암웨이 미팅에서 마련한 예배를 통해 말씀을 전하며 전도에 도움을 주고 있다. 어쨌거나 나는 암웨이 모임이 아닌 다른 곳에 가서 연설을 할 때면 언제나 내가 기독교인임을 가장 먼저 밝히고 신앙이 내 삶에 어떤 영향을 주었는지 알린다.

―――

나는 자유시장경제 시스템을 믿고 긍정의 위력을 믿으며 더불어 이 책에 밝힌 여러 가지 가치 체계를 믿는다. 그러나 이 세상 그 어떤 가치보다 나는 내 하나님과 그 아들 구주 예수와 그분이 교회에 내린 사명을 가장 깊이 믿는다. 한 번도 남에게 내 믿음을 강요한 적은 없지만 공식적인 자리에서도 나는 늘 내 종교를 밝힌다. 하나님이 내 인생을 이토록 축복해주셨는데 이 기쁜 소식을 어찌 나만 알고 있겠는가 말이다. 워낙 공개적으로 내 신앙을 밝히다 보니 혹자는 암웨이가 종교단체냐고 묻기도 한다. 암웨이 사업을 하는 사람들 중에 기독교인이 많은 건 사실이다. 그러나 조직이 종교단체가 될 수는 없다. 신앙은 개인의 문제다. 다국적기업인 암웨이는 국민 다수가 기독교인이 아닌 국가에도 많이 진출해 있고, 암웨이의 사업 기회는 종교와 상관없이 누구에게나 활짝 열려 있다.

사업을 확장하기 위해 기독교 복음을 이용한 적은 한 번도 없지만 나는 주일 예배가 끝남과 동시에 믿음도 꺼져버리는 사람이 아니다. 예수 그리스도를 믿고 경험한 기독교 신자로서 내 신앙에 위배되는 그 어떤 결정도 나는 내릴 수 없다. 내가 사업가로 성공해 물질적으로 큰 부자가 되었다고 해서 하나님의 은혜와 인도하심이 필요 없게 된 것은 아니다. 내가 가진 모든 물질은 하나님께로부터 온 것이며 아무리 많이 가진 자라도 오직 하나님을 경배할 때만 돈이 주는 기쁨을 누릴 수 있다고 믿는다.

하나님이 어떻게 그토록 풍성한 축복을 내게 허락하셨는지 나는 알 수 없다. 다만 "주님, 왜 제게 이 큰 복을 주셨나요?"라고 여쭤볼 뿐이다. 내가 아는 한 가지는 내가 가진 것은 모두 하나님의 것이며 그분만이 아시는 이유로 나를 청지기로 세우셨다는 것이다. 나는 어제도 오늘도 내일도 주께 모든 걸 의지하고 맡긴다. 이것이 진정한 신앙이자 순종이라고 믿기에 그렇다.

하나님을 믿는 가정과 공동체에서 자라게 하시고 믿음이 곧 삶의 일부가 되도록 허락하신 그분께 그저 감사할 따름이다. 매일의 삶에서 믿음을 실천하는 연습은 나에게 결코 부담스럽지 않았다. 오히려 실천하는 믿음은 내게 놀라운 기쁨과 평안함과 안식을 주었다. 이 기쁨을 여러분 모두 경험했으면 하는 마음이다.

14장

삶을 풍요롭게 만드는
사람들이 세운 도시

어느 날 난데없이 수백만 달러의 기금을 모금하는 위원회에 참석해달라는 제의를 받으면 어떨 것 같은가? 내가 그런 일을 겪었다. 그랜드 래피즈 시장으로부터 우리 도시가 과거의 영화를 찾도록 하는 데 필요한 기금을 마련하는 위원회를 소집하려 하니 참여해달라는 초청장을 받은 것이다.

1970년대 미국의 많은 도시가 그러했듯 그랜드 래피즈 시정부도 예산이 빠듯해지고 사람들이 교외로 빠져나가면서 인구가 줄어 점차 쇠락의 길을 걷고 있었다. 시내 중심가인 먼로 애비뉴에는 낡은 백화

점과 싸구려 잡화점 몇 개가 덩그러니 서서 오지 않는 손님을 기다리고 있을 뿐, 텅 빈 진열장도 많았다. 북적북적하던 팬트린드 호텔의 호황도 옛말이고, 달랑 버스 몇 대가 오갈 뿐인 시내 중심가는 정말이지 썰렁하고 한산했다. 과거의 인구 활동이 거의 시내 외곽의 거주지역과 쇼핑몰로 빠져나갔기 때문이다.

앞서 말한 대로 주민에게 주인의식이 있어야 지역 공동체도 발전한다. 자기가 사는 곳을 자랑스러워하고 번영을 바라는 시민의 마음이 도시 전체에 긍정적인 변화를 일으키는 모티브다. 또한 삶을 풍요롭게 하는 사람이 되어 긍정적인 자세로 남의 성공을 돕겠다는 것만큼 이로움을 주는 태도가 어디 있겠는가. 그러나 40년 전후로 퇴보일로를 걷던 이 지역 사람들에겐 그런 마인드나 자세가 없었다.

그때 한 사람이 일어났다. 그랜드 래피즈 최초의 흑인 시장 리먼 파크스다. 파크스 시장은 지역사회 리더들과 경제인으로 구성된 발전위원회를 만들어 낡은 시립 컨벤션센터를 개보수함으로써 역내 비즈니스를 활성화하는 것은 물론, 그랜드 래피즈 시립교향악단을 비롯해 여러 음악 예술인의 공연무대로 쓸 음악당을 신설하겠다는 계획을 발표했다.

나도 발전위원으로 촉탁받음과 동시에 은행장 딕 질레트와 협력해 기금 마련에 나서달라는 요청을 받았다. 우리는 시카고 출신 음악당 전문 건축가를 불러 그랜드 래피즈 최초가 될 음악 공연 전용관 건축을 맡기고 당시로선 꽤 큰 금액인 공사비 600만 달러를 모금하기 위해 '가문 대대로 부자인 사람들'을 만나러 다녔지만 허사였다.

이번에는 암웨이 주최로 특별만찬을 열고 기부 예상자들을 초대해 신설하는 음악당이 그랜드 래피즈 도심의 고급 사교의 장이 될 거라는 점에 초점을 맞춰 프레젠테이션을 했다. 그곳에 처음 정착한 아메리칸 인디언들 덕분에 그랜드 강 주변이 교통의 중심지가 되었으므로 각지에서 오는 사람이 강변의 음악당에서 만남을 약속할 수 있다는 장점을 역설하기 위해 프레젠테이션 주제도 '강이 보이는 만남의 장'으로 잡았다.

오늘날처럼 기부 문화가 자리 잡지 않은 그때 600만 달러를 모금하기란 쉽지 않은 일이었다. 나는 집안에 돈이 많은 사람들을 찾아가 백만 달러를 기부하면 음악당에 기부자의 이름을 붙이겠다고 제안했지만 아무도 관심이 없었다. 당시 사람들은 건물에 자기 이름을 붙이는 것이 거액의 기부 활동을 인정하는 의미라는 개념을 받아들이지 못했다.

결국 딕 질레트가 내게 말했다.

"저 사람들의 이름을 붙이고 싶지 않군요. 리치 사장님의 성함을 붙이시지요. 기부의 새 장이 열릴 거예요. 사장님은 물려받아 부자가 된 분도 아니고 그야말로 뉴 페이스잖아요. 사장님이 백만 달러를 기부하고 음악당에 성함을 붙이는 게 어떤지요."

사실 사업가로서 내 관심은 컨벤션센터에 더 많았지만 헬렌은 예술 분야에 더 신경 썼고, 그때 이미 그랜드 래피즈 교향악단 운영위원이기도 했다. 음악당 건축에 백만 달러라는 거액을 기부하는 것도 생각해봐야 했지만 거기에 우리의 이름을 붙이는 것에 찬성해야 하는지도 고민해볼 문제였다. 우리는 한동안 결정하지 못한 채 신중하게 의논했고 가까운 친구들의 의견도 들어보았다. 마침내 나는 돈 자랑이나 자기만족으로 보이지 않았으면 하는 마음으로 승낙했다. 당시 디보스 공연센터(DeVos Performance Hall)로 이름을 붙인 음악당은 아직도 그랜드 강 주변에 있다.

우리 가족 역사상 최초로 백만 달러라는 거액을 낸 것은 개인적으로도 의미가 있었지만, 질레트 은행장이 내 기부를 롤모델로 삼아 '앞으로 계속' 거액의 기부금을 모금하는 데 주저하지 않겠노라고 선언하면서 그랜드 래피즈에 '거액 기부' 문화가 시작되었다는 것은 더 큰 의미가 있다. 질레트의 비전대로 그때부터 공사에 거액을 기부한 시민의 이름을 붙인 건물이 늘어나기 시작했다.

그의 말이 맞았다. '디보스 공연센터' 건립 이후 그랜드 래피즈에는 과거에 볼 수 없던 엄청난 기부 문화가 형성되었다.

하나의 생각은 또 다른 생각을 낳는다. 컨벤션센터가 들어서자 근처에 호텔이 좀 있었으면 하는 생각이 들었다. 대형 행사를 열 수 있는 그랜드볼룸과 회의실, 고급 레스토랑을 갖춘 호텔을 짓자는 의견이 여기저기에서 나왔다. 쇠락한 도심지를 복구하기 위해서는 이러한 대형 시설 건설이 필요했다. 내가 나서서 힐튼 호텔 그룹을 비롯한 몇 개 대형 호텔 체인회사의 의사를 타진해보았지만 다들 이제는 시내 한복판이 아니라 공항 근처에 짓는 추세라며 거절했다.

그때 내가 제이에게 "우리가 지을까? 가능하잖아!"라고 물었고 제이는 동의했다. 곧바로 실행에 옮긴 우리는 새 호텔을 짓는 대신 원래 있던 오래된 팬트린드 호텔을 인수해 고급 호텔로 개조했다. 암웨이 그랜드 플라자 호텔이 바로 그것이다. 우리는 그랜드 래피즈 출신 건축가 마빈 드윈터와 그레첸 민하르, 그리고 에이다의 댄 보스 건설회사에 프로젝트를 맡겼다.

당시 기존의 객실이 너무 작아 방 두 개씩 붙여서 새로운 객실을 만들었다. 낡은 하수도와 난방 시설도 교체했다. 뉴욕의 유명한 건축 인테리어 디자이너 칼튼 바니에게 의뢰해 내부 인테리어도 전면 개조한 덕분에 버려진 고대 유적 같던 곳이 근사한 현대식 4성 호텔로 탈바꿈 했다. 로비 천장은 금박으로 하고 바닥은 고급 벨벳, 가구와 천도 모두 최고급으로 바꾸었다. 우리와 친하던 피터 세키아 주 이탈리아 미국대사가 레스토랑 공간을 임대해 두 개의 레스토랑을 오픈했다. 하나는 고급 정찬 식당 '1913 Room'이고 다른 하나는 좀 더 캐주얼한 분위기의 'Tootsie's'다.

프로젝트는 만족스럽게 완성했지만 우리가 직접 호텔을 운영할 생각은 없었다. 어디까지나 그랜드 래피즈의 발전과 미래를 생각하는 마음으로 한 일이었다. 암웨이 그랜드 플라자 호텔은 금세 각종 모임과 회의, 결혼식 예약이 넘쳐나면서 도심지의 랜드마크로 자리 잡기 시작했다. 개관 행사에 참석한 포드 전 대통령은 "이제 그랜드 래피즈는 다시 태어나고 있습니다"라고 말했다.

1981년 호텔을 개관하고 나서 제이와 나는 그 옆에 29층짜리 부속건물을 지을 계획을 세웠다. 사실 설계는 이미 완성해둔 상태였지만 일단 주 건물 공사부터 끝내는 게 옳다고 판단해 잠시 미뤄둔 일이었다. 건물 용도를 구체적으로 확정한 것이 아니었기에 우리는 앞으로 시 차원에서 이런 추가적인 대형 시설을 필요로 하는지, 기업이 여기에서 회의를 자주 열거나 고객을 유치할 가능성이 있는지 알아보았다. 그런데 긍정적인 답을 얻지 못하고 어영부영 시간이 흐르던 어느 날 마침내 나는 "제이, 우리 그냥 진행하자! 가능하잖아!"라고 말했고 제이도 내 의견에 동의했다. 그래서 우리는 진행했다.

2년 후 암웨이 그랜드 플라자 본관 옆에는 현대적인 시설과 아름다운 객실을 갖춘 고층 부속건물이 위풍당당하게 모습을 드러냈다.

우리의 다음 프로젝트는 인구 유입이었다. 도심지 거주 인구가 늘어나야 도시 발전이 지속될 수 있다. 그런 의미에서 우리는 그랜드 래피즈 최초의 주상복합 아파트 'Plaza Towers'를 세웠다. 그곳에서는 편리한 도시 시설을 이용할 수 있었기 때문에 입주민들은 매우 만족해했다.

하지만 우리도 모르는 외부의 시공업체에서 부실공사를 하는 바람에 건물 내외부에서 심각한 누수 현상과 기타 구조적 결함이 나타났다. 심각하게 문제해결을 위한 토의를 하는 과정에서 부실공사 공간만 허물면 어떻겠냐는 의견이 나왔다. 그 편이 건물 전체를 리모델링하는 것보다 비용이 덜 들어갈 거라는 얘기였다. 그렇지만 제이는 "우린 허무는 사람들이 아니에요. 우리는 짓는 사람들입니다. 다시 지어야 해요!"라고 잘라 말했다. 그 말에 누구도 더 이상 반박하지 않았다. 호텔에 이어 우리는 다시 한 번 개축 공사를 진행했고 이전보다 더 아름답고 쾌적한 건물로 만들었다. 고맙게도 입주민들은 공사 기간 동안 다른 곳으로 이사해야 하는 상황을 너그러이 받아들였다.

그랜드 래피즈의 도시개발 혁명은 계속 이어졌다. 매 프로젝트마다 별도의 기금을 마련했고 한 공사가 끝나면 그 옆에 바로 다음 건물 공사를 진행했다. 그랜드 래피즈에서 자랐지만 30년 전에 떠난 사람은 누구도 지금의 그랜드 래피즈 도심지를 알아보지 못할 것이다.

이곳엔 1981년 암웨이 그랜드 플라자 호텔을 시작으로 종합경기장, 박물관, 그랜드 밸리 주립대학 도시캠퍼스, 컨벤션센터, JW 매리엇 호텔 그리고 오늘날 '메디컬 마일'이라 불리는 의료기관 집중 지역까지 형성되었다.

메디컬 마일에는 밴 앤델 의료연구재단(Van Andel Institute), 마이어 심장센터(Meijer Heart Center), 레먼 – 홀튼 암센터(Lemmon – Holton Cancer Pavilion), 헬렌 디보스 아동병원(Helen DeVos Children's Hospital), 그랜드 밸리 주립대학 부속 쿡 – 디보스 의료센터(Cook – Devos medical building of GVSU), 미시건 주립의대 부속 세키아센터(Secchia Center of School of Human Medicine of MSU) 등 유수한 의료기관이 모여 있다.

1만 2,000석 규모의 '밴 앤델 종합경기장(Van Andel Arena)'도 들어서서 엄청난 유동인구를 끌어들였다. 그곳은 그랜드 래피즈 그리핀스 하키팀의 홈구장이기도 하고 인기 있는 유명 가수들의 공연장으로도 유명하다. 당시 시민대표단이 시정부와 협의한 끝에 도심지 내 종합경기장 건설 허가를 얻어내 민관 협동으로 기금을 조성했다. 이로써 그랜드 래피즈 주민의 오랜 꿈이 이뤄졌다.

대형 호텔과 종합경기장이 들어서면서 대형 컨벤션센터도 필요해졌고 내가 기금 조성에 참여했다. 그래서 명예롭게도 '디보스 플레이스 컨벤션센터'라는 이름으로 그랜드 강 주변에 또 하나의 멋진 건물이 들어섰다.

그랜드 래피즈의 도시 발전을 가장 단적으로 보여주는 사례는 미시건 스트리트를 따라 지난 20년간 계속 들어선 의료 시설이다. 제이가 의료연구재단을 만들어 유산으로 남기려 했을 때 나는 재단의 위치를 도심지 중앙에 해야 한다고 말했다. 제이와 나는 그랜드 래피즈를 새로 일으킨 주인공들로 인정받고 있었고, 따라서 새로 지을 제이의 빌딩도 스펙트럼 병원이 있는 시내 중심가에 들어서는 것이 옳다고 믿었기 때문이다. 제이도 내 생각에 동의했고 병원 서쪽에 부지를 마련했다. 바로 그곳에 아름다운 '밴 앤델 의료연구재단' 건물이 들어섰다.

이어 곧바로 '마이어 심장센터'를 지었다. 이때 스펙트럼 병원의 운영위원 밥 후커와 시민대표 얼 홀튼, 그리고 내 큰아들 딕이 기금조성 프로젝트를 맡았다. 당시 그랜드 래피즈 역사상 최대 규모의 심장센터 건립을 위해 고 프레드 & 리나 마이어 부부가 거액 기부자로 등록했다. 마이어 심장센터는 첨단 시설과 훌륭한 의료진, 우수한 의료서비스로 널리 알려져 있다. 2011년 이 병원에서 그랜드 래피즈 최초의 심장 이식수술이 이뤄졌다. 세계적으로 명성이 있는 심장전문의들이 합류한 이곳은 앞으로도 세계 수준의 심장전문병원으로 남아 있을 것이다.

마이어 심장센터 옆에는 2011년 1월 11일 개원한 헬렌 디보스 아동병원이 있다. 루이스 토마티스 박사(그에 대해서는 뒤에서 자세히 말하겠다)는 그랜드 래피즈에 어린이 전문병원을 신설하려 오랫동안 노력을 기울여왔다. 그 결과 1993년 스펙트럼 병원에 별도의 여성·아동 병동을 여는 데 성공했다. 여성과 아동을 한 의료 공간에 수용한다는 생각은 논리적으로는 맞지만, 시간이 지나면서 서로 분리할 필요가 생겼고 어린이 환자가 계속 늘어나면서 아동전문 진료 시설이 필요해졌다.

토마티스 박사는 또다시 모든 시설이 어린이 환자의 편의에 맞게 지어진 아동전문병원이 들어설 건물을 찾기 시작했다. 그는 원래 있던 부속병동 건물이 내가 기증한 것이었기에 이번에도 내가 도울 수 있을 거라고 생각한 듯했다. 하지만 나는 이번 건물에는 내 아내 헬렌의 이름을 붙이고 싶었다. 그 생각에 우리 아이들도 동의했다. 토마티스 박사가 앞장서서 프로젝트를 진행한 결과, 미시건 스트리트에 파란색 '헬렌 디보스 아동병원'이 문을 열었고, 아픈 어린이들은 보다 좋은 환경에서 전문 의료진의 도움을 받게 되었다.

생각해보면 내가 의료업계에 기여한 부분은 건물이 아니었다. 그랜드 래피즈 도심지에 있던 버터워스 병원 이사회의 운영위원직을 맡으면서 내 인생에 새로운 장이 열렸다. 버터워스 병원은 우리 시에 있던 대형 종합병원 두 곳 중 한 곳으로 다른 하나는 블로젯 병원이었다. 경쟁 관계에 있던 두 병원은 불필요한 모방과 지출 과다로 둘 모두에게 이득이 되지 않는 비효율적인 운영을 하고 있었다.

블로젯 병원의 운영위원회에서 새로 빌딩을 올린다는 계획을 발표했을 때, 나는 버터워스 병원장 빌 곤잘레스에게 두 병원을 합치면 어떻겠느냐고 말했다. 그런 의견은 전에도 있었다는 그에게 나는 다시 한 번 시도해보자고 제의했다. 곤잘레스는 내게 진심으로 그렇게 할 의사가 있다면 자신도 협조하겠다고 대답했다. 나는 힘주어 대답했다.

"합시다! 성공하면 정말 역사에 남을 만큼 의미가 있을 겁니다."

우선 나는 나를 지지해달라고 버터워스 운영위원들을 설득했다. 이어 블로젯 대표와 운영위원들을 만나 설득하기 시작했다. 그때는 아직 FTC가 의료기관 독점제재 조치를 시행하기 전이었다.

나는 두 병원이 힘을 모아 그랜드 래피즈 인근의 독점 병원이 되자고 말했다. 같은 지역의 병원을 합병하려면 FTC의 공식 허가를 받아야 했기에 나는 미시건 주의 수도 랜싱에서 열린 심리에 증인으로 나갔다.

먼저 FTC가 말했다.

"당신은 경쟁에 익숙한 기업인이 아닙니까? 이 두 병원도 서로 경쟁하도록 놔둬야 맞지 않나요? 서로 경쟁하면 비용절감도 되고 말이죠."

"주인이 다르면 그럴 수 있죠. 그러나 이 두 병원의 주인은 시민입니다. 그랜드 래피즈 시민 전체가 두 군데를 이용하고 있어요. 그러니 합병해도 독점이 아니죠. 왜냐하면 원래 주인이 하나니까요."

우리는 승소했고 드디어 '스펙트럼 병원'이라는 이름으로 하나의 병원이 탄생했다. 그 건을 담당한 판사는 훗날 자신의 책에서 합병 이후 일어난 일을 길게 회고했다.

"이 두 병원의 합병으로 올라간 건 비용이 아니고 의료서비스의 질이었다."

두 병원의 능력 있는 의사들이 하나로 합치자 더 많은 환자가 병원을 찾아왔다.

나는 지금도 그랜드 래피즈의 도시 복구 프로젝트가 시작되었다는 사실과 그것이 지역주민 전체의 지지를 받은 것에 깊이 감사한다. 아무리 대단한 아이디어라도 다른 사람의 동의가 없으면 쓸모가 없다. 나는 많은 일을 통해 누군가가 나서서 의견을 제시하며 자신이 돕겠다고 정확히 말할 때 비로소 다른 사람들을 움직여 하나의 목표를 완성할 수 있다는 것을 배웠다. 무엇보다 나는 우리 지역사회에 기부 문화가 형성되는 것을 도울 수 있어서 기뻤다.

오늘날 그랜드 래피즈에 새로 이사 온 이웃이 "어디에 가야 사람을 사귀죠?"라고 물으면 나는 농담처럼 말한다.

"기금을 조성 중인 사람에게 가서 파티 좌석 표를 한 장 사세요. 당신이 기부할 의사가 있다는 걸 알리세요. 그럼 당신이 앉은 테이블이 금세 친구들로 꽉 찰 겁니다."

웃자고 한 말이지만 거기엔 내가 전하고픈 메시지가 담겨 있다.

당신의 삶을 풍요롭게 만들고 싶다면 돈이든 시간이든 노력이든 먼저 남에게 베풀어야 한다. 누구에게나 남에게 줄 것이 있다. 기부는 즐거움이고 기부하는 사람은 구경꾼이 아니라 선수다. 또한 나는 본인이 앞장서서 기부함으로써 느끼는 베풂의 즐거움이 어떤 것인지와 솔

선수범하는 자세로 아름다운 나눔의 정신을 보여줌으로써 삶을 풍요롭게 하는 문화를 만드는 사람들을 인정해주어야 한다는 것을 배웠다.

15장

미국 국민

나는 나 자신을 평생 미국을 사랑한 열혈 애국자라고 생각한다. 그런데 미국의 자유와 자유기업, 조국을 사랑하자고 외치는 나를 사람들은 비난했다. 암웨이 초창기 시절, 우리 회사 이름과 성조기 색깔로 만든 로고를 비꼬면서 암웨이 제품과 사업자를 성조기로 근사하게 포장해서 내보낸다는 독설도 들었다. 1970년대 내가 '셀링 아메리카'로 한창 연설을 할 때 많은 사람이 '애국심'이라는 단어 자체를 촌스럽고 한물간 것으로 여겼다. 운동 경기 전 국가를 부르거나 국기가 지나가면 손을 가슴에 얹는 행동을 부끄럽게 여기기도 했다.

지금도 사람들은 내게 왜 그렇게 멸사봉공의 애국심을 부르짖고 미국적 자유와 자유기업 시스템을 옹호하는지 묻는다. 그런 질문을 하는 사람은 미국 건국의 아버지들이 자기의 모든 인생과 부와 명예를 바치면서 독립선언문에 서명하고 미합중국 헌법을 제창한 이후 우리의 선조가 어떤 희생을 감수하며 미국의 자유를 지켜냈는지 잊었거나 아니면 자유를 경험해보지 못한 사람일 거라고 나는 생각한다.

나는 2차 세계대전 때 군인으로 부름을 받은 세대다. 우리에게 히틀러와 스탈린, 히데키는 영화가 아니라 실제였다(물론 스탈린의 러시아 군대는 우리 편이 되어 싸웠지만). 내가 고등학생일 때 나치 독일의 공군은 주기적으로 영국을 폭격하며 유럽을 장악한 후 미국까지 삼키려고 했다. 히틀러는 연합군 최대의 적이었다. 미국의 진주만이 일본의 공격을 당하고 유럽에서 전면전이 벌어지면서 영국은 히틀러의 위협에서 벗어나기 위해 미국에 도움을 청했다. 우리는 이겨야 했다. 전쟁에서 승리하든지 아니면 모든 걸 잃든지 둘 중 하나였다. 다른 선택은 없었다. 온 나라가 전쟁 이야기밖에 하지 않았다. 유럽 대륙과 태평양의 전시 상황이 매일 신문 지면을 뒤덮었고 공산 독재로부터 자유를 지킬 최후의 주자는 미국밖에 없었다.

나는 세계대전의 포화 속에서 고등학교에 다녔다. 어차피 열여덟 살이 되면 군대에 가야 했기 때문에 나는 졸업도 하기 전에 공군에 자원입대 신청을 했고 졸업식 몇 주 후 소집명령서를 받았다. 복무에 결격 사유가 없고 직장에 다니지 않는 신체 건강한 열여덟 살 미국 남자는 누구나 자원 혹은 징집 대상이었다.

앞에서 말했듯 내가 소속된 부대가 태평양의 격전지로 향하는 배를 타려고 육로 이동을 하던 중에 전쟁이 끝났다. 나는 괌에서 100마일 정도 떨어진 남태평양의 작은 섬 티니안으로 발령받았다. 전쟁 당시 미군은 도쿄에서 1,300마일 떨어진 이 작은 섬에 B - 29 폭격기 발사 기지를 만들어 일본 열도를 공격했다. 원자폭탄을 실은 B - 29가 히로시마와 나가사키를 공격하고 귀환하던 도중에 문제가 생기면 마땅히 불시착할 곳이 없어 기체와 조종사들이 희생을 당하기도 했다.

원래 티니안 기지는 미국이 본토 상륙전을 세우면서 부상병 후퇴 지점으로 쓰려던 곳이다. 그러다가 작전 변경으로 가공할 성능을 갖춘 원폭기 '에놀라 게이'를 히로시마로 쏘아 올리면서 전쟁이 끝나는 바람에 당초에 지은 부상병 수용 시설이 필요 없게 되었다. 내가 그곳에 간 이유는 시설 철거 임무를 수행하기 위해서였다.

2차 세계대전 이후 미국과 소련 간의 냉전이 시작되면서 더 이상 우리의 동지가 아닌 러시아는 계속해서 그 세력을 확장했다. 1959년 암웨이를 설립한 그해에 소련이 쿠바를 함락했다. 미국은 불안해했다. 그들이 쿠바에 설치한 핵무기로 미국을 공격할 수도 있었기 때문이다. 흐루시초프 소련 공산당 서기장은 "미국을 파묻어버리겠다"고 협박했다.

소련의 핵공격에 대한 미국의 불안감이 높아지면서 미국 내 친소 세력은 미국의 자유기업 시스템과 미국적 방식은 끝났으며 이제 공산주의가 세계를 지배할 것이라고 떠들어댔다. 전 세계적인 공산주의 확산 운동을 지켜보며 우리는 이들이 진짜 공산주의가 어떤 건지, 그 우두머리 독재자의 잔악함을 알고는 있는지 의심스러웠다. 공산 독재정권의 파괴와 독재를 직접 보고 들어 알고 있는 우리는 이런 현상을 묵과할 수 없었다.

그때부터 나는 자타가 인정하는 애국자가 되었다. 어떤 대가를 치르더라도 우리가 원하는 삶을 살게 해주는 미국의 자유를 반드시 지켜야 한다는 신념으로 말이다. 그래서 나는 '셀링 아메리카'로 미국 동포에게 미국의 위대함과 자유의 소중함, 미국의 정치·경제 제도의 우월함을 목이 터져라 외치기 시작했다.

미국과 미국인의 생명을 면전에서 위협하는 공산 독재자들과 싸우던 시절을 겪은 미국인은 이제 많이 남아 있지 않다. 지금은 공산주의의 위험성이 피부로 와 닿지 않을 수 있지만, 그걸 직접 보고 자란 우리 세대는 잘 알고 있다. 우리의 말이 맞는다는 걸 말이다.

조국을 사랑하는 한 시민으로서 나는 미국과 미국적 방식을 지지하는 정치지도자들을 지지해왔다. 그 시작은 제럴드 포드 당시 미 하원의원이다. 포드 의원은 우리 지역구를 대표하는 정치인이라 우리는 그를 잘 알았고 암웨이 초창기 발전에 많은 도움을 받았다. 암웨이의 중요한 시설 개소 행사에 포드 의원이 와서 리본커팅을 해주던 사진이 아직도 남아 있다. 암웨이가 처음으로 에어로졸 제조 시설을 지었을 때도 포드 의원은 함께해주었다. 그는 암웨이를 지지했고 우리는 정치적으로 그에게 협력했다.

그 외에 암웨이 본사 위치를 기준으로 서부 지역을 대표하던 기 반에그 자그트 하원의원의 기금모금 운동에 참여하면서 우리는 공화당원이 의회에 더 많이 들어갈 수 있도록 도왔다. 특히 '원내 공화당 후보 지지협회(Republican Congressional Leadership Council)'를 만들어 공화당 대의원을 지지하는 민심을 얻고 기부금도 내도록 장려했다. 공화당을 지지하는 시민들은 거액은 아닐지라도 기부금을 냈고 그 하나하나가 모여 소중한 기금이 마련되었다. 금액이 중요한 게 아니라 미국의 가치와 자유기업가 정신을 옹호하는 공화당을 지지하는 분위기를 대중에게 확산시키는 것이 가장 큰 목적이었다.

레이건 대통령 때의 일이다. 당시 부통령이던 조지 & 바바라 부시 내외가 처음부터 시작해 레이건 대통령이 연임된 후에도 우리 협회를 많이 도와주었다.

제이와 나는 로널드 레이건 대통령이 후보였을 때 그를 지지했다(솔직히 고백하자면 나는 1980년 1차 선거 때는 부시를 지지했다). 우리가 직접 선거판에 나서서 레이건을 돕지는 않았지만 유명 언론지에 그를 지지한다는 전면광고를 실었다. 개인적으로 선거운동을 하지는 않았어도 레이건 후보의 자유기업 원칙을 지지했기 때문이다. 기업주가 신문에 정치적 의견을 광고한 건 우리가 처음이었다. 암웨이 사업자와 소비자에게 우리가 공화당을 지지한다는 걸 공식적으로 알림으로써, 그들도 뜻을 함께하기를 바라는 마음에서였다. 나는 그것이 그다지 문제가 있는 의도라고 생각하지 않는다. 어쩌면 그 광고로 공화당 득표에 얼마간 도움이 되었을 수도 있다. 자유기업 시스템을 수호하는 것이 암웨이 사업자들의 개인적인 성공에도 반드시 필요한 일임을 알리고 싶은 생각도 있었다.

그러다가 자그트 의원을 알게 되었고 그의 추천을 받아들인 레이건 대통령이 나를 공화당국가위원회의 재무담당의장으로 지명하고 싶어 했다. 돌아보니 그때 수락하기 전에 그 직책에 대해 더 많이 물어봤어야 했다는 생각이 든다. 하겠다고 대답함과 거의 동시에 나는 내가 암웨이 일로 이미 얼마나 바쁜지 깨닫고 아차 싶었다.

그 직책을 수락하면서 내가 범한 두 가지 중요한 실수 중 하나는 내게 본업을 두 개나 수행할 시간적 여유가 없다는 사실을 몰랐다는 점이다. 두 번째 실수는 업무를 인수받으며 다음의 두 가지를 제안했다는 점이다. 기부자 모임에 온 사람들이 음료를 먹을 때 돈을 받자고 한 것(그렇지 않으면 기금에서 비용이 나가야 하니까)과 위원 중에 구체적으로 하는 일 없이 사례를 받는 사람을 내보내자는 것이었다.

내 상식으로는 공화당을 지지하기 위한 기금 마련 행사장에 와서 우리가 모은 기금을 쓴다는 것은 미친 짓 같았다. 잘못된 것을 바로잡아야겠다는 생각에서 낸 의견이지만 전혀 먹히지 않았다. 우선 기금 마련 파티에 초대하는 사람은 기부 당사자지만 그들은 너무 바쁘고 유명해 행사장에 다른 사람을 보내는 경우가 많았는데, 그들에게 음식값을 내라고 할 수는 없는 노릇이었다. 그리고 '놀면서 돈을 받다가 해임된' 위원들은 일을 했든 아니든 나 때문에 자기가 보장받던 생활비가 줄었다며 분개했다.

의장직을 수락하면서 나는 이렇게 밝혔다.

"나는 그 어떤 정치인에게도 특혜를 달라고 부탁한 적이 없습니다. 내가 공화당을 지지하는 이유는 미국의 자유와 자유기업 시스템을 지지하고 국민 개개인의 권리를 존중한다는 정치노선을 지지하기 때문입니다. 이러한 가치를 지키고 싶은 것이 내가 공화당을 지지하는 이유입니다."

나는 기금이 어디에 쓰이는지 정확히 알면 보다 효율적으로 모금을 할 수 있으니 장부를 보여 달라고 했지만 그 요청은 받아들여지지 않았다. 또한 '원내 공화당 후보 지지협회' 멤버들과 나는 소액 기부자들을 위한 감사 행사를 마련하길 원했다. 그들이 있었기에 공화당원의 의석수 확보에 도움이 된 것이므로 어떤 식으로든 감사를 표해야 한다고 생각했다. 그러나 그 계획도 불발로 끝났다.

그 자리에 있으면서 나는 많은 것을 배웠고 그런대로 일도 많이 했지만 민주당이 득세하면서 민심을 얻자 나도 물러나야 했다. 그렇다고 시민으로서의 내 임무가 끝난 것은 아니었다. 의장 자리에서 물러났다고 해서 내 신념을 정치지도자들과 공유하기를 포기한 것도 아니었다. 이미 레이건 행정부 인사 몇몇과 친해져 내겐 뜻을 같이하는 정치인도 있었고, 레이건 대통령이 에이즈퇴치협회를 창설하려 할 때 자그트 의원이 또다시 나를 협회원으로 적극 밀어주었다. 결국 대통령은 협회창단멤버에 나를 넣어주었다.

에이즈퇴치협회 일과 공화당 기금조성 사업을 통해 나는 레이건 대통령과 가까워졌다. 레이건 대통령은 늘 백악관 이스트룸(East Room, 백악관에서 가장 큰 접견실. 대형 리셉션이나 기자회견 등을 주로 연다 – 역주)으로 협회원들을 불러 몇 마디 얘기를 하곤 했다. 대통령과 내가 공동 연사로 초대받은 모임에서는 무대 뒤에서 사적인 이야기를 나눈 적도 있다.

레이건 행정부 출범 1주년 기념으로 워싱턴 D.C.의 힐튼 호텔에서 열린 특별기금 모금 행사를 주관하면서 나는 행사위원장 자격으로 레이건 대통령 내외 및 부시 부통령 내외와 함께 VIP 대기실에 있었다. 그곳에는 우리 다섯 명밖에 없었다. 시간이 되자 레이건 대통령은 무대로 나가 환호하는 참석자들에게 인사를 했다. 그날 행사는 대성공이었다. 방금 전국으로 방송되는 TV뉴스 채널에서 자기를 "엿먹였다(직접 한 말)"며 분을 가라앉히지 못한 채 씩씩대면서 대기실로 들어오던 레이건 대통령 옆에는 낸시 여사, 부시 부통령, 바바라 여사 그리고 화난 대통령을 위로하느라 바쁜 리치 디보스밖에 없었다. 카메라가 돌아가지 않는 무대 뒤에서 미국 대통령의 인간적이고 진솔한 모습을 직접 목격한 아주 특별한 순간이었다. 그런 경험을 해본 일반인은 별로 없을 거라고 생각한다.

　미합중국의 대통령도 개인적으로 얘기를 나눠보면 보통 시민과 비슷한 관심사와 걱정거리가 있는 평범한 인간임을 알 수 있다. 특히 미국의 미래를 걱정하고 자유를 지키겠다는 마음은 보통 시민과 다르지 않다. 더 많은 정치인이 그런 마음을 가졌으면 싶다.

───

　2001년 나와 헬렌은 언론을 통해 필라델피아에 '미합중국 헌법박물관(National Constitution Center)'를 건립하는 데 도움을 주겠다는 기부 서약을 했다. 〈필라델피아 인콰이어러〉(미국 동부 지역에서 발간하는 조간신문. 1847년 창립 – 역주)는 우리의 서약을 '당파심이 아닌 애국심에서 나온 것'으로 평가했다. 헌법박물관 개관 이후에도 우리는 추가로 기부했고 앞으로도 계속 후원할 예정이다.

　모든 미국인, 특히 젊은 세대가 미합중국의 헌법 역사를 이해하고 감사하도록 하는 것이 우리에게는 무척이나 중요한 일이기 때문이다. 오랫동안 미국 국민에게 잊혀져온 미국의 건국이념과 헌법의 역사를 대중에게 다시금 일깨워주고 싶던 우리의 숙원이 이뤄진 것이다. 〈필라델피아 인콰이어러〉의 논평대로 우리는 '애국심'에서 이 일에 참여한 게 맞다. 지금 미국의 정치지도자에게는 당파심은 많지만 애국심은 별로 없는 것 같다.

　정치인도 일반 시민도 조국의 헌법 역사와 헌장에 적힌 내용을 제대로 알아야 한다. 이러한 신념을 삶의 현장에서 실천하기 위해 암웨이는 미국 국적의 사업자들에게 자유기업과 미국의 건국이념을 늘 상기시키려 노력한다. 가령 초대 대통령 조지 워싱턴의 생가가 있는 마운트 버넌에서 우수 사업자 리더십 세미나를 개최하기도 했다. 그 행사는 매우 성공적이었다. 특히 많은 암웨이 사업자가 조지 워싱턴 대통령이 군인으로서 또 정치인으로서 미국의 건국과 발전에 기여한 공로 및 역할을 한층 더 깊이 이해하고 깨달았다.

건국 이후 길지 않은 시간 동안 미국은 모든 면에서 세계 최고의 기록을 세우며 발전해왔다. 그런데 왜 더 많은 국가가 미국적 방식을 따라하지 않는지 잠시 생각해볼 필요가 있다. 국가의 주인으로서 권리를 받은 국민은 각자 해답을 구하려 노력해야 한다. 우리 손으로 뽑은 국민의 대표들이 각 지방이나 국가적으로, 나아가 국제적으로 어떤 방향성을 갖고 있는지 국민이 직접 알아야 한다. 그러려면 세계 역사의 흐름도 파악해 과거의 실수를 되풀이하지 않는 국가가 되도록 국민이 앞장서야 한다.

헌법박물관에서 만난 사람들은 모두 미국 역사를 잘 알고 있었다. 그런데 아직도 너무 많은 국민이 이 나라 역사에 관심도 없고 알지도 못한다. 건국의 아버지들이 왜 헌법을 제창했는지 그 목적과 배경조차 모른다. 예를 들어 수정 헌법에서 대통령의 재임 횟수를 제한하기 전인데도 조지 워싱턴이 대통령을 두 번만 하고 고향으로 돌아가 조용히 살아간 것을 두고 당시의 세계정세상 책임감 없는 행동이라고 비난하는 사람들이 있다. 그가 그렇게 한 이유는 두 번으로 충분하고, 새로운 얼굴이 미국이라는 신생국을 이끌도록 국민이 합의함으로써 미국이 제국주의의 멍에에서 벗어난 진정한 민주공화국임을 전 세계에 선포하고 싶었기 때문이다. 워싱턴은 권력욕에 눈먼 사람이 아니었다. 그는 정치인으로서 자신의 역할을 충실히 수행한 다음 평범한 사람으로 돌아가고 싶었던 것이다.

그랬던 미국이 여러모로 덩치가 커지면서 점점 중앙집권화했고 지역을 대표하던 지방 정치인도 중앙 무대에 등극하기를 원했다. 임기가 끝났음에도 더 붙어 있으려는 정치인들도 늘어났다. 심지어 재임이 될 것인가 아닌가가 게임의 주제가 되어버렸다. 무사안일주의에 빠져버린 많은 국회의원이 국가 이익에 옳은 결정이더라도 차기 선거 득표에 영향을 주겠다 싶으면 은근히 발을 빼고 모른 척했다. 권력의 왕좌와 그 주위에 붙어 있음으로써 얻는 달콤함에 중독된 정치인은 어떻게든 계속해서 재임되려 애쓰고, 재임에 실패한 이들은 백악관 주변에서 대기업들의 로비스트나 대변인으로 명함을 바꾸어서라도 권력 가까이에 있으려고 했다. '국민을 위한 정치'는 사라지고 '자아를 위한 정치'가 득세했으며 이런 증상은 지금도 크게 다르지 않다.

언젠가 제이와 나는 이런 이야기를 나누다가 결국 '재임 연한 제한법'이 답이라는 결론을 얻었다. 당시 나는 어떤 프로젝트를 위한 위원회를 구성하는 중이었는데 위원장으로 고 드와이트 아이젠하워 대통령의 동생 존 아이젠하워를 선임하기로 되어 있었다. 진행은 쉽지 않았다. 전국적인 지지를 얻기는 더욱더 어려웠다. 그래서 '위원장직 재임 연한 제한법'을 만들어 몇몇 주에서 동의를 얻어냈다. 그러나 주정부가 하원의원이나 상원의원의 재임 연한을 제한하는 것은 위헌이라는 판결을 내렸다. 결국 나는 그 정도로 만족해야 했다.

오늘날에도 마찬가지지만 당시 백악관이 있는 워싱턴 D.C.는 물가가 꽤 비쌌다. 닉슨 대통령 시절, 부통령으로 당선된 포드 의원은 오랫동안 의원 생활을 했음에도 불구하고 주택담보대출금을 갚기 위해 첫 부통령으로서 받는 첫 월급을 기다렸고, 네 명의 자녀가 차례로 대학에 갈 나이가 되면서 형편이 더욱 빠듯해졌다. 물론 그 월급이면 당장 생활하기엔 부족하지 않았지만 은퇴 후까지 책임져줄 수는 없었다. 그래서 포드는 임기를 마치고 여러 미국 회사의 이사회 임원 자격으로 사업자금 조달을 도왔다. 현재 미국의 국회의원 월급은 상당히 높은 편이고 혜택도 많지만, 임기가 끝나면 아무것도 남지 않기 때문에 많은 돈과 시간과 노력을 들여 재선되려 한다. 이 때문에 나는 국회의원이나 공무원의 임기에 반드시 연한과 재임 횟수를 정해야 한다고 생각한다.

암웨이 시작 후 너무 많은 법률과 조례가 새로 만들어져 이제는 과거에 해낸 많은 일을 다시 하기가 어렵다. 일단 세금이 굉장히 많이 올랐다. 또한 많은 분야에서 개인의 자유가 줄어들었고 경기가 나빠지면서 정부의 구호에 의지하는 분위기나 극도의 당파심을 조장하는 분위기가 사회 전체를 지배하고 있다. 이제 미국은 더 이상 '세상의 빛이 비추이는 산 위의 동네(the shining city on a hill, 성경 마태복음 5장 14장 구절 "너희는 세상의 빛이니 산 위의 동네가 감추이지 못할 것이니"에서 인용해 미국의 정치인들이 축복받은 미국이라는 뜻으로 자주 써온 표현 – 역주)가 아니다.

세계를 둘러보면 유럽은 정부 부채가 많고 국민의 정부 의존도가 지나치게 높아 국가 경제가 줄줄이 무너지고 있다. 중동에는 아직도 자유민주주의를 반대하며 완전히 다른 무언가를 원하는 세력이 존재한다. 아프리카나 기타 풍부한 천연자원과 기후를 누리며 잘살고자 하는 사람이 있는 지역에서는 부패한 독재정권과 이기적인 지도자에게 눌려 많은 사람이 피폐한 삶을 면하지 못하고 있다.

이런 국제 정세 속에서 어떻게 하면 미국과 미국 국민의 자유 및 권리를 지키면서도 거기에 적응할 수 있을지 고민해봐야 한다. 물론 한

번에 해결할 수 있는 방법은 없다. 그러나 우리 각자는 미국 국민으로서 우리가 지켜야 할 소중한 가치와 자유를 좀먹는 어떤 해악도 방관해서는 안 되며, 넋 놓고 있다가 당해서도 안 된다. 제대로 알고 제대로 교육을 받은 후 소중한 투표권을 행사해야 한다. 그리하여 진정으로 국민에게 봉사하고 국가의 미래를 책임질 사람들을 미국 국민의 대표로 뽑아야 한다. 인종이나 정치색에 상관없이 정직하고 충직하게 우리가 참이라고 믿는 가치를 위해 힘을 합해 싸울 준비가 되어 있고, 지금과 다가올 세대를 위해 조국의 번영에 헌신할 준비가 된 미국 국민 말이다.

16장

내 마음속의 희망

내가 지난 17년을 더 살아올 수 있었던 건 런던의 어느 유명한 심장 이식 전문의가 마침내 '예스'라고 대답했기 때문이다. 일흔한 살 때 나는 심장 이식을 받아야만 살 수 있다는 진단을 받았다. 그러나 내 나이 때문에 미국의 모든 의사가 수술을 거부했다. 내가 아직도 살아 있는 것은 그 의사와 꼭 알맞은 순간에 심장을 기증해준 기증자 덕분이다. 기도에 응답하신 하나님의 은혜로 나는 완벽한 삶을 계속 살아가고 있다. 나는 하나님이 아직 이 땅에서 나에 대한 계획과 목적이 남아 있으셔서 내 생명을 연장해주신 것임을 늘 마음에 새기고 살아간다.

　몇 년 전, 우리 가족은 내가 심장 이식수술을 받은 지 15년이 되는 것을 기념해 축하행사를 했다. 내가 수술을 받을 때만 해도 아주 어렸거나 심지어 아직 태어나지도 않았던 많은 손자·손녀가 그때 우리를 얼마나 감동시켰는지 모른다. 아이들은 내게 "하마터면 할아버지를 한 번도 못 볼 뻔했어요"라고 말했다. 내 입장에서는 그 아이들이 나를 만났다는 것보다 내가 살아남아 아이들이 각자의 개성을 지닌 인격체로 자라나는 모습을 볼 수 있었다는 게 더 다행스럽다.

　나는 가끔 새 심장이 없었으면 이루지 못했을 지난 17년간의 많은 일을 생각해본다. 그동안 우리는 헬렌 디보스 아동병원을 건립했고 디보스 컨벤션센터 건립기금 마련에 참여했으며, 그랜드 래피즈 시내에 JW 매리엇 호텔을 지었다. 내 모교 그랜드 래피즈 기독교 고등학교에도 디보스 강당을 마련해 전교생이 모여 예배도 드리고 연극이나 음악제를 통해 재능을 선보이는 장소로 쓰고 있다.

　강당 1층에 전시한 포드 모델A 컨버터블은 제이와 내가 그 학교에 다닐 때 타던 것과 똑같은 것으로 우리의 평생 동반 관계가 어떻게 시작되었는지 보여주는 즐거운 기념물이다.

　심장 수술 후에도 나는 미시건 주 홀랜드에 있는 호프 대학에 운동경기장을 지어주었다. 또한 그랜드 래피즈 메디컬 마일(Grand Rapids Medical Mile. 1996년 제이 & 베티 밴 앤델이 세운 밴 앤델 의료연구재단을 시작으로 그 주변에 각종 의료 관련 시설이 집중적으로 들어서면서 형성된 의료·건강 관련 시설 지역 – 역주)에 병의원 시설을 비롯해 그랜드 래피즈 칼빈 대학 언론학부 학당(Devos Communications Center), 필라델피아 소재 헌법박물관(National Constitution Center) 전시관 등을 세웠다. 그렇다고 내가 자화자

찬하려는 게 아니다. 죽음의 문턱까지 갔던 내 생명을 연장해주신 덕분에 내가 더 많은 일을 해서 그분께 영광을 돌리게 하신 하나님의 축복을 말하고 싶은 것이다.

이식 수술을 받기 오래전부터 나는 심장에 문제가 있었다. 나는 T.I.A.(Transient Ischemic Attack, 일과성 뇌허혈증. 뇌로 공급되는 혈액의 흐름이 일시적으로 막혔다가 다시 이어져 순간적으로 뇌가 쇼크 상태에 빠지는 질환 – 역주)를 앓고 있었는데 의사들 말로는 이 때문에 뇌졸중이나 심장마비가 올 수 있다고 했다. 그때부터 나는 식단을 건강식으로 바꾸고 콜레스테롤 수치를 낮추는 약을 복용하면서 매일 운동을 했다.

그런 노력에도 불구하고 심장 상태는 점점 나빠졌다. T.I.A.로 밝혀진 지 얼마 후 혈관이 많이 막혀 있으니 전문의를 찾으라는 진단을 받았지만 나는 미국독립기념일이 낀 주말에 아이들을 데리고 미시건 호에서 직접 배를 몰고 밀워키까지 가는 여행을 떠났다. 그런데 갑판에서 돛을 미는 순간 가슴에 통증이 왔다. 문제가 있다고 생각한 나는 밀워키에 도착하자마자 주치의에게 전화를 했다. 의사는 단호하게 말했다.

"비행기로 즉시 돌아오세요. 검사해봐야겠어요."

몇 가지 검사를 마친 내 주치의 루이스 토마티스 박사는 "휴가 계획 다 취소하세요. 연휴가 끝나면 곧바로 심장마비 예방 수술을 해야 해요"라고 말했다.

수술은 성공적으로 끝났고 그 후 8년간 나는 아무렇지 않았다. 하지만 그 8년간 동맥혈관은 점점 더 막혔고 마침내 1992년 12월 초 심한 발작이 왔다. 일단 며칠 동안 안정을 취한 후, 당시만 해도 신기술이던 스텐트(혈관조영술. 방사선을 이용해 혈관 내부를 수술하는 방법 – 역주) 시술을 받기 위해 오하이오 주 클리블랜드 종합병원으로 날아갔다. 그런데 도착한 날이 하필이면 금요일 밤이었다. 당장 수술해줄 것을 요구하는 내 주치의 토마티스 박사에게 돌아온 담당 과장의 대답은 "아뇨, 내일 아침에 수술합니다. 이분이 그때까지 살아 있다면 말이죠"였다.

수술은 성공적이었지만 발작이 일어나 심장 오른쪽의 기능이 이미 손실된 상태라 매우 조심해야만 했다. 조금만 걸어도 나는 굉장히 피곤했다. 내 심장이 너무 약해져 체내의 수분을 돌릴 힘조차 없었기 때문에 나는 정기적으로 병원에 가서 복수를 빼내야 했다. 체중도 12파운드(5.4킬로그램)나 줄어들었다.

이보다 앞선 92년 초에 이미 심장발작이 한 번 왔었다. 그러면서 기력이 완전히 소진된 나는 암웨이의 사장직을 내놓았고 큰아들 딕에게 그 자리를 물려주었다. 감사하게도 딕이 자기 역할을 든든하게 해주었기에 나는 회사 걱정으로 스트레스를 받지 않았다. 하지만 건강이 급격히 나빠지면서 내 일상생활에 많은 제약이 생긴 건 사실이다. 15미터도 가지 못해 숨이 차서 주저앉아야 했다.

심장전문의 릭 맥나마라 박사는 "사장님, 심장이 계속 약해지고 있어요"라며 걱정했고, 1996년 말 맥나마라 박사와 토마티스 박사는 우리 부부에게 내가 살려면 새 심장을 이식받는 것 외에는 방법이 없다고 했다.

엄청난 충격이었다. 그동안 약해진 몸으로 제대로 일하지 못하고 걷지도 못하면서 나는 마치 아무렇지도 않다는 듯 행동하며 내 건강 상태에 무관심했다. 그런데 새 심장이 없으면 죽는다니!

그런데 나만 몰랐을 뿐 나를 위한 준비가 이미 진행되고 있었다. 토마티스 박사는 그보다 몇 년 전부터 미국의 모든 심장센터에 연락해 나를 이식 대상으로 받아줄 수 있는지 타진했다. 나이도 나이지만 나는 뇌졸중에다 심장마비, 당뇨까지 있어서 수술이 위험했고 설상가상으로 내 혈액형은 AB형 중에서도 희귀한형이라 적합한 기증자를 찾기가 쉬운 일이 아니었다.

토마티스 박사는 자기가 아는 런던의 이식전문의를 만나보자고 했다. 런던 헤어필드 병원의 흉부·심장혈관 전문의 마그디 야쿱 교수는 특히 심장 이식 분야에서 뛰어난 실력으로 인정받는 의사였다. 토마티스는 야쿱 박사가 내게 남은 마지막 희망이고, 그가 나를 직접 만나지 않고는 수술을 해줄 수 없다고 했다는 말을 전했다. 그는 내 과거 병력과 현재 상태를 알고 있었지만 일단 나를 직접 만나보길 원했다(아들 딕이 그보다 2년 전에 런던으로 가서 야쿱 교수를 만나 나를 수술해달라고 강력히 요청했다고 한다).

성탄절이 얼마 남지 않은 어느 날 나는 아이들과 손자들에게 그 소식을 알려주었다. 물론 의사에게 들은 이야기 외에는 더 자세한 말을 해줄 수 없었다. 하지만 굉장히 긍정적인 우리 부부는 "할아버지, 할머니가 런던에 가서 할아버지의 새 심장을 받아올 거야"라고 말했다. 하나님은 그때에도 나와 헬렌에게 엄청난 긍정의 마인드를 갖도록 허락하셨다. 어떻게 그처럼 심각한 상황에서 아무런 의심도 없이 긍정적으로 반응할 수 있었는지 지금 생각해보면 놀랍기만 하다. 심장 이식수술이 얼마나 복잡하고 어려운지 실제로 겪어보니 왜 의사들이 수술을 꺼려하는지 진심으로 이해가 간다. 그러나 의사에게든 환자에게든 오직 한 가지 주어진 의무는 희망을 버리지 않는 것이다.

런던에 도착해서 만난 야쿱 박사의 첫 질문은 이랬다.

"왜 더 사시려고 하는지요? 그만하면 충분히 누리며 잘 사시지 않았나요? 더 오래 사시려는 이유가 무엇인가요?"

나는 박사에게 조용히 대답했다.

"내겐 내 삶의 이유인 소중한 아내와 네 명의 자식과 많은 손자·손녀가 있답니다. 그 아이들이 크는 걸 보면서 잘 되도록 옆에서 힘이 되고 싶군요."

야쿱 박사가 그런 저돌적인 질문을 한 까닭은 내가 그 험한 수술과 힘든 회복기를 이겨낼 정신력을 갖추고 있는지, 그것의 원동력이 무엇인지 내 스스로 확정하도록 하기 위해서였다. 내게 그런 정신력, 도움, 가족 그리고 나를 사랑하고 아껴주는 사람들이 없었다면 나는 그 고비를 넘기지 못했을 것이다. 내가 살려면 수술이 잘되는 것으로 끝나서는 안 된다. 어디까지나 강한 정신력과 하나님을 믿는 믿음이 필요했다. 나는 내게 그럴 힘이 생기리라는 걸 알았고 또 믿었다.

대화를 마친 뒤 박사는 나를 진찰했고 내 심장소리를 들었다. 이미 내 병세를 다 알고 있었으면서도 말이다. 그러더니 내 눈을 쳐다보며 "좋습니다. 방법을 찾아보겠습니다"라는, 우리 모두가 애타게 기다려온 답을 주었다. 그때 내 머릿속에 가장 먼저 떠오른 질문은 "얼마나 기다려야 기증자를 찾을 수 있을까요?"였다.

"그건 모릅니다. 한 달이 걸릴지, 다음 주가 될지, 아님 내일 당장 나타날지는 말이죠. 반년이 걸릴 수도 있고요. 일단 내국인 환자에게 우선권이 있기 때문에 사장님은 대기자 명단에서도 가장 마지막입니다. 어쨌든 늘 준비하고 계셔야 해요. 병원에서 한 시간 이상 걸리는 장소는 가지 마세요. 일주일에 한 번씩 반드시 내원해서 검사를 받으며 경과를 체크해야 합니다."

매주 월요일마다 나와 아내는 병원에 가서 검사를 하고, 정해진 심장과 의사에게 결과를 듣는 일을 반복했다. 검사 결과, 내 심장은 특히 오른쪽이 많이 약해져 있었다. 따라서 기증자는 내 희귀한 혈액형과 맞아야 하고 우심방, 우심실이 튼튼한 사람이어야 했다.

이제 기증자를 기다리는 일만 남았다.

5개월이 지난 어느 월요일 오전, 병원에서 연락이 왔다. 기증자가 생겼는데 혹시 맞을 수도 있으니 평소보다 빨리 오라는 내용이었다. 그 병원에 폐를 이식받으러 온 여자 환자가 있었는데 혈액형이 나와 같고 폐 기능이 나빠 심장에 무리가 가다 보니 우심이 비정상으로 확장돼 있다는 게 아닌가. 마침 그녀에게 폐를 기증해줄 기증자를 찾았고 어쩌면 나도 심장을 받을 수 있을지도 모른다고 판단해 내게 전화한 것이었다. 폐와 심장은 한 기관으로 분류되기 때문에 같은 사람의 폐와 심장을 받아서 같이 이식해야 수술 후의 거부반응을 줄일 수 있기 때문이다. 그러니까 만약 그 여자 환자가 기증받은 폐가 적합하다면 그 환자의 원래 심장은 기증해줄 수도 있다는 얘기가 된다. 그녀는 그럴 경우 내게 자기 심장을 주겠다고 사전에 동의했었다.

마침내 그 순간이 온 것이다. 아내는 환자에게 이식해줄 폐와 심장을 싣고 와서 병원에 내려주던 헬리콥터 소리가 아직도 귀에 생생하다고 한다. 적합성 검사를 끝내고 이식 준비가 된 폐와 심장을 기다리는 환자의 수술실 바로 옆방에는 그녀의 심장을 기다리는 내가 누워 있었다.

그녀에게서 적출한 심장은 30분이 채 지나지 않아 내게로 와서 새로운 심장으로 뛰기 시작했고, 그날 이후 지금까지 내 심장 박동소리는 매우 우렁차다. 얼마나 피가 마르는 심정으로 기다렸느냐고 훗날 다들 한마디씩 했지만, 정작 우리 부부는 매일 아침 빌립보서(신약 성경, 즉 예수 탄생 이후의 시대를 배경으로 기록한 기독교 경전 27권 중 한 권 – 역주)

4장 말씀을 읽으며 확신과 평화 속에서 그 시간을 기꺼이 인내했다.

믿어지지 않을지도 모르지만 솔직히 우리 부부는 단 하루도 우울한 날이 없었다. 우리에겐 "하나님의 타이밍은 정확하고 그분은 실수가 없으시다"는 믿음이 있었다. 몸은 점점 약해졌지만 절대로 가만히 누워만 있지는 않았다. 아이들은 교대로 돌아가며 늘 곁에 있었고 때로는 가족 전체가 내 병실을 지켜주었다.

새 심장이 생길지도 모른다는 전화를 받던 월요일 아침, 우리가 얼마나 기뻤는지는 어떻게 말로 표현할 수가 없다. 병원으로 가는 차 안에서 우리는 안심과 흥분, 희망, 기쁨이 한꺼번에 뒤섞인 엄청난 감정을 느꼈다. 병원에 도착하자마자 들은 첫마디는 이것이었다.

"모든 게 완벽합니다. 이제 수술 준비로 들어갑시다!"

먼저 흥분을 가라앉히는 주사를 맞았다. 그러자 중대한 수술을 앞둔 상황에서도 나도 모르게 스르륵 기분이 편해졌다. 바퀴 침대에 실려 수술실로 들어가는 복도에서 내가 늘 이발소 좀 가라고 놀렸던 은발의 더벅머리 의사를 만났다. 나는 침대에서 일어나 그를 보며 "어이 의사 양반, 이발소 좀 가라니까"라며 또 농담을 던졌다.

수술이 끝나고 아직 혼미한 상태로 마취에서 깨어났을 때, 내 곁을 지키던 가족 몇 명이 보였다. 내 입에서 가장 먼저 나온 말은 "하나님께 감사하자"였다고 한다. 그리고 내가 감사의 기도를 올리며 하나님께 영광을 돌렸다는데 나는 하나도 기억나지 않는다. 무의식중에도 내 영혼의 가장 깊은 곳에서 다시 생명을 주신 주님께 대한 감사로 넘쳤기에 가장 먼저 감사기도가 나온 거라고 생각한다.

그 시각 런던행 비행기 안에 있던 나머지 가족, 그리고 함께한 사람들 모두 무릎을 꿇고 수술 결과가 좋기를 기도했다. 수술이 거의 끝나갈 무렵 도착한 가족과 친구들은 수술이 잘되었다는 소식을 들었다. 함께 비행기를 타고 온 토마티스 박사는 내가 퇴원할 때까지 그곳에 머물며 매일 나를 보러왔다. 맥나마라 박사도 날마다 내게 용기를 주었다. 내 옛 심장을 처음 검사했을 때 그는 "기능이 거의 멈추었어요. 어떻게 이 심장으로 지금까지 생명을 유지할 수 있었는지 믿을 수가 없군요"라며 놀랬었다.

회복기에 가장 고통스러웠던 건 혹시 생길지도 모를 거부반응을 막기 위해 약을 먹는 일이었다. 수술이 끝나자마자 엄청난 양의 약물을 처방받았고 그 약을 먹으면 밤마다 악몽에 시달렸다. 하루도 편히 잠을 잘 수가 없었다. 내가 다리 없는 난장이가 되어 그랜드 강 옆의 오래된 로 호텔 앞에 홀로 버려져 있는 악몽을 꾼 적도 있다. 깜짝 놀라 깨어난 뒤 이불 안을 더듬어 내 다리가 붙어 있는지 만져본 기억이 난다. 다음날엔 심지어 누군가에게 내 다리가 있는지 확인해달라고 부탁하기까지 했다.

또 어떤 꿈에선 내가 플로리다의 우리 집 근처 물 위를 둥둥 떠다니는 마분지 상자 속에 갇혀 있었다. 전화로 구조 요청을 하려고 보니 이미 멕시코 만까지 떠내려가 버렸다. 전화기에 대고 나는 물에서 여기까지 밀려왔다고 소리를 질렀다. 그렇게 무섭고 끔찍한 악몽을 수없이 꾸었다. 어찌나 생생하고 무섭던지 나는 잠을 안 자고 버틸 수만 있다면 무슨 짓이라도 할 수 있을 것 같았다. 그래서 밤이면 휠체어에 앉아 밀어달라고 했다. 잠이 들면 또 악몽을 꿀 것 같아서.

어느 날 힘없이 침대에 누워 있는데 야쿱 박사가 왔다. 그가 "누워서 뭐하세요?"라고 나무라듯 말했다. 나는 모르겠다고 대답했다. 피곤해서 그렇다고 한 것 같기도 하다.

"일어나세요! 내가 당신을 어떻게 살려냈는지 아세요? 정말 위험한 경우였어요. 그래도 나는 내 모든 걸 걸고 수술을 해드린 겁니다. 이겨내실 거라 믿으면서요!"

나는 "참 착하시군요"라고 맞받아쳤다. 그런 내게 박사는 야단을 쳤다.

"맞아요, 그렇게 하세요. 솔직히 표현하세요. 두려움도 감출 필요 없어요. 이제 당신은 뭐든 하실 수 있다고요! 다시 일어나서 씩씩하게 걸어가세요!"

정확한 지적이었다. 그는 아직도 내가 스스로를 심장병 환자라고 생각하는 걸 보고 내게 이제 튼튼한 심장이 생겼고, 그래서 무엇이든 예전처럼 할 수 있다는 걸 깨닫게 해주고 싶었던 것이다. 수술 후 회복되는 몇 주 동안 많이 가라앉아 있던 나는 그날 야쿱 박사가 일어나라고 호통을 쳤을 때 다시 일어나기로 마음먹었다. 정말 약이 되는 말이었다.

수술이 끝나고 나서 나는 혹시 새 심장이 거부반응을 일으키지 않을까 두려웠다. 그래서 처음에는 신경이 무척 날카로웠다. 그토록 오래 기다린 끝에 기증자를 만나 힘든 수술에서 살아남았는데 만약 내 몸이 새로 받은 심장을 거부하면 어쩌나 하는 불안감 때문이었다. 거부반응 여부를 확인하는 조직검사 날짜가 잡히면 잠을 이룰 수가 없었다. 하루는 의사가 내 가슴을 열고 심장의 일부 조직을 떼는 모습을 빤히 지켜보았다. "왜 그러시죠?"라고 의사가 묻기에 "방금 떼어낸 내 심장 조각이 빨간색이 아니라 밤색이면 어떡하나 해서요"라고 비꼬듯 말했다. 그러자 그는 "밤색이 아니라 흰색이면 어쩌나 걱정하셔야죠. 이상이 생겨 심장 조직에 피가 돌지 않으면 흰색으로 변하니까요"라고 했다.

처음에는 1주일에 한 번씩 그러다가 2주일에 한 번씩 조직검사를 받았다. 다행히 여태까지 거부반응은 일어나지 않았다. 그러나 나는 죽을 때까지 항 거부반응 약을 먹어야 한다.

내가 있던 헤어필드 병원은 원래 1차 세계대전 때 결핵 요양소로 쓰기 위해 지은 건물로, 병실 환기를 원활하게 하기 위해 독특한 구조로 설계되어 있다. 구불구불한 복도를 사이에 둔 각 병실에는 길가로 난 창문과 복도 쪽으로 난 창문이 있어서 다른 병실 공기의 영향을 최대한 덜 받으며 환기시킬 수 있다. 화장실이 복도 맞은편에 있었음에도 구불구불한 병원 구조 때문에 내겐 300미터쯤 떨어져 있는 것 같이 느껴졌다.

수술한 지 며칠 지나지 않은 어느 날 화장실에 가려고 복도를 걸어가는데 갑자기 한 여자가 나타나 "지난 화요일에 심장 이식을 받으신 분인가요?"라고 물었다. 내가 그렇다고 하자 그녀는 자기가 그 심장의 주인이라고 밝혔다. 나는 감사하다고 말하고 그녀를 안아주었다. 입원해 있는 동안 우리는 몇 번 더 만났다. 그리고 내가 10년째 검진을 받던 어느 날 한 번 더 마주쳤다. 안타깝게도 그로부터 1년인가 2년 후에 그녀가 암으로 세상을 떠났다고 들었다. 가수가 되고 싶어 한 그녀는 앨범을 만드는 것이 꿈이라고 했다. 선한 그녀를 위해 나는 그녀가 꿈을 이루도록 도와줄 수 있었다. 하지만 그녀에 대해 자세히 알지는 못한다. 퇴원 후 우리는 다른 나라에서 각자의 삶을 살아가느라 많이 친해지지는 못했다.

그 수술로 얻은 또 다른 좋은 결과는 세계 최고의 심장 수술 전문의들을 알게 되어 그들을 그랜드 래피즈로 부를 수 있었다는 점이다. 야쿱 박사는 예순다섯 살에 영국 국립의료원에서 퇴임했지만 그의 실력을 그대로 묻어버리는 게 아까워서 우리는 그를 그랜드 래피즈의 스펙트럼 병원으로 불렀다. 현재 동 병원 마이어 심장센터 이식과의 컨설턴트로 있는 야쿱 박사는 연구 실적이나 수술 경험 두 분야에서 공히 아직도 전 세계 최고의 심장 이식 전문의 중 한명으로 꼽힌다.

장기이식술이 등장한 초창기 때는 기증자도, 이식 희망자도 많았다. 그래서 야쿱 박사와 그의 동료 아쉬갈 카그하니 박사는 하루에 세 차례나 집도를 했다. 수술을 하나 끝내고 잠깐 눈을 붙였다가 일어나 수술실을 청소한 다음 환자를 받는 식으로 일했다고 한다. 현재 야쿱 박사는 일 년에 두세 번 그랜드 래피즈 이식센터를 방문해 컨설팅을 해주고 있으며 카그하니 박사는 심장센터 대표를 맡고 있다.

영국에 있을 때 그들과 함께 일한 의사 한 명은 헬렌 아동병원에 있다. 그 또한 세계 최고의 의사인데 그런 의사가 우리와 함께해주어서 정말 감사하다. 이들의 영향으로 우리 병원 의료진으로 합류한 다른 전문의도 여럿 있는데 이들은 환자뿐 아니라 그랜드 래피즈 지역 전체의 삶을 풍요롭게 만들어주고 있다.

성공적인 수술을 받을 수 있었음에 감사하고 또 수술 후 내가 많은 일을 할 수 있게 해주신 하나님께 감사한다. 지극히 개인적인 사건이던 심장 이식수술이 나 자신은 물론 우리 가족과 지역 공동체에 미친 파급 효과에 놀랍고 감사할 따름이다.

17장

하나님이 지으신
세상 속으로 모험을 떠나다

심장이 점점 약해지는 상태로 런던에서 이식수술을 받을 날을 기다리고 있을 때도 나는 여전히 앞날을 걱정하지 않는 긍정적 마인드를 지니고 있었다. 다시 건강해지리라는 아무런 보장도 없는 상황이었지만 그래도 꿈은 있었다. 그게 내 천성인가 보다. 점점 나빠지는 심장병으로 인해 생사가 불분명한 순간에도 나는 꿈꾸고 계획을 세우고 앞으로 할 일을 생각하는 걸 멈추지 않았다. 또 부정적인 상황을 걱정하는 대신 긍정적인 면에 집중했다.

그런 나였기에 생사를 가르는 대수술을 앞둔 그때도 전 세계를 배로 여행하겠다는 새로운 꿈을 꾸며 실행 계획을 짰다. 나는 수술 걱정, 건강 걱정으로 시간을 보내는 대신 타고 갈 배 모습을 구상하느라 바빴다. 새로 설계한 배를 타고 전 세계 바다를 누비며 항해하는 내 모습을 상상하니 정말 신나고 기뻤다. 또 한 번의 멋진 대모험이 될 거라는 기대감에 마음이 부풀어 올랐다.

수술을 기다리던 5개월 동안 나는 배만 생각했다. 내부 인테리어는 어떻게 할지, 특별실은 몇 개나 만들지, 어떤 스타일로 돛을 올릴지, 어느 제조사를 선택할지 등에 대해서 말이다. 전속 항해사를 런던 병원으로 불러 설계도를 그리며 배 모양을 의논하고 세계여행을 떠날 최적의 타이밍과 루트에 대한 이야기도 나누었다. 매주 차례대로 병문안을 오는 가족에게도 계획이 진행되는 과정을 알려주며 함께 즐거워했다.

한번은 아들 덕에게 "아빠가 이렇게 계획만 세워놓고 배를 못 타보고 죽을 수도 있어"라고 말했다. 그런 내게 덕은 "괜찮아요, 아빠. 아빠의 아들들이 타면 돼요"라고 농담을 했다. 수술 날짜를 기다리며 초조해하는 대신 나는 배를 설계하고 또 평화로운 남태평양에서 항해를 즐기는 내 모습을 상상하며 그 시간을 이겨냈다.

이식수술이 끝나고 퇴원할 무렵, 배도 거의 완성되었기에 우리는 부두에서 성대한 축하파티를 했다. 그랜드 래피즈에서 비행기 한 대를 꽉 채운 손님들이 왔고 출발지를 이탈리아의 비아레조로 정한 기념으로 유럽에 사는 친구들도 초대했다.

배는 아주 훌륭했고 우리는 그 배를 '인디펜던스'라고 불렀다. 그 배는 '케치', 그러니까 큰 돛대 하나가 앞머리에 있고 작은 돛대 하나가 약간 뒤쪽으로 붙은 소위 쌍돛대 범선이었다. 메인 돛이 있고 선미에 작은 돛 그리고 뱃머리에 삼각형의 지브 돛이 있는 인디펜던스 호의 최고 시속은 10노트 이상으로, 일반 범선치고는 꽤 빠른 편에 속했다. 돛의 크기는 아주 컸지만 버튼만 누르면 10분 안에 자동으로 접혔다 펴졌기 때문에 다루기도 편했다. 나는 아름답기도 했지만 전 세계 어디든 문제없이 항해할 수 있을 정도의 성능이라는 점이 내 마음에 쏙 들었다.

우리는 이탈리아에서 항해를 시작해 카리브 연안으로 갔다가 파나마 운하를 타고 갈라파고스 군도를 지난 뒤 남태평양의 마르케사스 군도로 향했다. 지도에는 점 하나로 표시된 작은 섬 마르케사스는 신비하고 아름다운 풍광을 자랑하는 프랑스령 폴리네시아에 속한다. 거기서부터 우리는 남쪽으로 이어진 폴리네시아 지역의 타히티와 보라보라 섬으로 갔다. 인디펜던스의 승무원은 열 명으로 캡틴과 부캡틴 한 명씩, 선원 두 명, 주방장 한 명 그리고 갑판원들이었다. 갑판원들은 매일 배의 염분을 제거하고 청소를 했으며 우리가 잠시 내리고 싶어 하는 곳으로 부속선을 몰고 데려다주는 일을 했다. 아들 셋과 나도 모두 배를 몰 줄 알았기 때문에 돌아가며 조타석에서 키를 잡기도 했다. 침대도 열두 개나 있어서 매 여행 구간마다 여러 가족과 친구들을 태워주기도 했다.

우리 가족은 남태평양의 외딴 섬들과 사랑에 빠져버렸다. 아름다운 산호초로 둘러싸인 잔잔한 바다는 특히 아이들이 수영하기에 안성맞춤이었다. 폴리네시아 앞바다는 수심이 얕은 환초호로 태평양의 파도를 타고 들어오는 배를 안전하게 감싸 안듯 받아주었다.

마르케사스에서는 우리 손자들과 증손자들까지도 바닷물이 넘나들지만 안전한 큰 환초호 안에서 수영을 했다. 스쿠버 장비를 갖춘 좀 큰 아이들은 밀물에 들어오는 파도를 타고 상어를 구경하다가 썰물 때면 파도와 함께 바다로 떼 지어 쓸려나가는 수많은 물고기를 구경하며 놀았다. 수정처럼 맑은 남태평양에서 우리 아이들은 스킨스쿠버와 스노클링을 하며 굉장히 행복해했다. 항해를 시작하고 얼마 지나지 않아 아내 헬렌도 스노클링을 배웠다. 아내는 아직도 물 위로 고개를 들었다 넣었다 하면서 아이들이 자신의 발아래 물속에서 스쿠버하는 걸 보는 것이 무척 즐거웠다고 말한다. 상어가 몇 마리 보여 헬렌이 다소 걱정했지만 아무 일도 없었다.

우리는 몇 주 혹은 몇 달째 바닷길을 여행 중인 다른 여행객과도 친구가 되었다. 같은 환초나 항구에 배를 정박해놓고 상대방의 배에 놀러가기도 하고, 저녁에 옆 배에서 "오늘 우리 배에서 포트럭(각자 음식을 싸가지고 와서 하는 파티 - 역주) 파티합시다!"라고 소리치면 원하는 사람들은 각자 먹을 걸 가지고 그 배로 모여들었다. 전 세계에서 온 그들은 함께 저녁을 먹고 새 친구를 사귀면서 이런저런 이야기를 함께 나눴다. 주로 두세 명이 타고 온 작은 보트들이었다.

우리 배는 그 배들에 비해 아주 컸기 때문에 발전기나 냉동 시설이 없는 그들에게 물과 얼음을 나눠주기도 했다. 그때 많은 사람을 만나 친구가 되었고 밤이면 이런저런 수다를 떨거나 마실 것을 한 잔 앞에 놓고 왜 항해를 시작했는지, 무엇이 그들을 넓디넓은 바다로 보냈는지 그들의 탐험 스토리를 들었다.

인디펜던스 호가 한 번에 간 가장 먼 구간은 갈라파고스에서 마르케사스에 이르는 3,000마일로 쉬지 않고 2주 동안 연속 항해했다. 작은 섬이 줄지어 있는 폴리네시아 바닷길을 2주간 여행하면서 우리는 영화를 보거나 게임, 독서를 하며 시간을 보냈다. 아침은 각자 해결했지만 점심과 저녁은 온 가족이 모여서 먹었다. 나는 주로 두 손자 사이에 앉아 이것저것 조심해야 할 것을 일러주었지만 녀석들은 자주 딴청을 피웠다. 온 가족이 함께 오랜 시간 여행하면서 그전에는 같이 해보지 않았고 그럴 생각도 못해 본 일을 함께할 수 있던 좋은 기회였다.

쉬어 가려던 섬에는 거의 부두가 없었기 때문에 우리는 돛을 내린 뒤 작은 딩기보트로 갈아타고 들어갔다. 섬 주민들은 우리를 따뜻하게 맞아주었다. 피지의 원주민 섬을 방문할 때는 마을대표인 추장에게 담배와 카바 뿌리를 선물로 주고 출입허가를 받아야 했다. 남태평양에서 자라는 뿌리 약초 카바를 갈아 가루로 만든 다음 헝겊주머니에 넣고 물을 계속 뿌리면서 주물러 짠 즙을 마시면 입술과 혀가 마비되면서 잠이 오는 최면 작용을 한다. 원주민들이 술 대신 마시는 음료인 셈이다.

섬에 도착하면 마을대표가 직접 우리를 맞이했다. 공식 환영인사 겸 출입허가에 필요한 서류를 검사한 것이다(피지공화국 대통령에게 사전에 방문허가증을 받기도 했다). 원주민 문화를 보호하기 위한 국가 정책 때문에 피지 최동단의 몇몇 외딴 섬은 대통령이 직접 서명한 방문허가증이 없으면 외부인이 배를 타고 들어갈 수 없다. 그래서 우리는 사전에 피지공화국의 수도 수바에 들러 필요한 허가증을 받아왔다.

남태평양 한가운데에 외롭게 떠 있는 작은 섬에 사는 원주민에게 내가 "올해 배 몇 척이 여기 왔었나요?"라고 묻자 그는 "오, 꽤 많은 배가 다녀갔지요"라고 대답했다. "그래요? 몇 척이나요?"라고 되묻자 "무려 세 척이오"라는 대답이 돌아왔다.

통학버스가 아니라 '통학보트'를 타고 등교하는 아이들을 보니 신기했다. 저학년 때는 현지에서 교육을 받지만 고학년이 되면 근처에 있는 '통합학교'로 등교해 다른 섬에서 온 아이들과 함께 공부를 한다.

피지 원주민들은 지리적으로 상당히 고립되어 있음에도 불구하고 외부인에게 아주 친절하다. 과거 피지가 영국 식민지였기 때문에 영어 통해서 섬에 머무는 동안 이야기를 나누며 그들의 상황을 더 알게 되었다. 특히 필요한 게 무엇인지 물어보고 우리는 함께 있던 맨발의 원주민들 중에 우리와 함께 다음 구간까지 가서 섬사람들과 아이들에게 줄 신발, 옷 등을 가져올 사람이 있는지 물어보았다. 우리는 흔쾌히 그러겠다고 한 원주민들과 떠났다가 선물을 들고 다시 돌아왔다. 그들은 마치 크리스마스 선물을 받은 듯 기뻐하며 우리가 가져온 물건을 받아서 순식간에 나누었다. 다음번에 다시 갔을 때 우리가 준 옷을 계속 입고 있는 사람들을 보니 무척 흐뭇했다.

때로는 가정집 식사에 초대받기도 했는데 그건 아주 특별한 손님을 대접한다는 의미다. 처음 식사 초대를 받은 건 주일예배 후 함께하는 저녁식사였다. 우리가 도착하니 따뜻한 저녁이 벌써 준비되어 있었다. 낮에 교회에 있는 동안 그 집 주인이 지하에 만들어놓은 돌화덕에서 음식이 익었기 때문이다. 디저트로는 작업용 대칼로 자른 코코넛에서 나오는 달콤한 코코넛 밀크를 그대로 마셨다.

그다음 식사 초대는 풀라가 섬을 방문했을 때 받았다. 그곳 사람들이 목공예품을 만든다는 이야기를 듣고 민예품에 늘 관심이 많던 우리 가족은 작품 구경도 하고 구매도 하고 싶어서 근처에 배를 대고 지갑을 챙긴 다음 딩기를 타고 섬으로 올라갔다. 사고 싶은 물건이 꽤 많았다. 쇼핑이 끝나자 많이 사줘서 감사하다는 표시로 섬 사람들이 우리에게 저녁을 먹고 가라고 권했다.

가서 보고 알았지만 그 저녁식사는 마을 전체가 준비한 것이었다. 지붕과 바닥이 건물의 전부인 '마을회관'에 도착하자 먼저 한 여성이 알록달록한 원색의 직사각형 천을 조심스레 바닥에 깔았다. 그것이 식탁보였다. 그리고 우리 가족과 함께 식사할 사람들의 이름을 불렀다. 이름이 불린 사람들은 우리와 함께 식탁보 주위에 둘러앉았다. 이윽고 음식을 담은 단지들이 나왔다. 이제 먹으면 되는데 포크가 없기에 일단 멈추고 사람들이 어떻게 하나 보았더니, 맨손을 단지 안에 집어넣어 꺼낸 음식을 바로 입으로 가져가는 게 아닌가. 난처해하는 우리를 보고 누군가가 모양이 제각각인 접시 몇 개와 포크를 가져다주었다. 직접 키운 채소와 잡은 생선을 재료로 한 메뉴였다. 난생처음 경험한 맛이었지만 말이다. 우리는 친절하고 인심 좋은 사람들과 즐거운 시간을 보냈다. 그 저녁식사는 우리 가족이 다른 문화 사람들과 교류한 멋진 추억 중 하나로 남아 있다.

풀라가에서 동쪽으로 500마일쯤 떨어진 곳에는 로 군도 혹은 로 아일랜드라 불리는 군도가 있다. 우리가 배에서 내리자마자 '특사'라는 사람이 와서 섬 대표가 우리를 보자고 한다고 전했다. 우리는 급히 대표를 만나러 갔다. 우리가 무슨 잘못이라도 한 걸까?

우리를 만나자 섬 대표는 "왜 나를 먼저 보러 오지 않았소? 근처의 작은 섬 마을 두 군데에도 대표들이 있지만 전체 대표는 나란 말이오. 그런데 당신들은 나한테 와서 출입허가를 받지 않았어요"라며 불편한 심기를 드러냈다.

내용인즉 그곳에 들어가기 전에 그 군도의 한 섬 마을 교회에 가서 헌금을 많이 했는데, 목사가 그 섬 출신이었는지 소문이 쫙 돌았고 그래서 그 섬 대표도 자기 몫을 원하는 눈치인 듯했다.

각 섬 마을 중앙에는 교회가 있고 교회를 중심으로 마을이 들어선다. 그들은 가난했지만 주일 아침이면 모두 정장차림으로, 특히 남자들은 깨끗하게 다린 흰 와이셔츠와 넥타이까지 매고 교회에 간다. 목사는 무릎까지 오는 둘둘만 치마 같은 전통의상 '술루'와 양복 상의를 입고 강대상에 선다. 여성과 아이들도 일요일엔 가장 좋은 옷을 입고 예배를 본다. 본당 안으로 가족이 함께 들어오면 학교에 다닐 정도의 남자아이는 교인석 왼쪽에 모여 앉고, 나머지 가족은 원하는 자리에 나란히 앉는다.

성가대의 찬송은 정말 근사하다. '보안관' 역할을 하는 어른 한 명이 긴 막대기를 들고 통로를 왔다 갔다 하면서 예배 도중 귓속말로 떠들거나 조는 아이가 있으면 가서 막대기로 톡톡 친다. 헌금 시간에 내는 헌금액은 그 자리에서 기록한다. VIP 교인은 이름이 불리면 통로 중앙에 있는 테이블로 가서 개별 헌금을 하는데, 테이블에 앉아 있던 재정 담당자가 헌금액을 장부에 정확히 기입한다. 방문객에게도 헌금을 내라는 요청이 있어서 우리도 헌금을 했다. 같이 간 친구가 "얼마나 내야 하는데?"라고 물으면 나는 언제나 "많을수록 좋지. 여기 사람들은 가난하잖아. 100달러 내고 싶으면 그렇게 해. 다시는 못 올지도 모르잖아"라고 대답했다.

피지 섬 사람들은 우리를 절대 잊지 않았다. 왜냐하면 마을의 대표를 만날 때마다 내가 교회에 보태라고 늘 100달러 혹은 그 이상을 기부했으니까. 돈을 받은 대표가 금액을 확인하고 오른쪽 사람에게 건네주면, 그 오른쪽 사람은 다시 자기 옆 사람에게 돈을 건네준다. 이런 식으로 모든 사람이 내 눈앞에서 금액을 확인함으로써 내가 낸 돈이 제대로 전해질 거라는 일종의 보증을 한다. 우리는 섬사람들을 우리 배에 초대하기도 했는데 그들은 예의바르게 관심을 가지고 배를 구경하긴 했지만, 한 번도 부러워하는 기색을 보인 적은 없다. 그들은 자기들의 삶에 만족하고 행복해하는 것 같았다.

우리 가족은 천혜의 경관을 자랑하는 아름다운 태평양과 친절한 그곳 사람들이 무척 좋았다. 그래서 우리는 피지를 세 번이나 방문했고 그전에 갔던 섬을 또 간 적도 많다. 우리 배가 가까이 오면 알아보고 반겨주는 섬 주민들도 있었다. "저희 마을에 다니러 오시는 건가요?"라고 인사를 하면서 말이다. 다음 번 항해 때 다시 들르면 지난번에 우리와 함께 찍은 사진이나 우리가 주고 간 잡지에서 오린 예쁜 그림이 벽에 걸려 있는 걸 보기도 한다. 섬사람들은 우리가 준 잡지를 무척 좋아했다. 꼭 읽지는 않아도 어딘가에는 이용한다.

그때 가본 섬나라들을 떠올리면 미국이 얼마나 부유한 나라인지 다시금 깨닫는다. 남태평양의 섬나라는 식수나 음식을 제대로 공급받기도 힘든 형편이다. 하지만 그곳 사람들은 모두 친절하고 각 섬마다 고유의 매력이 있다. 피지의 전통적인 인사말인 '불라 비나카'는 외국인도 외우기 쉽고 어디에서나 통하는 말이다.

―――

우리는 호주의 북쪽 바다를 가로질러 인도양 서쪽의 세이셸공화국으로 향했다. 아프리카 동쪽 먼 바다 한가운데에 떠 있는 세이셸의 수도 빅토리아는 공항 시설이 무척 좋다. 우리는 남아공 케이프타운 근방의 바다를 돌면서 나흘에 한 번씩 남극에서 불어오는 시속 70마일의 바람이 만들어내는 그 유명한 희망봉의 거친 파도를 직접 느껴보았다.

케이프타운 항구에 정박하는 동안에도 가끔 시속 60마일 이상의 강풍이 불어와 우리 배를 높이 들었다 놨다 했다. 어느 날 밤 밖에서 강풍이 몰아치고 우리는 파도에 들썩이는 배 안에서 영화를 보고 있었는데, 마침 영화 제목이 〈퍼펙트 스톰〉(The Perfect Storm, 조지 클루니, 다이안 레인 주연으로 풍랑과 싸운 어부들의 실화를 바탕으로 만들어 2000년 개봉한 미국 영화 – 역주)이었다.

———

인디펜던스 호를 타고 떠난 우리의 항해는 평생 새로운 모험을 즐겨온 내 라이프스타일과 딱 맞아떨어졌다. 그것은 낯선 곳, 낯선 문화 사람들과의 만남이 주는 가치가 무엇인지 몸소 체험하는 소중한 기회였다. 열네 살 때 제이와 함께 몬태나로 떠난 자동차 여행부터 엘리자베스 호를 타고 남태평양을 누볐던 추억까지 되새겨보니 그 모든 경험을 통해 생각과 마음의 폭이 넓어진 것 같다.

제이와 나는 뉴트리라이트 사업 초창기 때 캘리포니아의 뉴트리라이트 본사까지 차를 몰고 가다가 만난 눈 덮인 산에서 내려 스키를 탔었다. 그것도 내겐 새로운 경험이었다. 다양한 일을 하며 우리의 능력을 시험해본 뒤 우리는 또다시 새로운 모험인 항해에 도전했다. 그리고 젊은 아빠 시절에도 가족에게 먼 나라를 여행하자고 했다. 호기심과 모험심이 가득하던 내 아버지가 지도를 보면서 늘 가고픈 곳을 꿈으로만 그리던 모습이 기억난다. 아버지가 꾸던 꿈을 나라도 현실로 이룰 수 있어서 참 다행이다.

모험은 우리가 한 번도 상상해보지 못한 일을 현실로 만들어주고 자기의 능력에 대한 자신감을 심어주며, 나와 전혀 다른 환경이나 먼 곳에 있는 그 어떤 사람에게도 알고 보면 나와 같은 열망과 욕구가 있다는 걸 발견하게 해준다. 우리는 모두 같은 지구별에 살고 있기에 나를 위해서도, 남을 위해서도 이 세상을 궁금해 해야 한다. 또 서로의 문화와 경험을 나누고 결국 창조주 하나님의 놀라운 능력 앞에 경외함으로 서야 한다.

피지 사람들 앞에서 많이 헌금도 하고 예배도 하고 주일 저녁식사도 함께하면서 우리는 스스로를 부자나라 미국에서 호화 보트를 타고 온 여행객이라 생각했는지도 모른다. 사실 그 사람들은 비록 물질적으로는 가난했지만 이미 풍요로운 삶을 누리고 있었다.

항해를 하면서 나는 이 세상이 얼마나 크고 넓은지, 자연의 숨은 아름다움이 얼마나 대단한지를 보고 많이 놀랐다. 그 놀라운 경험을 할 수 있었던 축복에 감사한다. 헤아릴 수 없이 많은 별 아래에 점을 몇 개 찍은 듯한 섬을 띄우고 끝없이 흘러가는 드넓은 바다에서 일어나는 모든 경험에는 분명 영적 차원의 그 무언가가 있다. 그래서 나는 아직도 그 바다와 거기에 사는 사람들에게서 느낀 놀라운 감동을 잊지 못한다.

복잡한 문명사회에 갇힌 많은 사람이 자기가 세운 일과표에 얽매이고 좁은 집 안을 가득 메운 기계에 매여 사느라 바다 위의 세상이 얼마나 넓고 아름다운지, 그 광활함이 주는 고요함과 고독감이 얼마나 짜릿한지 경험할 시간도 없고 하고 싶어 하지도 않는다. 작은 배 하나에 몸을 싣고 그 커다란 바다로 모험을 떠난 용기 있는 사람들에게 나는 완전히 매료되었다.

사람들은 대부분 일상이 주는 안락지대에서 뛰쳐나와 전혀 다른 모험의 세계로 뛰어들기를 원치 않는다. 하지만 그렇게 하는 사람은 우리가 사는 사회와 문명의 발전을 이끄는 원동력인 주체성과 모험심을 갖춘 사람들이다.

18장

지켜야 할 약속들

암웨이 본사 및 자회사의 2012년 총매출액은 7년 연속 성장의 결과로 113억 달러를 기록했다. 암웨이의 가장 큰 시장은 중국, 우크라이나, 러시아 등 과거 공산주의 국가로 불과 몇 십 년 전까지만 해도 자유경제가 주는 기회를 꿈도 꾸지 못했던 나라들이다.

2013년 암웨이는 미국, 중국, 인도, 베트남에 추가로 제조 시설을 세웠다. 뉴트리라이트는 전 세계에서 가장 많이 팔리는 건강보조식품 브랜드로, 암웨이 전체 매출의 46퍼센트를 차지한다. 이렇게 괄목할 만한 성공에도 불구하고 아직도 주위에는 우리 사업에 대한 비판적 견해가 존재하는 것도 사실이다. 그렇기 때문에 나는 초창기 뉴트리라이트 시절부터 제이와 나를 믿어주고 우리가 암웨이를 세워 독립했을 때 동참해준 사람들을 비롯해 캐나다 정부와의 마찰, 미 연방통상위원회 사건, 부정적인 광고가 공격할 때도 떠나지 않은 전 세계 암웨이 사업자들에게 참으로 감사한다. 때론 각국 정부의 오해와 의심에도 그 긴 세월 동안 그들은 우리와 함께했다.

암웨이 비즈니스를 통해 오늘날 전 세계의 수백 명이 톱클래스 백만장자가 되었고 수천 명이 성공한 사업가로서의 입지를 확보했다. 또 다른 수십만 명은 가정경제에 도움을 주는 추가수입을 벌고 있다. 이들은 자기 인생을 스스로 책임지겠다는 결단을 하고 긍정적 마인드로 자신의 잠재력을 믿으며, 열심히 일해 목표를 성취한 자유기업인에게 주어지는 보상을 누리고 있다. 평범한 두 젊은이가 모든 인간에겐 잠재력과 '더 나은 삶'을 추구하는 본성이 있음을 순수하게 믿고 이를 보상플랜에 적용한 암웨이 사업에 전 세계의 수백만 명이 동참하고 있는 것이다.

'꿈도 못 꾸던…'이라거나 '감히 상상조차 못하던…' 등의 표현을 이해하려면 50여 년 전의 사회, 경제 상황에서 어떻게 이 사업이 신드롬을 일으켰는지 설명해야 한다. 창업 때부터 제이와 내가 오로지 사람을 돕고 기회를 제공하는 것에 집중했다는 게 뿌듯하다. 이런 마인드가 바로 암웨이가 전 세계적으로 성공한 비결이다.

내 인생 전체를 관통해 흐르는 심경을 단 한마디로 표현하자면 '감사함'이다. 사업의 성공을 허락하신 주님의 은혜에 가장 먼저 감사함은 물론 행복한 가정에 감사하고, 자유국가 미국에서 태어난 것과 크리스천으로 살고 있음에 감사하며, 수많은 경험을 통해 모든 인간은 존귀한 존재라는 사실을 깨닫고 자기 행동은 스스로 책임져야 한다는 것을 배울 수 있었음에 감사한다. 또한 열심히 노력한 결과에 따르는 보상이 어떤 것인지 경험할 수 있음에 감사하고, 포기하지 않는 불굴의 의지와 무한한 잠재력에 얼마나 위대한 파워가 있는지 알게 된 것에 감사한다.

이 감사 목록은 내 평생 단 한순간도 흔들림 없이 지켜온 소중한 인생철학이자 믿음이다. 내가 불필요하게 고집이 세거나 다른 인생관을 무시해서가 아니라, 단지 내가 감사하는 내용이 나를 비롯해 수많은 사람에게 성공적이고 행복하며 충만감과 보상이 넘치는 삶을 허락한 근본 조건이었음이 그간 끊임없이 밝혀졌기 때문이다. 내가 나와 다른 가치관을 배척하는 건 아니지만 내가 직접 경험하고 옳다고 밝혀진 삶의 방향성을 부인할 수는 없다.

첫 장에서 말했듯 내 어린 시절에 아버지, 어머니, 여동생 둘, 조부모님, 친척까지 대가족이 함께하는 가정환경에서 성장한 것이 정말 다행스럽다. 우리의 일가친척은 모두 열심히 일했고 실직수당 따위에 기댈 생각은 애초부터 하지 않았다. 일자리가 없으면 나라에서 보조금이 나온다는 것조차 알지 못했다. 가정은 내게 일과 배움의 중요성을 가르쳐주었고 늘 내게 독립적인 사업가가 되어 손발을 부지런히 움직이라고 권하던 아버지에게 나는 직업윤리가 무엇인지 배웠다.

좀 더 자라서는 나와 비슷한 환경에서 비슷한 가치관을 배경으로 자란 친구를 만났고 우리는 의기투합했다. 타고난 재능을 계발하지 못하고 묵히는 사람들을 보면 어렸을 때 어머니가 "오늘 저녁엔 놀지 말고 공부하거라" 하는 말을 듣지 않고 반항하지 않았을까 싶다. 일과 배움의 가치를 아는 사람만 성공할 수 있기 때문이다.

이제 올바른 부모 역할, 가정환경 그리고 태도에 대한 이야기로 돌아가 보자. 나는 하나님의 은혜로 훌륭한 부모님, 조부모님, 친척들이 이끌어준 올바른 가정환경에서 자랄 수 있었다. 내 조부모님은 후손에게 보다 나은 삶의 기회를 주고자 일찍이 먼 네덜란드에서 기회의 땅 미국으로 건너온 분들이다.

네 명의 자녀와 손자 열여섯, 증손자도 둘이나 있는 나는 지금도 가족과 함께하는 시간이 가장 기쁘고 행복하다. 아내 헬렌과 나는 강이 내려다보이는 언덕 위에 우리의 첫 집을 지었다. 시간이 흐르면서 모양은 계속 바뀌었지만 그 집에서 우리 부부는 함께 성장했고, 네 명의 아들딸을 낳아 키우며 60년을 함께했다. 이미 부모가 된 내 아이들도 근처에 오면 꼭 여기에 들른다. 그들에게도 우리 집은 영원한 고향이다.

좋은 가정을 꾸리려면 당연히 좋은 배우자를 만나야 한다. 2013년 2월 우리 부부는 늘 행복했던 결혼 60주년 기념일을 맞았다. 고백하건대 연애 시절 나는 좀 배려심이 없고 제멋대로인 성향이 있어서 데이트도 하다 말다 했다. 아마 헬렌은 나를 나서기 좋아하고 목소리만 큰 남자로 생각했을 것이다. 그럼에도 불구하고 지금까지 나와 함께해준 내 아내가 얼마나 큰 축복이었는지, 그녀와 함께 보낸 세월을 내가 얼마나 당연하게 여겼는지 부끄럽기도 하고 생각할수록 감사할 뿐이다. 우리의 결혼생활은 지극히 평탄했다. 네 명의 건강한 자녀를 낳아 길렀고 시간이 흐르면서 나는 우리가 얼마나 축복받은 가정인지 깨달았다. 젊을 때는 자기가 받은 축복을 깨닫지 못하는 법이다.

우리 아이들은 잘 자라줬고 다들 좋은 배우자를 만나 열여섯 명의 손자·손녀에다 증손자도 둘이나 되는 다복한 가정을 이뤘다. 두 살짜리 중손녀는 '큰 하부지'하며 내 무릎에 뛰어오른다. 다른 사람들은 몰라도 나는 그 녀석의 말을 알아듣는다.

나는 순수한 심정으로 암웨이 사가 계속 성장하길 바란다. 최소한 감사함을 잘 모르던 젊은이의 마음은 아닌 것 같다. 최근 나는 우리 회사가 반드시 성장해야 하는 이유를 깨달았다. 이사회에서 한 임원이 물류비 수백만 달러를 절감하기 위해 운영체계 변경을 건의했는데 그때 나는 별 생각 없이 "상관없소! 난 돈이 더는 필요 없으니까"라고 대꾸했다. 그러자 그는 "사장님은 그러시겠죠. 그런데 저는 돈이 필요합니다"라고 멋지게 응수했다. 회사가 성장해야 월급도 오를 수 있음을 어필한 것이다. 나는 "맞습니다! 당신이 옳아요! 내가 틀렸소!"라고 답했다.

그렇다. 앞으로 만날 수많은 사람을 위해 우리는 더 강해져야 하고 더 많은 수익을 내는 회사로 성장해야 한다. 회사가 성장하지 않으면 직원의 월급도 늘어나지 않을 것이고 암웨이 사업자도 많은 기회를 놓치고 말 것이다. 그러므로 우리 회사는 내일의 직원과 사업자를 위해 오늘 성장해야 한다.

지금 암웨이 사업을 시작하는 사람들에게 말하고 싶다. 암웨이는 여러분을 위해 굳건히 지속성장할 것이며 계속해서 처음과 같은 사업 기회를 보장할 것이라고 말이다. 회사를 물려받아 경영하는 2세들에게도 나는 성장지향적인 경영을 해야 한다고 일렀다. 암웨이가 성장하기 시작할 때 아버지가 진심으로 내게 강조한 직원과 독립 사업자에게 지켜야 할 약속은 여전히 내 마음에 깊이 새겨져 있다.

암웨이는 지금도 내 인생의 중요한 부분이다. 나는 늘 암웨이 사업을 생각하고 각종 행사에 참석하는 사람들 앞에서 연설하는 이 일이 정말 좋다.

최근 들어 내 관심사는 암웨이 사업뿐 아니라 다양한 영역으로 넓어지고 있다. 조국과 자유시장경제를 사랑하는 심정으로 현재 나는 미국이 보다 많은 사람에게 경제적 기회를 주는 땅으로 거듭나도록 여러 단체와 협력하고 있다. 암웨이 회사가 성장해야 하듯 미국도 성장해야 한다. 국가가 성장하지 않으면 국민도 성장할 수 없다. 많은 사람이 이 점을 생각하지 않고 그저 현재 상황에 안주하고 타협하려 한다. 이런 태도는 결국 다가올 세대를 피폐하게 만들 것이다. 성장에 초점을 두는 시각은 누구든 원한다면 부자로 성장할 기회를 제공받고 다른 사람과 그 기회를 나누도록 돕는다는 암웨이의 기업이념과 맥을 같이한다.

정부나 교회 공동체, 기업인 모두에게 성장 마인드가 필요하다. 국가가 번영하는 유일한 길은 기업이 성장하는 것이다. 이렇게 함으로써 더 많은 부를 나눌 수 있다. 사회주의가 성공한 사례는 역사상 단 한 번도 없었다. 그런데 왜 미국을 그 방향으로 끌어내리려고 하는가? 말도 안 된다! 나는 미국이 모범적인 성공 사례를 따르기를 진심으로 원하며 나와 생각이 같은 사람들과 협력하는 중이다.

기독교인으로서 내 신앙심과 나눔의 정신도 세월이 흐를수록 더욱 굳건해지고 있다. 우리 부부는 교회와 기독교 교육에 많은 기부를 하고 있으며 교회 공동체와 정치단체 그리고 국가적인 차원의 여러 프로젝트를 돕는 일에 참여하고 있다. 가치 있는 일이면 우리 가족의 이름으로 된 여러 재단을 통한 재정적 지원도 아끼지 않는다. 이미 수백만 달러를 기부했다. 하지만 정부가 세금을 너무 올리면 그렇게 많은 금액을 기부하기가 힘들어질 테고, 나는 내가 낸 돈이 정부로 가는 것도 원치 않는다. 나는 내 기부금을 보다 좋은 곳에 쓸 사람들에게 주고 싶다.

나는 전미개혁교단과 기독개혁교단을 통합하는 일에도 시간이 되는대로 관여하고 있다. 양측에서 많은 동의가 이루어져 이미 통합을 추진 중인 곳도 여럿 있다. 또 미국 교회가 국내뿐 아니라 전 세계로 확산되도록 돕고 싶다. 교회의 위세가 실추하면서 현실적으로 기독교인이 믿음을 증명할 기회가 점점 사라지고 있다. 예수를 믿고 구원받았음을 고백하는 기독교인의 숫자가 늘지 않고 있다. 이건 일차적으로 교회의 책임이다. 교회 공동체가 맡은 역할을 제대로 해내지 못하고 있기 때문이다.

새 신자가 점점 줄어든다고 걱정하는 교회 리더들에게 나는 "여러분이 제대로 하지 않으면 교회는 몰락할 것입니다"라고 단호히 충고한다. 암웨이 사업을 하는 어떤 그룹에 신규 사업자 수가 늘지 않을 때도 나는 똑같은 말을 한다. 교회도 마찬가지다. 사람이 늘어야 한다.

―

평생 그래왔듯 나는 지금도 손자·손녀나 증손자들에게 힘을 주는 응원단장으로서 그들의 삶에 긍정적 영향을 미치고자 노력 중이다. 그 아이들은 우리의 미래다. 변치 않는 낙관주의자인 나는 지금의 젊은이에게 분명 더 나은 미래를 건설할 능력이 있음을 믿는다. 그러나 그들에게는 방향을 안내해줄 성공 경험자가 필요하다.

암웨이 사업자가 자녀를 교육하는 방법을 보면 암웨이가 그들에게 전파한 가치, 즉 노동의 소중함을 생활 속에서 자연스럽게 가르치는 걸 발견한다. 주로 집에서 이뤄지는 암웨이 사업의 핵심인 소위 홈미팅 준비를 돕고 현관에 서서 손님에게 인사를 하는 등 부모의 일에 자녀가 동참하는 가정이 많다. 어렸을 때 부모를 돕던 사람들 중에는 성인이 되어 직접 암웨이 사업을 하는 2세도 많고, 이제 조금 있으면 3세 사업가가 등장할 것이다. 가족 간에 늘 암웨이 사업 이야기를 하면 자녀 교육에도 도움이 된다고 믿는 사람들이 꽤 많다.

나는 내 손자·손녀들에게 대학을 꼭 졸업할 것과 필요하면 그 이상의 공부도 하라고 이른다. 그러려면 한 차원 높은 경쟁을 해야 할 것이다. 언젠가 한 손녀에게 형제나 사촌들과 같은 레벨로 살려면 대학을 반드시 졸업해야 한다고 일렀더니 아이가 농담으로 "할아버진 대학도 다니지 않았으면서 그걸 어떻게 아세요?"라고 하기에 "할애비가 다니지 않았으니까 꼭 다녀야 한다는 걸 아는 게지"라고 대답했다. 지금 내 손자들 중에는 미시건의 유수한 의대와 법대를 다니는 아이들도 있고 벌써 대학졸업반인 아이들도 있다.

우리 부부는 손자·손녀 열여섯 명 모두와 친하다. 아이들은 가끔 내게 조언이나 격려의 말을 부탁하기도 한다. 할아버지인 내가 가장 잘하는 게 격려와 응원이니까. 사업을 시작하든 독립을 하든 결혼을 하든 모든 새로운 시작에는 큰 용기와 힘이 필요하다. 온전히 자신을 던져 끊임없이 노력하고 결코 포기하지 않아야 한다.

부모는 자녀에게 책임감과 노동윤리를 가르쳐야 한다. 아이들에게 관심을 가지고 소통하며 올바른 교육을 받게 하고 지금이 그들 인생에서 어떤 시점인지 분명히 알도록 돕는 것이 부모의 역할이다. 어떤 친구를 사귀는지, 즐겨 가는 곳은 어디인지, 숙제는 꼭 하는지 반드시 챙겨야 하며 아이들이 가능한 한 최선의 모습으로 성장하도록 헌신해야 한다.

친밀감 없이 그저 알고 지내는 정도로는 부족하다. 플로리다에서 열린 모임에서 한 참석자가 손자·손녀가 통 안부전화도 없다고 불평하기에 내가 "당신은 손자·손녀에게 얼마나 자주 전화하십니까?"라고 물었던 적이 있다. 순간 그 자리에 정적이 흘렀던 기억이 난다. 나는 곧 "전화기라는 게 서로 걸 수 있는 기계잖소"라고 덧붙였다.

아이들은 우리의 생각보다 바쁜 게 사실이고 연락하기가 쉽지 않다. 나는 항상 먼저 전화기를 들지만 요즘 아이들은 전화기가 울려도 받지 않는 경우가 허다하다. 문자메시지를 보내는 방법이라도 배워야 하나 싶어 문자 보내기 연습도 해봤지만 버튼을 누르는 게 쉽지는 않다. 물론 이것은 변명에 불과하다. 연락이 되지 않으면 될 때까지 전화하면 된다. 그럼 언젠가는 통화할 수 있으니까.

살아오면서 나는 많은 약속을 했고 그 약속을 지키고자 고군분투했다. 2차 세계대전의 암울한 시기에 고등학교를 다닌 나는 학생대표로 졸업식에서 연설하며 미국의 미래는 밝을 거라는 낙관적인 의견을 피력했다. 친구 제이에게는 평생 친구이자 동업자로 영원할 거라는 약속을 했고 헬렌에게는 영원히 신실한 남편이 되겠노라 맹세했다. 제이와 내가 뉴트리라이트 유통 사업을 할 때는 파트너들에게 우리 제품과 사업 방식을 믿어달라고 했고, 후에 암웨이 사를 차려 독립하면서는 그들에게 우리와 함께해달라고 부탁했다.

수많은 대중 연설에서 나는 식지 않는 열정과 자신감으로 자유기업 정신과 미국적 방식이 약속하는 성공을 이야기했다. 또 암웨이가 성장하면서 아버지가 진심을 담아 일러준 암웨이 직원과 사업자들에게 내가 지켜야 할 약속을 마음 깊이 새겼다.

나는 오늘도 전 세계 수백만 명에게 나와 내 가족이 대를 이어 한 약속, 즉 암웨이는 계속 성장할 것이고 암웨이 사업자에게 성공 기회는 계속 보장될 거라는 약속을 지키려 한다. 나는 그런 약속을 하면서 마음이 불편하지 않았다. 나는 늘 희망으로 가득 찬 영원한 낙관주의자이기 때문이다.

인생의 성패는 자신이 한 약속을 얼마나 잘 지키는가에 크게 좌우된다. 내 인생도 마찬가지다. 약속을 하고 지키려면 진실한 인생의 좌표가 있어야 하고 그 어떤 경우에도 흔들리지 않아야 한다.

"인기가 있다고 꼭 옳은 건 아니고, 옳다고 꼭 인기가 있는 건 아니다"라는 옛말이 있다. 무슨 말로 나를 비판하든 내 상황이 바뀌든 정치 권력이 바뀌든 혹은 사회적으로 영향력 있는 사람들의 의견이 어떠하든 상관없이 나는 옳다고 믿는 것을 행하려고 노력해왔다.

사람의 의견이나 유행은 다 지나가게 마련이지만 더 높이 바라보기, 불굴의 의지, 미국과 자유기업 시스템에 대한 신뢰, 기독교 신앙, 가족의 소중함, 책임질 줄 아는 사람이 되는 것 그리고 타인의 존엄성을 인정하기 같은 가치관이 주는 인생의 지혜를 나는 절대 포기할 수 없다.

이 단순명료한 가치관과 믿음 덕분에 오랫동안 수많은 사람이 성공적인 삶을 살아갈 수 있었다. 애석하게도 오늘날에는 이런 종류의 신념이 옳다고 생각하는 사람이 많지 않다. 하지만 나는 이러한 진실이 내 삶에 녹아들어 나를 가르치고 또 그 위력을 내가 경험하게 해준 하나님의 축복에 감사한다. 더불어 내가 받은 특별한 은총을 통해 스스로를 돕고자 하는 전 세계의 많은 사람을 도움으로써 하나님이 그들에게 계획하신 충만한 인생의 기쁨을 누리게 해줬다는 사실에 무한히 감사한다. 사람을 격려하고 그 사람의 장점을 세워주는 응원단장 역할이 하늘이 내게 내린 소명인 것 같다.

최근 우리 가족이 나를 위한 헌정식 행사를 기획하면서 내 친구들에게 내가 어떤 사람인지 알려주는 일화를 소개해달라는 부탁을 했다고 한다. 그들이 보내준 이야기 하나하나는 참으로 감동적이었는데 다음은 내 손자가 행사에서 대신 발표한, 내 친구이자 의사인 루이스 토마티스 박사의 회고 내용이다.

"한번은 할아버지와 토마티스 박사가 보건부장관을 만나 장기기증 활성화를 논의하기 위해 워싱턴 D.C.로 함께 여행한 적이 있어요. 도착하니 눈이 내리는 궂은 날씨였는데, 9·11사건 직후라 보안이 심해 빌딩에서 600미터나 떨어진 곳에 주차하고 건물까지 걸어가야 했지요. 엘리베이터에 탄 사람들이 궂은 날씨에 여기까지 걸어왔다고 불평을 쏟아내는 중에 전기휠체어를 탄 어떤 남자가 이런 날씨엔 휠체어에도 바람막이가 있어야 할 것 같다고 한마디 했대요. 잠시 후 사람들과 같이 내린 그 남자가 팔다리를 못 쓰는 장애인이라 자기 안경에서 눈이 녹은 물이 흐르는데도 못 벗고 있다는 걸 할아버지가 보고는 양복 주머니에서 손수건을 꺼내 그분의 안경을 벗겨 조심스레 닦아 도로 끼워주고는 검지손가락으로 코에 맞게 움직이더니 '잘 맞게 됐나요?'라고 확인까지 했대요. 휠체어에 탄 남자는 '네, 감사합니다'라고 대답했고요. 토마티스 박사는 '의사인 나도, 옆에 있던 경호원도 안경 주인에게 그런 도움이 필요하다는 걸 눈치 채지 못했지요. 하지만 리치는 그가 얼마나 불편할지 금방 알아차리고 따뜻한 사랑의 손길로 도움을 주었죠'라고 그때를 회고했어요."

나는 사람을 사랑하는 은사를 받은 것 같다. 사람의 좋은 점만 보고 개개인이 하나님의 귀한 자녀이자 특별한 존재임을 인정하며 믿어준 것이 암웨이가 성공한 비결이다. 나아가 나는 그것이 좋은 가정과 좋은 나라와 좋은 공동체, 한마디로 성공적인 삶 자체를 이루는 원동력임을 안다.

글을 마치며 독자 여러분에게 내 성공 원칙 두 마디를 남기고 싶다.

"삶을 풍요롭게 만드는 사람이 되십시오."
"당신은 할 수 있습니다!"

감사의 말

이 책을 통해 나는 내 인생의 몇몇 기억과 거기서 얻은 교훈을 간직하고 싶었다. 내 삶의 여정에서 나와 함께한 많은 분을 허락하신 하나님께 모든 영광을 돌린다. 먼저 고등학교 때부터의 친구이자 50년 넘게 동업한 고 제이 밴 앤델에게 감사한다. 우리 둘 사이의 놀라운 우정에는 분명 하나님의 만지심이 있었다.

또 아내 헬렌을 주신 주님께 영광을 돌리며 이 책을 그녀에게 바친다. 헬렌은 60년 넘게 내 곁을 지키며 숱한 추억을 쌓았고 나와 함께 많은 일을 했다. 이 책의 편집에서도 당연히 아내의 역할이 컸다.

내 인생 여정에서 가르침을 준 수많은 분을 비롯해 이번 출간에 시간과 열정을 할애해준 분께도 무한한 감사를 전한다. 고마운 분이 무척 많아 일일이 열거할 수는 없지만 당사자는 알고 있을 것이므로 한 분 한 분께 감사의 마음을 전한다.

감사의 말

마크 롱스트리트와 킴 브러인의 도움이 없었다면 이 책은 출간하지 못했을 것이다. 마크는 내 구술을 듣고 핵심을 잡아내 글로 쓸 수 있게 도와주었고, 킴은 "당신은 할 수 있어요!"라고 나를 격려하며 출간 시작부터 끝까지 길잡이가 되어주었다.

심플리 리치

1판 1쇄 찍음 2014년 10월 23일
1판 6쇄 펴냄 2019년 10월 20일

지 은 이 리치 디보스
옮 긴 이 진윤아
펴 낸 이 배동선
　　　　　마케팅부/최진균
펴 낸 곳 아름다운사회
출판등록 2008년 1월 15일
등록번호 제2008-1738호
주　　소 서울특별시 강동구 성내로 16, 3층 303호(성내동, 동해빌딩)
대표전화 (02)479-0023
팩　　스 (02)479-0537
E-mail assabooks@naver.com
블 로 그 http://blog.naver.com/assabooks

ISBN : 978-89-5793-184-4 03320
값 15,000원

잘못된 책은 교환해 드립니다.